第八部

国殇

GUOSHANG

施原 著

审判日伪战犯

纪实

团结出版社

图书在版编目（ＣＩＰ）数据

　　国殇：审判日伪战犯纪实　第八部/ 施原著. -- 北
京 ：团结出版社, 2013.9（2022.3 重印）
　　ISBN 978-7-5126-1969-2

　　Ⅰ．①国… Ⅱ．①施… Ⅲ. ①远东国际军事法庭－史
料②侵华－战犯－审判－史料－日本③抗日战争－汉奸－
审判－史料 Ⅳ. ①E296.93

　　中国版本图书馆CIP 数据核字(2013)第 155632 号

出　　版：团结出版社
　　　　　（北京市东城区东皇城根南街 84 号　邮编：100006）
电　　话：（010）65228880　65244790 （出版社）
　　　　　（010）65238766　85113874　65133603（发行部）
　　　　　（010）65133603（邮购）
网　　址：http://www.tjpress.com
E-mail：65244790@163.com（出版社）
　　　　　tjcbsfxb@163.com（发行部邮购）
经　　销：全国新华书店
印　　装：三河市东方印刷有限公司

开　　本：170mmX240mm　　　1/16
印　　张：20.5
字　　数：310 千字
版　　次：2014 年 2 月　第 1 版
印　　次：2022 年 3 月　第 6 次印刷

书　　号：978-7-5126-1969-2
定　　价：69.00 元

侵略是人类最大的罪行，是一切战争罪行的总和与根源。

——作者题记

目 录
CONTENTS

后话：我们没有遗憾

第一章　日本投降

1. 1945 年的何应钦与冈村宁次

1945 年春，中国军队拟订了"白培计划"，准备全面反攻侵华日军。白培计划以收复广西为起点，然后全面向日军发起进攻，收复全部沦陷区。为此，中国战区总司令部的具体部署是：

1. 任命参谋总长何应钦上将兼任全国陆军总司令。

2. 除全国已有的各战区司令部、郑洞国缅甸远征军新 1 军、重庆卫戍部队及军委直属部队外，另外组建一支直接由陆军总司令指挥的部队。这支部队由新形成的四个方面军、陆军总司令部直辖部队及杜聿明的昆明防守司令部联合组成。新组建的四个方面军司令是：

第一方面军司令卢汉，第二方面军司令张发奎，第三方面军司令汤恩伯，第四方面军司令王耀武。

3. 建立全国总动员机制，以"一寸国土一寸血，十万青年十万兵"为动员口号，号召青年学生暂时放下书本，参加部队，完成光复国土之大业。在全国有关省份成立了 9 个师，且在各师之前，冠名"青年军"。

4. 何应钦指挥的这支军队共有 21 个机动野战军。此时，美国提供军事援助的先进武器装备已经空运到中国大后方，其数量足够武装 30 多个中国陆军师。国民政府决定将这批武器装备，首先武装其中的 12 个军，它们是：第 2 军、第 5 军、第 6 军、第 8 军、第 13 军、第 18 军、第 53 军、第 54 军、第 71 军、第 73 军、第 74 军、第 94 军，总共 35 个师，以增强正面战场反攻力量。

正在此时，日军开始全面退缩，抽调兵力保护运输通道和加强日本本土防卫。日本大本营为隐匿此意图，掩盖他们进行战略撤退与转移的事实，决定继续玩弄以进为退、以攻为守的手段进行欺骗。他们同意冈村宁次先发动袭击老河口机场和芷江机场的作战，目的是迫使中国军队退回防守。但日军的目的没有得逞，特别是围绕芷江机场周边的湘西会战，日军惨败。国军趁势在广西全境发起攻势。显然，此时中国军队经八年抗战的磨炼，已经成熟，拥有的飞机和武器装备也明显优于日军，在取得制空权的条件下，用新装备武装的中国军队必然进入攻势。何应钦受湘西会战胜利的鼓舞，他想再打几个大仗，一洗抗战八年来国军连遭败仗的耻辱，也洗刷当年自己因参与签订《何梅协定》等屈辱条约而留下的臭名。

何应钦

十年前，何应钦是国民政府军事委员会北平分会代理委员长。日军利用"九一八"事变占领东北三省之后，他们的侵略野心日益膨胀。日本人为了扩大侵略，把魔掌伸向中国华北地区。这当中，日军头目板垣征四郎、梅津美治郎、土肥原贤二、酒井隆、高桥坦尤其穷凶极恶。其中，酒井隆、高桥坦的丑恶行径更是令何应钦终身难忘。因当年军事实力的悬殊，何应钦同意签订那些屈辱条约实在是迫不得已。十年过去了，当年的经历，他不堪回首。与他相关的国耻，一直压在自己的心头。每每想起这个流氓酒井隆，何应钦依然感到阵阵恶心。

给自己带来耻辱的酒井隆、高桥坦此时正在华北继续从事罪恶活动，何应钦感到，清算其罪行的一天就要到了。

大反攻的仗从收复广西打起。何应钦盼望着，在最后胜利之前能多打几场扬眉吐气的大胜仗。他指挥6个军14个师，进攻广西日军笠原幸雄的第11军。5月初，何应钦直辖的汤恩伯第三方面军向日军第13师团发起攻击，21日收复河池。接下来的目标是柳州、南宁、桂林。此时，由于日军采取了收缩战略，日军第11军的第3、13师团一路向江西南昌撤退。因此，何应钦以一场小规模遭遇战，完成了抢占柳州的作战。中国陆军总司令部搬进柳州。

随后，何应钦几乎是兵不血刃地一鼓作气收复了南宁、桂林、全州等南方重镇。6月17日收复广西全境，没有遭遇大规模战役。这样，何应钦虽然收复了广西全境，但打大战的目的没有实现。接着，陆军总司令部何应钦原定在7月份出动40万大军反攻广州的大决战也取消了。因为此时，世界形势发生了根本性的变化。这仗用不着再打了。

7月26日，中、美、英三国共同发表了敦促日本投降的《波茨坦公告》。该公告明确指出：三国强大的武装力量将在所有联合国家支援下，继续对日作战，直到它停止抵抗为止；并警告日本政府，如果不立即宣布无条件投降，即将像德国一样迅速完全毁灭。公告要求战后根除日本军国主义；清除侵略罪魁祸首并严厉制裁战犯；消除阻止日本民主趋势之复兴和增强的一切障碍；取消日本的军事工业。公告重申《开罗宣言》的条件必须实施，规定日本主权只限于本州岛、北海道岛、九州岛、四国岛及其他小岛之内，剥夺日本自1914年第一次世界大战开始以后在太平洋所夺占或占领的一切岛屿，日本从中国窃取的满洲、台湾、澎湖列岛等领土归还中国，将日本从被其以武力或贪欲所攫取的一切领土上驱逐出去，并确定解除日本军队的武装，对日本的指定地点实施占领，一旦达到本公告提出的各项目标并建立了能表达日本人民的意志、倾向和平的民主政府，同盟国便当即撤走全部占领军。

《波茨坦公告》使日本陷入绝望，东京闹成一团，政变传闻不断，日本军国主义末日来临。

与兴高采烈的中国陆军总司令何应钦相反，此时的侵华日军总司令冈村宁次却陷入绝望之中。其实此前，侵华日军依然是一支强大的武装力量。其中，有号称百万的驻中国东北的关东军，其

中美英三国发表波茨坦公告

真实兵力数量包括驻朝鲜"三八线"北的日军及伪满、伪蒙的伪军在内接近70万人。这数据根据苏联红军进入东北对日作战时总共消灭日伪军83737人并押走60万战俘而计算出来。引用"三八线"的原因，那是后

来苏联红军进攻日伪军最南的界线。中国战区从长城以南,侵华日军近130万人。这数字包含台湾的日本占领军及毗邻中国并不断与中国军队作战的驻缅甸、法属印度支那北纬16度线以北的十几万日本军队。这些日军在陆上依然对中国及盟军保有优势。这里讲北纬16度线,其原因是那片地方归中国战区,将来由中国军队出面受降。

历史注定,这支日本侵略军的最终命运只有两种:一是做毫无希望的最后挣扎而被彻底消灭;二是乖乖地等待着当战争俘虏。

原子弹爆炸升起的蘑菇云

冈村宁次是侵华日军的最后一个总司令,也是因战争失败而处境难堪的总司令。面对失败的结局,他很懊恼,觉得自己十分愧对裕仁天皇。他记得半年前,裕仁天皇把侵华日军总司令的重任交给他的情形。冈村宁次是在1944年11月26日接替陆军元帅畑俊六而当上侵华日军总司令的。而畑俊六被调回日军最高总部,出任驻守广岛的日本第二总军司令,准备本土决战。后来,1945年8月8日原子弹轰炸时,畑俊六居然神差鬼使般地跑到广岛火车站!广岛火车站正好远离爆炸中心,畑俊六幸免于难,逃得活命一条。

冈村宁次被提升为侵华日军总司令之前,是新组建的日本第六方面军司令。他在这任上总共不到3个月。两天前,裕仁天皇任命冈村宁次为侵华日军总司令的诏书发到侵华日军第六方面军司令部。此时,冈村宁次正从河边钓鱼返回。每天晚饭后下山钓鱼,是冈村宁次自己制定的例行功课,风雨无阻。

第六方面军参谋长宫崎周一接到电报,一看是天皇诏书,马上走进冈村宁次的房间,向其传达。该诏书的内容是:

> 朕委卿以中国派遣军统率之任。惟现下战局实关重大,望卿深察宇内大势,妥为筹划,益振军威,以副朕望。

尽管冈村宁次事先已经接到了他将调任中国派遣军总司令官的通知，当听到任职诏书时，依然忍不住一阵激动，毕恭毕敬地奉上答词：

蒙赐优渥敕语，拜受统率中国派遣军之大任，诚惶诚恐，不胜感激，愿粉身碎骨竭尽死力以奉圣旨。

冈村宁次后来回忆那一刻的心情时称：

有生以来首次拜受对我的敕语，感激之至，重下决心，必将把握解决战局之转机，奉慰圣怀！

冈村宁次

日本天皇器重冈村宁次，冈村宁次更效忠天皇。他与裕仁之间有着特殊关系。

早在 1921 年，冈村宁次作为巡回武官在欧洲考察，有幸结识了东久弥宫亲王。东久弥宫亲王是明治天皇的女婿，也正是未来的皇叔。他正在为裕仁收罗少壮派军人为党羽，壮大未来的帝党势力，以对抗日本国军队中的长州藩元老田中义一等实力派。正在欧洲履职的冈村等被东久弥宫看中。此时正逢皇太子裕仁到欧洲旅游。在法国，这位皇太子亲手购买了一尊拿破仑半身像，并视拿破仑为终身的偶像。东久弥宫亲王于是带领冈村宁次等一批日本驻欧洲少壮派武官前来晋见皇太子裕仁。裕仁特地为他们举行了宴会。冈村宁次感到十分荣幸和激动，发誓效忠未来的天皇。此后，冈村宁次四处活动搜罗驻外武官作为党羽。当年 10 月 27 日，冈村与永田铁山、小畑敏四郎等聚集在德国莱茵河上游黑森城堡一个叫巴登巴登的矿泉疗养胜地，边享受"桑拿"边议论朝政。他们同是日本驻外武官，又同是陆军大学的同级同学，彼此谈得十分投机，于是订立"巴登巴登盟约"。他们认为日本国军队中的长州藩元老田中义一等一批陆军中坚势力是皇太子裕仁未来登基的阻力，于是发誓要扳倒它。这所谓长州藩相当于中国古代一路称雄的诸侯。而田中义一这人，我们也不陌生，臭名昭著的《田中奏折》就是出自此人之手。果然5年后的1926年，裕仁太子成功即位，那年就被定为昭和元年。秘密的"巴登巴登联盟"就是日本史上著名的"三羽鸟之盟"。这三羽鸟就是指永田铁山、冈村宁次和小畑敏四郎三位，他们因此成为日本陆军之骄子。虽然此时职位不高，但是有裕仁做后台，前途自然不可估量。把"巴登巴登联盟"说成是"三羽鸟之盟"，也就是说，这结盟的三位就是日本国的"鸟人"。我们从小就知道，"鸟人"是《水浒传》中李逵骂人的口头语，它可不是什么好词汇。但此处，我们提冈村宁次是"鸟人"，这不是骂人。日本国不一样，要是有倭人称您是"鸟人"，那可是对您表达了无上的景仰：是赞扬您了不起，说您像鸟一样飞得高，看得远！参与巴登巴登盟约的永田铁山、冈村宁次和小畑敏四郎三个"鸟人"中，冈村宁次是老二。

巴登巴登

由此，巴登巴登聚会的1921年10月27日便成了日本史上的昭和军阀诞生日。巴登巴登聚会其实不止三只"鸟"，那天参加的还有第4只鸟，名叫东条英机。托裕仁和"巴登巴登三羽鸟"的福，东条英机后来当上了日本战时内阁首相。但此时的他，仅因在陆军大学中比三羽鸟低一个年级，没达到少佐军衔，因而被看低了一等。在巴登巴登结盟聚会那天，他站在蒸汽浴室门口值班戒备。

除了巴登巴登这四羽鸟之外，"巴登巴登密约"小团体又从不属于长州藩且才华出众的同事中选出了另外七羽"鸟"。这就是梅津美治郎、山下奉文、中村小太郎、中岛今朝吾、下村定、松井石根和矶谷廉介。

1921年11月大正天皇患病，由裕仁摄政。裕仁任命法西斯理论家大川周明为宫内学监。大川周明的第一件事就是向全日本宣传法西斯的军国主义思想。而第一批受教育的就是以冈村的巴登巴登盟约为基础的少壮派军人。1922年1月，他们被集中到皇宫东面围有城墙和壕沟的幽静的宫廷气象台，听大川周明讲课。这气象台是裕仁小时候放学回家后的经常去处。

如今，裕仁给它起了一个新名字：大学寮。几乎后来全部昭和军阀集团的骨干成员都在这里受过法学博士大川周明的大和民族主义、大亚洲主义、法西斯主义理论的熏陶。"大学寮"，实际上是日本皇室培养法西斯高级军官的教导中心，是法西斯党校，是昭和军阀的圣地和精神归宿。

　　大川周明的法西斯理论源头是北一辉的《国家改造案原理大纲》。北一辉的这本书是他在中国上海撰写的，当年他曾应宋教仁的召唤来到中国。原来北一辉在1906年参加过中国同盟会，他与黄兴、宋教仁、谭人凤、张群私下交情很深。但他是日本黑龙会成员，是以日本军部意志为行动指针的，他当然不可能不把中国革命利益放在日本利益之下。这点，中国同盟会的成员是看不到的。利用中国革命进行投机的人也绝不只北一辉一个，我们接下来就会发现，侵华战争中罪大恶极的日本战犯中还有佐佐木到一和矶谷廉介。他俩都称自己是孙中山的粉丝，并向往中国革命，当过孙中山的顾问。这事我们以后再叙述。北一辉崇尚暴力，鼓吹战争万能，宣扬国土狭小的日本对外扩张是合理的，为日本的侵略政策制造理论根据。他还宣称，日本应当打败英、美、俄、中等国，缔造一个庞大的世界帝国。他这本书被裕仁的弟弟秩父宫选中。大川周明削减掉北一辉理论中皇室不能接受的部分，经过日本皇室的转基因处理，北一辉的理论成为日本军国主义理论体系的基石，大川周明也成为昭和军阀的思想理论教父。到过大学寮的少壮派法西斯军人们就是这样接受了大川周明的启蒙。

　　由于有裕仁的栽培，从这儿起步的这派法西斯军人通过拥护裕仁天皇，支持当前制度，就可以获得稳步提升，他们前程无量。因而他们从容不迫，成为当时制度下稳健的统制派。但此时日本还有另一批被称为皇道派的少壮派军人，他们同样受北一辉法西斯思想影响，但没有大学寮派的优越处境。他们对现实不满，显得更激进。由于北一辉思想还含有反对日本现实的激进情绪，从而更吸引了大批狂热于沙文主义的日

裕仁天皇

本人。激进的皇道派少壮军人更愿意接受原汁原味的北一辉法西斯主义思想。在日本社会因西方经济危机而引发动荡的 30 年代初，统制派与皇道派两种不同类型的少壮派军人出现了对立，并由对立发展为火并。三羽鸟中的头鸟永田铁山是统制派的。他在 1930 年就是日军大本营的军务局局长，充当天皇和军部大本营的联络人。因此他树大招风，1935 年 8 月被激进的皇道派相泽三郎陆军中佐斩杀。作为裕仁心腹的永田铁山在光天化日之下被杀，这当然惹恼了天皇。在为永田举行的隆重葬礼上，裕仁天皇令宫内省送去鲜花，并责令调查相泽三郎杀永田铁山的事。这事并未就此了结。1936 年 2 月 26 日，皇道派军人发动"二二六"政变，政变军人冲进内阁，把斋藤实、渡边锭太郎和高桥是清等内阁要员枪杀了，还重伤了天皇侍从官铃木贯太郎。此事发展下来，当然是主张镇压叛乱的统制派的昭和军阀东条英机和冈村宁次等占了绝对上风。最后，北一辉和相泽三郎被判死刑枪毙，更激进的皇道派法西斯军人势力被镇压下去，许多人被退入预备役或清除。如果有人因此从非左即右的"路线斗争"来衡量，以为是日本挫败了一场法西斯政变，那就大错特错了。那不过是一场御用法西斯战胜草根法西斯的悬殊战争罢了。就像没有必要从如今的日本民主党和自民党分出"左派"和"右派"一样。

随后，这巴登巴登 11 羽鸟越发非同小可。除巴登巴登头鸟永田铁山短命之外，其余均平步青云：小畑敏四郎当过陆军省次官；冈村宁次则是侵华日军总司令；东条英机更是战时内阁首相，是侵略中国东北和发动太平洋战争的元凶；梅津美治郎就是 1935 年强迫何应钦与他签订《何梅协定》的那位，后来他成为日军参谋总长，1945 年 9 月 2 日，他在密苏里战列舰上代表日军签署投降书；山下奉文任驻菲律宾日军总司令，被称为"马来之虎"，是杀人魔王之一；中村小太郎出任过陆军大臣；松井石根和中岛今朝吾分别是侵华日军华中派遣军总司令、第 16 师团师团长，是南京大屠杀的元凶和刽子手，尤其是中岛的第 16 师团残忍地屠杀了 16 万以上的南京平民和战俘；下村定曾任内阁陆军大臣；曾任侵华日军华北方面军司令官的矶谷廉介最后是日本侵略中国华北的策划者及伪香港总督，但他的身份特殊：1908 年，他奉军部的命令，到上海访问孙中山，此后他自称对孙中山持有全部敬爱之心并视孙中山为老师，他的虚伪，令人作呕，他当然也是罪大恶极的日本战犯。这十羽鸟全都是日本国发动侵华战争和太平洋战争的罪魁祸首。在日军内，这些鸟之所以拥有巨大的能量，根本原因是站在他们背后的那尊神！那神就是大日本国至高无上的裕仁天皇！

所以，冈村宁次在受命担任侵华日军总司令之际，对天皇裕仁那种"诚惶诚恐，不胜感激，愿粉身碎骨竭尽死力"的心情是可以想象的。

接替冈村任第六方面军新司令官是冈部直三郎大将。三个月前，冈部直三郎大将接替冈村宁次当了华北方面军司令，这次又将由这位冈部大将来顶替自己当第六方面军的司令官。冈村宁次对大本营的人事安排感到十分不可思议。

我们补充一句，就在裕仁圣旨到达的时候，冈村取得丰厚的鱼获，他在乡间河沟中钓到了一条大鲤鱼！

夜晚，日军第六方面军为冈村宁次举行告别宴会。大厅里，日本军官频频举杯，冈村宁次还要求把他钓到的那条鲤鱼烧成中国风味。谁知烧鱼的日本火头军偏偏没有学到这一手，鱼端上桌时，竟然是半生不熟的。

宴会后，日本军官又举行舞会，冈村宁次也步入舞池。

冈村宁次离开第六方面军时，还举行了阵亡将士追悼会。临别时，冈村宁次对第六方面军参谋长宫崎周一等人说：

"相处不久，颇感留恋，望今后保重身体，一心奉公。"

这是宫崎周一最后一次向冈村宁次汇报有关事宜。

原计划冈村宁次于 26 日早晨离开衡阳，谁知当天天气不好，护航的日本战斗机未及时赶到，冈村宁次临时决定先去湘潭。

冈村宁次的座机起飞不久，空中突然出现了中美盟军的飞机，这一下，令日本人大大地吃惊。由于丧失了制空权，冈村宁次的行动也陷入了极大的风险中。

好在，这一天没有出现"海军大将山本五十六事件"或"冢田攻大将事件"，冈村宁次没有陨落。中方的飞行员并不知道那是冈村宁次的座机，因此他没胆量中止战斗任务而临时决定攻击日军总司令。这位飞行员错失了一次立大功的机会。

中途路过武汉暂时休息时，冈村宁次听说手下活捉了三位跳伞的美国飞行员。这事冈村宁次觉得很解气。但冈村宁次正忙着要到南京去接班而来不及过问。其实这种事，手下想怎么办就怎么办，本就用不着他这个原来的司令长官出来过问。

后来，日军第34军参谋长镝木正隆大佐等五人将三名美国飞行员毒打后，以绞刑处死，并焚尸灭迹。此后不久，无法无天的镝木正隆被提拔为陆军少将。但美国人记住了飞行员失踪的事，战后开展调查，查到镝木就是这事件的主谋和参与者。镝木正隆料不到，一年后美国人找他算账来了。镝木正隆被押上了战犯法庭处死。当然，这事算不到冈村宁次头上去。

冈村宁次到南京上任之后，接下了畑俊六的全套人马。其中最重要的人物当然是总参谋长小林浅三郎中将和副总参谋长今井武夫少将。

小林浅三郎在1938年提升为陆军少将并担任第12军参谋长。他参加侵华战争，多数时间是充当日军的各级参谋长。

今井武夫

而副总参谋长今井武夫与20年前的冈村宁次有不少相同之处：

冈村宁次与今井武夫两人均是驻外武官出身，不过今井武夫要比冈村宁次小一个生肖周期以上。冈村宁次与今井武夫两人均属于日本侵略军系统内的"支那通"。这"支那通"可不能望文生义，简单地以为就是"中国通"。它有特定的背景，那就是日军大本营的"参谋本部支那班"出身的那些参谋，如铃木贞一、土肥原贤二、冈村宁次等战犯就是前辈"支那通"。而此时日本陆军中最有名的"支那通"有三人：今井武夫少将、柴山兼四郎中将和影佐祯昭中将。柴山兼四郎当过张学良和汪精卫的顾问，影佐祯昭和今井武夫成功策反汪精卫集团叛国，并建立了汪伪汉奸政权。影佐祯昭还是那个恐怖的汉奸特务机构"极斯菲尔76号"的后台老板。如今日本自民党第24任总裁谷垣祯一的母亲，就是影佐祯昭的亲生女儿。而这三位"支那通"中，要数侵华日军副总参谋长今井武夫最为突出。

冈村宁次与今井武夫两人自"七七"卢沟桥事变以来，都是侵略中国的主角，但也有所不同：冈村宁次是开枪放炮、杀人放火，用武力夺取一块又一块的中国领土；而今井武夫则喜欢在关键时刻故意隐瞒真相说假话，把清楚的事说糊涂，还会挑起事端，然后借助大日本军国主义的武力，让中国人吃亏，把中国主权分割攫取。

今井武夫在卢沟桥事变中的表演，就特别突出。1937年7月7日深夜，他与北平驻屯军第1联队联队长牟田口廉也大佐一道指挥，以日军夜间非法越境演习中一名士兵失踪为由，提出要进城搜查的无理要求。而事实上，所谓失踪士兵在天亮时就出现在原部队中，而联队长牟田口廉也大佐却继续向城内开炮，挑起侵略战争。今井武夫继续按原定阴谋，乘机向中方施压，并发布与事实相反的新闻欺骗世界舆论。随后两天，他一步步炮制"协议"要中方退兵、让城，逼中国军事长官赔礼道歉，把战火进一步扩大。其实，"七七"事变两年前，今井武夫就参与了对华北的许多阴谋活动。

卢沟桥事变后，今井武夫还与另一个间谍影佐祯昭共同从事分裂中国的活动，收买扶植了汪精卫叛国集团，建立了分裂中国的傀儡伪政权。

随后，今井武夫短时间到山下奉文部当联队长并参与侵略菲律宾的战争，但不久又回中国战场并晋升为侵华日军副总参谋长。冈村发现，今井武夫这个副总参谋长的作用，超过他身边其他的人。

不管怎么说，冈村宁次司令搭档今井武夫参谋长，是凶残与狡猾的配合。而凶残与狡猾，正是日本侵略军最典型的特色。

但，自从冈村宁次当了总司令之后，整个国际形势和中国战场的局面都发生了重大变化，变得越来越不利于日本人，以至于最后由冈村宁次亲自决定发动的豫西会战和湘西会战都严重损兵折将，甚至还打输了湘西会战。

此时，无论在太平洋战场、中国战场还是正在经历无情轰炸的日本本土，都已使日本帝国陷入了全面的绝境。而冈村宁次在视察听取汇报中，发现那些对整个悲惨局面一无所知的士兵们，仍将作无希望之悲壮作战，不觉心有戚戚。

他比手下任何一个人都更知道面临的形势。他不禁因此心神黯然，把忧虑深深地埋在心中。在南京的总司令部，他通常每天上午去办公批文件，或主持会议。下午只要不是阴雨天，他总是到南京兵工厂的水池钓鱼。晚间，则找棋友下下围棋，以消磨这一段难熬的时光。

2. 今井武夫芷江乞降

自 1945 年以来，冈村宁次对于日本将在战争中失败有预感，但要通过他率领全体侵华日军向中国无条件投降，他却没有这种思想准备。

曾经，他为摆脱困境，想过要向中国政府妥协，实现"和平"，撤出军队以便集中力量与美英进行本土决战。那时，他已在自己的司令部内建立无线电台，企图与中国战区的蒋介石总司令联系。这工作由侵华日军总司令部第二课延原逸郎中佐具体负责，神谷正司少佐协助。延原逸郎是该课的谋略、宣传参谋，而神谷正司是特情参谋。此时，打入重庆中央的代表人物也已浮出水面，比如自国民党一大以来就是中央执行委员兼司法部次长何世桢等人。冈村宁次通过电台联系及与这些中方人员交往，向重庆表达谈判撤军意向。

作为讲和的条件，日本政府愿意将部队在一年内全部撤至山海关以东。

但中国政府则坚持日军须撤出朝鲜。也就是说，蒋介石的条件不仅是坚持日军全部撤出中国，还必须撤出朝鲜，退回它的东洋四岛。这使冈村宁次困惑不解。他以为那仅是蒋介石的中国政府故意抬高谈判的筹码。

但作为盟军中国战区总司令的蒋介石之所以这样坚持，是因为：

一、1943 年 11 月 22 日至 27 日，中国代表与美国总统罗斯福、英国首相丘吉尔在开罗会议上，一致决定剥夺日本通过历次战争所掠夺的土地，并将台湾、澎湖列岛以及东北归还中国，朝鲜脱离日本而独立。

二、签署《开罗宣言》的美、中、英为同盟国，同盟国成员不得单独对日媾和。

三、《波茨坦公告》此时虽未正式签署发布，但《开罗宣言》的签署国美、中、英已经形成共识：日本必须无条件投降，否则予以毁灭。作为反法西斯联盟的领导人罗斯福、丘吉尔与斯大林已有多次的会晤，苏联将受邀参与进攻日本。

根据战后日方承认，由于他们处于空前孤立的地步，日本政府和军方对于开罗会议及以后关于处置日本的重要国际会议之内容基本上不知底细。他们以为日苏条约继续有效，从而对苏联抱有幻想，还想到关键时刻请苏联出面调解，以结束战争。同时更希望与中国单独讲和签约，从中国撤军。

为了摆脱中国战场的困局，打开"和谈局面"，日本政府和军方到了不择手段的地步。可笑的是，他们居然想到利用南京汉奸政府牵线与中国政府谈判，想用周佛海、缪斌这些汉奸去沟通。但"周佛海派往重庆的使者无成功"；而缪斌想乘机向重庆表示立功赎罪，把子弟送到重庆当抵押，自己到东京去开展"缪斌工作"。这缪斌在1927年北伐时曾是蒋介石的第1军副党代表，原本是蒋的亲信。结果这"缪斌工作"风浪不小而效果全无，日本小矶内阁被搞得不得不在1945年4月5日总辞职。也因"缪斌工作"这事，1946年缪斌成为第一个判处死刑并被执行的汉奸。

于是，冈村宁次想到了让现任副总参谋长的"支那通"今井武夫出马，再次探索"和平"之路。为探索"和平"，冈村宁次没少费心思。他当总司令后，曾突然约伪军第二方面军总司令孙良诚吃西餐。当时孙良诚携亲信周永业同去，日本方面有冈村宁次、坂西一良和小林参谋长出席。顺便提及，这坂西一良中将是日本第20军军长，湘西会战中被何应钦打败，此时因颜面癌，到南京治病。餐后，客厅只留下冈村、孙良诚和周永业三个人。冈村却低着头，两眼在地下溜来溜去，有十几分钟没有开腔，神情似乎很苦闷却又难于启齿。最后冈村走到孙良诚的背后，用左手拍着孙良诚的左肩膀说：

"孙将军，我想求你协助我一下。我愿意通过你的努力向冯玉祥先生致意，并通过冯先生跟蒋介石说明我的心意：我愿意牺牲我的最高指挥官和大将的军衔，跟他讲和。如果办得到，我亲自飞重庆。你看怎样？"

孙良诚当时没言语，过了五六分钟后对冈村说："我努力去做吧！"

冈村说："你努力吧。"

这样便结束了谈话。

抗日战争中，一个十分奇怪的事情是：尽管冯玉祥坚持民族大义，但关内沦陷区的伪军，大都是他的旧部！这实在令人费解。此时，冈村宁次也看出伪军又有反水的可能，但他已不介意。他急的是如何摆脱战场困局。为此，冈村也不止找过孙良诚一人。汪伪军事参议院院长杨希一为了替皇军排忧解难，也不断地开拓"和谈"门路。他与国军第十战区副司令长官兼第15集团军司令官何柱国上将是旧交。经过活动，何柱国将军派来了特使吴树滋。杨希一的胞弟杨振此时也是汪伪南京政府的参谋次长。这兄弟俩把吴树滋介绍给今井武夫。

据杨家兄弟俩说，吴树滋与杨希一同是保定军官学校的同期同学。吴树滋在几个月前已潜入南京，经充分考虑之后，最近才下决心同今井武夫会见。

此时的今井武夫正为日本的"和平工作"无所作为地浪费许多时间而感到可惜。他虽然明知道日本内阁陆军部一度禁止军方对重庆进行工作，但还是觉得在此战局危急之时，值得冒险一试。今井武夫认为，如果能直接同集团军司令官何柱国进行会见谈话，即使不能发现成功之路，也无疑将获得某些重大的启示。更何况，吴树滋是根据第十战区司令长官李品仙的指示而来的，可猜测后面有蒋介石的背景。

5月中旬，他们非正式地得到吴树滋提出的中国方面的和平原则大纲为：

（一）日本军无条件地从山海关到广州的中国本土上全部撤兵。

（二）经日华协议之后，日本军今后根据议定的条件从满洲撤出兵力。

（三）中国不妨害日本军在中国以外战场上的行动。

今井武夫通过伪参谋本部内杨振的秘密无线电台，得到何柱国的电示，指定会见地点在河南省周家口南边的新站集。

但今井武夫行程不顺利。他7月4日从南京乘飞机出发，一路不断地遭遇中美飞机的空袭、飞机发动机故障、暴雨，中途被迫在蚌埠、开封、许昌机场降落过夜。其中两次在开封机场起降，耽搁两昼夜。

当时正值中美联军的飞机大规模空袭日军控制的平汉铁路和津浦铁路，每日上午8时后盟军的军机必到。今井武夫在飞机上提心吊胆地看着日本军用列车挨轰炸后扬起的熊熊火焰，看似在五分钟前才遭到中美飞机的轰炸。今井武夫庆幸自己五分钟的迟到而幸免于难。飞机在许昌机场上空盘旋到第八次时，才在点燃的篝火引导下降落。今井武夫的飞机就这样花了五天的时间，才从南京飞到许昌！

今井武夫一行换便装冒充中国人，在途中雇了一辆塌车，由车夫引导穿越日占区进入国军控制区。车夫是以搬运货物为职业的，始终往返穿梭于敌我两军战线之间。他持有两军当局所发的通行许可证。这塌车大致就是人力三轮车，在上海通常称为黄鱼车。

这天是7月9日，今井武夫等进入国统区之后，吴树滋让这些日本人骑马去目的地新站集。

新站集的街上打扫得非常清洁。家家门上和墙上张贴着"打倒日本帝国主义"、"誓死不忘七七事变"等抗日标语。这使今井武夫想到两天前，这里举行纪念卢沟桥事件活动的激动气氛。这里的人们不知道，八年前卢沟桥事变的肇事者，正是这位骑马过路的日本人。当年作为日本大使馆分设北平助理武官的今井武夫，面对八年来这场让中日间生灵涂炭的血战，不知有何感想。

何柱国上将是一个身材魁梧而彬彬有礼的伟丈夫，开始时还通过翻译进行会谈，但他曾在日本士官学校留学过，所以到后来彼此夹杂使用不太流利的日本话和中国话，能够不用翻译互相交谈了。

新站集的司令部原封不动地征用了民家的简朴的住宅，不仅没有任何装饰，日常用具也几无添置。今井武夫的房间，只有一张桌子和一只凳子，寝室里只有两条毯子作为盖被，没有蚊帐，当然也没有电灯，到了夜晚依靠点燃一支光线微弱的蜡烛照明。

何柱国

据何上将说，在抗战八年中，他始终不曾在有电灯的城镇里过夜。

白天会谈中，今井武夫避开"满洲国"等敏感问题提问，目的想听出何柱国的口气。今井武夫的问题是：

1. 日本希望日华两国直接和平谈判，但中国方面是否有接受的打算？

2. 日本以维护国体、保全国土为绝对条件，这点若不被采纳时，则决心继续交战到底。

同时，今井武夫也不主动直接表态要牺牲傀儡伪满和南京伪政权，而是间接地提出：

对于'满洲国'和南京政府的处理，想努力做到不违背对他们的道义关系，但想知道中国方面如何设想。

何柱国直截了当地告诉面前的日本人：

日华单独和平在《开罗宣言》以后的今天，无论如何也没有实现的可能性。从而日本如果希望同中国和平，那么必须同时要把世界和平作为不可缺少的重要事项。

何司令这话是说，日本面对的是中、美、英三个同盟国，而不是中国一家。何司令还警告：

日本因战败结果而灭亡之事，绝不是中国所希望的。毋宁是希望即使在战后仍作为东洋的一个强国留下来，与中国携手协力维持东洋的和平。从而热切希望在必要的国力尚未完全耗尽的时候，以日本政府的聪明和妥善处理来早日结束战争。

他又说：

因此，日本万一有什么请求，中国绝不吝把日本的提议转达给盟国。特别是蒋介石主席对日本天皇制的继续存在寄予好意，并对各国首脑也表明了这一意向。

何柱国表达了盟国有关领土问题的立场：

战后，日本撤回从满洲以至海外的全部兵力固不待言，朝鲜、台湾、库页岛等也非让与不可。这件事已经盟国协商完毕，所以没有再变更的余地。

何柱国的态度坚定又明确。这给不明世界大趋势的今井武夫极大的震撼！

世道变了！形势变了！

这次从南京出发以来，不，这几年以来，今井武夫所担忧的不吉利预感已成为事实！为此，他徒有深感悲伤而已。

与此同时，今井武夫痛切地知道，以往日本人所盲目乐观的观测，是何等不谙世面！

日本人不是不知道开罗和德黑兰的首脑会议，也不是没看到报纸的角落上敷衍塞责地登载的《开罗宣言》。如此重要的《开罗宣言》被不起眼地混杂在疯狂炒作皇军伟大胜利的报道中，显得无关紧要，被认为不过是敌对盟国虚张声势的威吓和宣传战。那只因日本人不愿意面对现实！

何柱国坦率谈话的内容，对于何将军来说，不过是在介绍盟国的既定方针。但对于今井武夫来说，那是雷霆万钧的闪击！

这么多年来，今井武夫不知多少次向中国政府提出过谈判条件，但全都是处于居高临下的地位。但他知道，如今已是天壤之别，该到了一切都完全颠倒过来的时候了。这本是理所当然的现实，但今井武夫还是感到了惊愕！

他不曾料到历史车轮的转动是如此迅速，现实对日本人来说，是如此严酷！

由于无自知之明，事前毫无思想准备，今井武夫知道，谈判已无可能进行。除了分手告别、约定日后尽快再度会见外，别无他法了。

今井武夫同何上将会谈结束后，双腿无力地穿过院子，回到寝室。但他在床上翻来转去，直到旁边的蜡烛燃尽了，两眼依然盯住黑暗的天花板。

一个短暂却又十分漫长的夏夜！

今井武夫只能把当天的会谈结果向本国政府报告，听候指示。

今井武夫回到南京，7月26日那天，美、中、英三国发表《波茨坦公告》。面临最后覆灭的日本人依然不知道即将要发生些什么，还天真地以为那仅仅是一篇单纯的劝降宣言。冈村宁次总司令也是如此。

不久，第一颗原子弹在日本广岛落下。同日，苏联也签署《波茨坦公告》并宣布对日宣战。日本被迫宣布接受《波茨坦公告》，向同盟国投降。

1945 年 8 月 12 日，东京大本营密电的译文放在冈村宁次的桌子上。电文很简单：

日本准备接受投降。

这消息，犹如一道晴天霹雳！冈村宁次顿时觉得天旋地转，两眼冒金星，瘫坐在座椅上。

片刻后，冈村宁次立刻向陆军大臣和参谋总长发去电报，要求拒绝《波茨坦公告》并继续作战。他在日记中写道，辗转不能成眠，醒来就考虑国家的前途和如何处置，这百战百胜的一百零五万大军的善后。

但冈村宁次马上获悉，投降的决定不可逆转。8 月 15 日，天皇将亲自宣读投降诏书，第二次世界大战，最后就这样以日本投降而结束。

天皇亲自广播，而且是突然宣布国家投降这一悲惨命运，是日本官兵所未曾预料到的。顿时，不少人目瞪口呆，不知所措。

1945 年 8 月 15 日，日本天皇在议会宣布
接受《波茨坦公告》，向盟国投降。

听完裕仁天皇的投降广播之后，冈村宁次即席向在场的全体日军将领作了谨遵诏命的训示，并于午后对全军将士下达了如下训示：

蒙亲赐敕语，犹及圣虑诚惶诚恐，不知所措。

值兹圣战中途，而逢建国以来从未曾有的最恶事态，实无限悲痛，然事已至此，本职惟谨遵圣谕，以慰圣怀。

派遣军将士切勿削弱斗志，应愈益严肃军纪，坚持团结，根据唯一方针，分别为完成新任务而迈进。

当日，中国国民政府主席蒋介石向全世界发表《对日抗战胜利告全国军民及世界人士书》，赞扬抗日战争胜利的意义，表明了中国人民"以德报怨"的开阔胸怀。

接着，蒋介石以中国战区盟军最高统帅的身份向冈村宁次大将发出第一号命令，通令其停止一切军事行动，并指示其接受中国陆军总司令何应钦的命令。

15时，冈村宁次回到自己的住处，默默沉思。

他听到陆军大臣阿南维几大将昨夜剖腹自杀的消息，又听到今天铃木内阁总辞职的决定。自己何去何从？冈村宁次在犹豫中：

自杀？他心有不甘；辞职？手下百万官兵和80多万入侵中国的殖民主义者如何下场？

他想这需要有个交代。他在当天的日记中声称：

余决心置身于不求生亦不求死之境地。

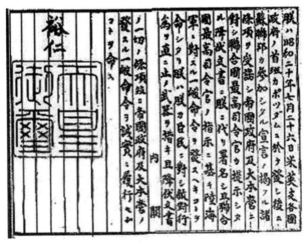

裕仁签署的向同盟国无条件投降诏书

他不再有钓鱼的兴趣了。再说，南京城里城外的鱼，他已没有资格去钓了。

8月16日，日军香宫大将代表东京大本营发布立即停止战斗行动的命令。冈村宁次向下作了传达，侵华日军开始为自己每个人的后路做准备了。

出于恐怖的心理，战争罪犯首先想到的是消灭罪证问题。许多原本要当做丰功伟绩而保留的作战计划、战地汇报、战争记录及各种文件档案此后都将变为战犯的罪证。总司令部院子里，突然从各处升起了烧毁重要文件的烟火，总司令部顷刻间变成失火的现场。战败的抑郁空气把人们说话的声音也压下去了，每个人都默不作声，只是本能地进行着毁灭罪证的工作，不分昼夜地乱作一团。在这浓黑诡秘的烟火中，似乎罪恶化为浓烟挥发了，逃逸了。

从8月10日前后开始，中国和同盟国的电台就不停地广播着关于日本投降的风声。在南京市内，群情振奋，传说纷纷，日伪分子惶惶不可终日，投机分子也伺机蠢蠢欲动。

12日左右，南京市面传说纷纭，说是来了重庆政府的特使。16日，伪南京政府的各汉奸机关报上登载了这样的报道：

重庆国民政府任命周镐为国军的前进指挥，命其处理一切。

接着，一个可疑的人物出场了。这个人名叫周镐，他指挥着一支伪军警在新街口广场造势，占领了新街口边上发行伪币的伪中央储备银行，设立了所谓的"中国国民政府军前进指挥所"。周镐的那支队伍，其实不过就是周佛海手下伪南京政府财政部税警团的一个分队。在南京人的心目中，周镐不过是个伪军少将，而且是经周佛海推荐而出任汪伪中央军事委员会军事处第六科少将科长和驻无锡专员。周镐就这样把南京市折腾了好一阵子。后虽经日军干预，周镐被带走，事态平息，但这事还是把冈村宁次吓了一跳：

快把向中国军队缴械投降的事给办了！

在这些工作中，首先就是必须迅速与重庆的国民政府中央取得联系。

冈村宁次又把这事交给了"和平使命"专家今井武夫。

8月17日下午5：30，冈村宁次复电蒋介石：

> 限即到。中国战区最高统帅蒋中正阁下：中华民国三十四年八月十五日赐电敬悉。今派今井武夫总参谋副长和桥岛、前川二参谋率随员三人，准于本月十八日乘坐双引擎飞机一架，无特别标志，请知照玉山飞机场派员接待，仰赖照料为感。
>
> 　　　　　　　　　　　驻华日军总司令冈村宁次。未筱申。

原本，今井武夫与何柱国见面后，又联络上了顾祝同。顾祝同此时是第三战区司令兼江苏省主席，他控制着几乎整个福建省、大部分的江西省和浙江省，还有皖南地带和江苏省部分，是除大后方外最大的国统区。第三战区的兵力达到百万以上，也是当时人数最多的一支抗日军队。金华机场与玉山机场也是当时华东一带最重要的空军基地。

今井武夫要去玉山机场向中国军队求降，但后来，日本方面得到的通知是：

因为玉山飞机场遭受破坏无法使用，现另行指定湖南省芷江飞机场作为受理投降的地点。

这里，作出这一决定的人显然是盟军中国战区总司令蒋介石。中国战区总司令蒋介石指定的洽降地点是湖南省芷江飞机场。

蒋介石总司令的理由是，芷江刚发生了一场中国军队战胜日本侵略军的战役，是最适合的受降地点。但其实，蒋介石总司令更认为，侵华日军必须向他这个总司令直辖的中央军投降，而不是向一个地方战区投降。只是，冈村宁次的级别与蒋介石总司令不对等，蒋介石派出一个级别低点的人物代表自己受降。

所以这玉山飞机场遭受破坏无法使用，仅仅是一句托词而已。

盟军中国战区总司令蒋介石任命何应钦为接受日军投降的总代表，选定的受降地点为芷江。于是，何应钦的总司令部从柳州搬回芷江。

8月20日，今井武夫率日军求降小组从南京出发去芷江交涉投降的事。

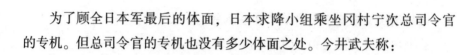

为了顾全日本军最后的体面，日本求降小组乘坐冈村宁次总司令官的专机。但总司令官的专机也没有多少体面之处。今井武夫称：

日军运输机（这架不是冈村用美国的 MC 座机）

它饱经战争苦难，不仅漆皮脱落斑驳，而且满布弹痕，越看越觉得寒碜，实在也是万不得已。

可是，整个侵华陆军总司令部此时已经是舍此无他，再也找不出第二架像点样的飞机了。日军求降小组飞到武汉住宿一夜后，他们又做了准备。

中国中央政府通过无线电报向日本求降小组发出指示：

于重庆夏令时间上午 10 时，乘非武装的运输机，求降飞机的机尾拖着两条长三公尺的红色布条，先向湖南省常德上空飞行。

21 日，飞机从武汉向常德方向飞行。途中发现，由于工作人员疏忽，机舱内还留有机关枪一挺。于是在飞经洞庭湖上空时，他们把机关枪抛入湖中。

这时候正是上午 10：00，中美空军混合团的驾驶员周天民中尉、林泽光中尉和美国空军葛兰芬上尉三人分别驾驶野马式战斗机飞临洞庭湖西岸常德城的西南上空。他们在 5000 米的高空发现一架带有红色风幡、机身呈草绿色、机翼上下漆有日本国旗的双引擎中型运输飞机，经确认证实是今井武夫的座机后，遂分列于日机前后，监视并引导其向芷江飞行。随后又有六架中美野马飞机升空监视。另有一说，是吴其辂和张昌国驾驶 P-51 战斗机引导日本求降飞机的。

面临的现实与预约中情形完全一样，今井武夫这才把一切疑虑打消掉。但今井武夫知道，人世间最艰难的历程从此开始了：

他要尝试一个败军之将的求降经历。

由于求降小组的座机是旧运输机，航速低，性能差，反应迟钝，而中方的 P-51 野马战斗机性能高，速度快，周天民等飞行员名义上是来引导接应而实际上是来押解的，加上飞行员本就怀有敌对心情，于是就围绕着日机左右上下穿梭挤压，以各种惊险动作示威。日本人的心都被吓得提到了喉咙口。这样折腾了约莫一小时，11：00，日机在周天民机群的监护和引导下，飞临芷江机场上空。

今井从飞机上空俯视芷江飞机场，不过是群山中一个极平常的临时飞机场而已。芷江机场只有一条单方向的跑道，并未很好地加以铺饰。但是分散隐蔽在周围各处的飞机却有不下百架之多。日本人此后在芷江逗留的一小段时间内，发现这里每天冒

今日芷江

着浓雾，可飞机却能日夜不停地起飞降落。他们不得不因此惊叹中美方面此时空军实力的优越与雄厚。

11：15，周天民中尉首先驾机着陆。等候在机场上的中美军人和站在警戒线外的人们，立即向周天民报以雷鸣般的掌声和欢呼声，有人还向周天民抛花，以表欢庆之激情。紧接着是今井的座机降落，然后林泽光和葛兰芬驾驶的战鹰也依次着陆。我军其他六架战斗机继续在空中盘旋警戒。飞机降落完毕，站立在机场四周的人们像决堤的洪水一般冲过警戒线一拥而上，把日军求降飞机紧紧地围在中央。

打开舱门，身穿黄色夏季日本陆军制服、佩少将领章的今井武夫，面带戚容，立于飞机门旁。他发现穿着陆军少校制服的新 6 军政治部参谋陈应庄和陈昭凯后，立正向陈少校请示：

"可否下机？"

陈答：

"全部下机。"

今井一行遂依次下机，并排肃立在舷梯旁边。

陈应庄和陈昭凯用日语自报官职和姓名，随后上前对来人进行盘问检查。舱内人员接受陈参谋查阅名单和证件，并由宪兵检查他们所携带的五口皮箱行装。日军求降小组共有八人，除今井外，还有桥岛芳雄中校参谋、前川冈雄少校参谋、译员木村辰男及机长松原喜八空军少校、驾驶员久保善备空军上尉、通讯官小八童正里空军上尉、译电员甲川正治等。检查完毕，中外记者纷纷摄影。今井默然无语、神态忧伤、举止呆板，任人拍照。因已向记者发出通知，禁止对日本降使作现场采访，故无人向他提问。

12∶30，今井一行被安排在两辆插有白旗的美式吉普车上，在宪兵监护下，驶向两公里外舞水河七里桥临时住所。

从机场到宿舍的路上，日本降使们受到这里军民们的围观，许多人拿着照相机对着他们拍照，因拥堵，途中不得已停车多次。

暂住宿舍是两所临时木板平房，板壁上涂着很大的白十字标志。周围有几处宪兵岗哨进行戒备。警卫和哨兵对这些日本人很节制，其态度甚至可称宽容。给人的印象是，与其说他们是包围着这些敌对的日本人进行监视，不如说是在外围护卫，防止群众因痛恨日军的暴行而对日本降使们不利。到机场去盘问检查的两位少校，留下进行联络。今井一行在宿舍用餐休息之后，下午3时稍过，他们就被引领到吉普车上，带到距离约四公里的洽降会场。

蒋介石重视这次受理日军的求降过程。自蒋总司令接到冈村宁次的复电后，就在19日晚召见陆军总司令何应钦，授权他为中方谈判的全权代表。受命后，何应钦马上电令驻守芷江一线的第四方面军王耀武和新6军的廖耀湘等加快准备。之后，何应钦连夜召集有关人员会议，确定以陆军总部、军委会、行政院顾问团、各大战区长官以及美军驻中国作战司令部的高级军事人员，组成庞大的阵容，并决定由昆明、重庆、贵阳各大报社派出记者随同前往。

8月20日，新6军廖耀湘的吉普车奔赴芷江，安排人手等候日本侵略军求降人员的到来。当日，各战区司令长官余汉谋、杜聿明、吴奇伟、郑洞国、顾祝同、孙蔚如及第一、二、三、四各方面军司令官卢汉、张发奎、汤恩伯、王耀武等数十人乘飞机到达芷江。重庆来了四架运输机，何应钦、萧毅肃、冷欣、钮先铭同随行人员及新闻记者50余人，也同时到达。

谈判筹备工作由第四方面军与新6军的两个副官处长赵汝汉、敬远平为实际负责人。

洽降会场位于芷江七里桥，原是一座西式平房，东西两头有出口及休息室，正中部是会场。会场前有一开阔地，左右皆有马路可通。路口各扎松柏牌楼一座，左边入口处缀着"公理"两字，右边则缀有"正义"两字，中为"V"字，上扎有"和平之神"。会场前空地高竖着中、美、英、苏四国国旗。

下午3时20分，会议正式开始。中国方面的会谈代表是中国陆军总司令部参谋长萧毅肃中将、副参谋长冷欣中将、中国战区美军参谋长巴特勒准将、陆军副参谋长蔡文治少将、军令部二处处长钮先铭少将和译员王武上校等，他们坐在上首长桌。他们对面也放一长桌，留给今井等人坐。从重庆以及其他地方赶来的将领、地方政要以及中美两国记者100多人把会场外的走廊甚至屋外都坐得满满的。汤恩伯、张发奎、卢汉、王耀武、杜聿明、吴奇伟、廖耀湘、郑洞国、张雪中等高级军官以及韦以拔、刁作谦、顾毓琇、刘英士等政府官员列席旁听。

今井武夫及三名随员在陈少校的带领下，分乘两辆吉普车从四公里之外的住所开赴受降会场，到达后在大厅门口肃立。陈少校入内报告，萧毅肃传令求降人员入见。今井四人鱼贯而入，在厅内排成一列横队向萧毅肃鞠躬致敬后，遵命入座。日军参谋桥岛芳雄中佐和参谋前川冈雄少佐以及木村辰男翻译官坐在今井武夫两旁。

中方发言先被译成英语，再译为日语；日本人的发言先被译成汉语，再译成英语。

萧毅肃中将首先高声地自报姓名和身份，然后介绍冷欣中将、巴特勒准将和王武上校后，就命令日方出示代表身份的证明。今井武夫听后颇为震惊，起初有些踌躇，随即申明说，目前尚未接到日本大本营正式命令，不能派遣正式代表，此行主动前来，只是担任联络，所以没有携

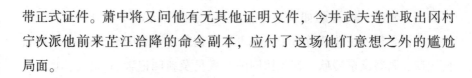

带正式证件。萧中将又问他有无其他证明文件，今井武夫连忙取出冈村宁次派他前来芷江洽降的命令副本，应付了这场他们意想之外的尴尬局面。

主持芷江洽降的"陆总"

萧毅肃中将随即向今井提出十项询问。今井注意聆听并逐一回答，同时呈交有关图籍表册，并交换无线电联络时间和呼号波长表。今井当场声明：

一、台湾及越南均不属"中国派遣军"（按：今井以"中国派遣军"称呼侵华日军）管辖范围；

二、他来芷江只有联络和接受指示的任务。

4时30分，萧毅肃向今井宣读了何应钦致冈村宁次的第一号备忘录，并将正本交今井收讫。今井表示负责转呈，同时用毛笔在领受证上签名，加盖图章。

第一号备忘录，内容五项，规定了冈村宁次在投降事宜方面必须采取的步骤。其中第四项是：

为监视日军执行本总司令之一切命令起见，特派本部副参谋长冷欣中将，先到南京，设立本总司令前进指挥所，凡冷欣中将所要求之事项，应迅速照办。

整个谈判仪式进行了一个多小时。

仪式结束后，进行了实质性的会谈。

21日晚，今井武夫向中国陆军总部副参谋长蔡文治少将签署下列几项保证并提出说明：

一、驻在中国的日本军，确实全部隶属于冈村大将统率之下。总司令官已对全军下达了停战命令，除自卫行动外，已经停止一切战斗。

二、武器及军需品以及各项设施，严禁破坏烧毁，维持现状妥善保管，准备圆满地移交给中国军队。

三、但是，停战后在日本军占领地区内，屡有自称是国民政府军行动总队指挥部或前进指挥部，还有先遣军总司令等非正规部队，进行着无领导的行为。

日本军对于这种情况很难处置，认为在自卫上有断然采取行动的必要。经说明后，蔡少将回答说：这些武装团体既然类似土匪，日本军可以采取自卫行动。再者，行动总队虽系重庆方面的游击队，但希望注意在正式谈判前，不要允许他们的要求。附带声明，任援道虽曾申请担任南京地区先遣军总司令，但未批准。

四、请求对于旅华日侨加以保护并遣返，日本军个人武装要求在乘船归国前不要解除，以便自卫。蔡少将称：保护日侨并遣送回国问题，由中国政府负责处理。关于日军个人武装问题，因为无权处理，约定在请示上级后再作答复。

五、在日方对备忘录上所列法属印度支那、台湾、热河以及全部海军都属于中国派遣军的管辖范围之外这一点作了说明之后，蔡少将提出要求说：本件即是盟军会议上所决定的事项，希望回到南京后马上与各部队取得联系。

六、说明南京和平政府以及其他各机关的要人，曾协助日本军为占领区民众谋幸福作过贡献，请求能破格给予宽大处理（按：这是指叛国的汉奸，今井武夫企图为他们求饶，这当然只是梦想），对此未作答复。

22日上午，双方进行第二次会谈。会谈确定，冷欣中将先行到南京设立前进指挥所，由日方提供安全保证。命令日方提交中国俘虏名册及军需物资及仓库等并严加保管，保证只能向冷欣移交。

美方巴特勒准将提出要确保美军俘虏的安全。他发出严重警告：对美军俘虏如有不法待遇，必遭严厉报复。

第一次和第二次正式会谈之间，各参谋和空军上校张廷孟等曾分别找今井一行进行个别谈话，日本求降小组提供了有关南京、上海等飞机场的状态以及通信设备等情况。因为中国正规军将要空运接管前沦陷区。

中国中央政府军令部二处处长钮先铭少将正式通知今井：

正式举行投降仪式和签字预定在南京进行。

以上各项谈话结束后，8月23日钮先铭少将又交给今井五份备忘录，要他们带回南京着手进行。

下午1：30，何应钦在芷江总部召见今井并作指示：

一、先后交贵官带给冈村宁次将军的三件备忘录，对其内容和要求是否完全明了，应妥为转达；

二、决定贵官于今天乘原机返回南京，将有数名中国军官同往，希予照料；

三、中国军队将自8月26日最迟8月30日前开始向南京空运，本总司令将在8月27日派冷欣中将前往南京，设立前进指挥所，希转告冈村宁次将军，妥为准备。

何应钦讲话时，今井肃坐凝神谛听，诚恳表示：

遵照办理。

何应钦宣布谈话结束，令今井准备启航。

今井肃立鞠躬，谨慎退出，出乎今井武夫的意料之外，整个求降过程，日军代表没有受到侮辱和歧视。

今井武夫本来认为，他们在战败后作为使节到敌军阵营中去乞降，遭受战败侮辱是理所当然的。根据情况，即使是生命发生危险，也是无可奈何的事。

在日本发起太平洋战争初期，今井武夫当过联队长出征南洋。听说日军对待新加坡的英军和菲律宾的美军降将，强迫他们只准说"Yes" or "No"。甚至也有拒降而加以屠杀的情况。同时，历史上的日俄战争中，日军的乃木将军对待俄国降将斯特塞尔和中日甲午海战中伊东提督对待中国败将丁汝昌，都

今井武夫阅读日军投降备忘录

是极端粗暴野蛮的。今井武夫不曾料到，作为敌国的中国军方却对他们体现了友邻之善。此时此地，他越发增加了感激的心情。今井武夫感激中国军人宽容对待败军使节的同时，也认识到这里面也潜伏着日本军战败的原因。

这次中方特地安排一批历史上与今井武夫有过交往的人员从事日军求降使接洽工作，也使今井武夫的思想压力大大降低。与徐祖贻中将、钮先铭少将、曹大中少将及在机场检查身份并随后接待的陈应庄和陈昭凯两位少校都有熟悉的关系，起码都曾是留学日本军校的学生。

八年前今井武夫在北平任武官时，陈应庄是新闻记者，对今井有过采访和交往。他和陈昭凯都是日本留学生。后来到了9月份中国军队进驻南京再相遇时，陈应庄是新编第6军政治部副主任兼少将副参谋长，而陈昭凯是上校参谋。今井武夫惊讶这两人的"军衔暴升"时才知道，当初这两人特地以"少校"身份与他来往，以减轻其心理压力。

今井武夫的求降使命就这样顺利完成了。

23日下午2时15分，今井武夫在接受各种指令后，离开芷江，飞返南京，安排侵华日军及印支16度线以北日军向中国投降事宜。

由于廖耀湘的新6军马上就要空运到南京市进行军事接管，所以新6军参谋陈昭凯和空军地区司令孙道岗两位上校军官以及翻译作为中国军先遣人员，到南京机场做迎接新6军到达前的准备工作。当晚，他们同机到达南京大校机场。

在受理今井武夫求降的同时，从22日开始，何应钦在芷江召集部分战区长官及各方面军司令官和海、空军负责人开会，研究接受敌军投降及受降部队之派遣诸事。同日晚召集政治顾问和各部门的接收代表开会，讨论对日军控制下的伪组织政府、财政、金融、文化教育、交通航运、工厂矿产、工商管理、司法警察等单位的接收问题。

根据蒋介石的指示，8月26日何应钦发布命令，盟军中国战区包括台湾和北纬16度线以北的越南在内分成16个受降区。由国内各战区和方面军司令为受降主官。何应钦代表中国陆军总司令部在南京接受侵华日军总司令部投降。

各受降点中，最受关注的是：

印度支那地区受降地点在河内，第一方面军司令卢汉为受降主官。

台湾受降地点在台北，新任台湾省主席陈仪为受降主官。

想成为上海受降主官的顾祝同没能如愿，他去当杭州受降主官，而第三方面军汤恩伯为上海的受降主官。其中道理，无非是顾祝同独立性太强而汤恩伯更忠心。为解决顾祝同与汤恩伯的芥蒂，蒋介石特别任命钱大钧为上海特别市市长兼淞沪警备司令，其实正是为了掩护汤恩伯，因为钱大钧与汤恩伯本有上下级关系。在1933年，孙元良和汤恩伯都在钱大钧的第13军任师长。但后来因接收上海的利益之争，汤恩伯第三方面军与淞沪警备司令部发生枪击火并，是老蒋不曾料到的。后来钱大钧走路，把市长位交给吴国桢，把淞沪警备司令让给汤恩伯了事。

同样情况，老蒋任命孙连仲为北平受降主官，却任命李宗仁为北平行营主任。

这样一来，蒋介石一开头，就把南京、上海、北平的大权分别交给了何应钦、钱大钧和李宗仁。蒋介石利用李宗仁主要是为摆平阎锡山，李、阎都是令蒋介石头疼的人物。而用何应钦、钱大钧，则因为这两人是亲信。当年，这蒋介石、何应钦、王柏龄、钱大钧都是依靠黄埔军校起家的。校长蒋介石、总教官何应钦、教育长王柏龄、参谋长钱大钧（一度代理校长）被称为"黄埔四杰"，他们几乎是一荣俱荣，如今果然如此。其中，王柏龄最不争气，战场上贪生怕死，几度弄丢军队，打了败仗，丢了蒋介石的老脸。他堪称是无德无能，不堪重任，此时接收才没他的份。但无论怎么说，老蒋还是给他弄了个陆军上将的头衔。由于这场接收安排完全是一场任人唯亲的腐败行为，必导致整个接收变成一场"劫收"的灾难。其后果是严重动摇了蒋介石统治的根基。

这贪腐的话题太大了，我们提一提就此作罢。

3. 两奸斗法石头城

8月15日，日本宣布投降。这敲响了各路汉奸的丧钟。

汉奸们惊慌失措的闹剧首先出现在东北。

原来，广岛原子弹爆炸后的第二天，苏联宣布参加《波茨坦公告》同盟，并对日宣战。被吓昏了头的伪满傀儡皇帝溥仪匆匆决定往山沟里逃命。8月13日，溥仪捧着日本天皇裕仁赏赐他的三件"法宝"——象征"天照大神"的八版琼曲玉、铜镜、剑及他的金银珠宝和电影放映机，带着老婆凄凄惶惶地逃往吉林通化的大栗子沟。火车上一天一夜，溥仪只喝了一碗太监们用啤酒瓶子临时擀出来的面片汤。

8月15日，心神不宁的溥仪终于从广播中得到了最害怕的消息：

日本无条件投降。

傀儡皇帝溥仪大为惊慌。

溥仪记得从小读过的书上有"飞鸟尽，良弓藏；狡兔死，走狗烹"的说法。他发觉此时自己这傀儡对日本人来说已经毫无用处了，因此特别害怕自己会成为被烹的走狗。

听完裕仁的广播，溥仪马上站起身来，当着众多日本人的面，冲着东方跪下，一边磕头，一边自掴其面，念念有词地喊道：

"我对不起天皇，我'满洲国'没能帮助你太平洋圣战，事已至此，这是我的罪孽，我'满洲国'没帮上。"

当天晚上，溥仪颁布《满洲国皇帝退位诏书》。他总共有过三次宣布"退位"的经历。第一次是辛亥革命时，第二次是张勋复辟失败后，这抗日战争胜利时是他第三次宣布"退位"。

第二天，溥仪带着弟弟溥杰，侄子毓嵣、毓嵒、毓嶦等人组成九人"亡命团"，打算乘坐小飞机到沈阳后，换乘大飞机逃亡日本，而将老婆婉容、福贵人等抛弃在大栗子沟。

8月16日中午，溥仪等人正在沈阳机场休息室里，忽然听到一阵震耳的飞机马达声。往外张望，见几架苏军飞机降落，一队队手持冲锋枪的苏联士兵走了下来。不一会儿，机场上到处是苏联军人。

当天，苏联红军宣布，在沈阳机场俘虏了"满洲国"皇帝溥仪。

同一天，南京伪中央政府主席陈公博出于无奈，催促周佛海和在南京的其他各高级伪官员参加伪中央政治会议，并以该会名义宣告伪国民政府解散。会上，周佛海提出，发表一篇简单宣言，宣告一下就可以了，其余问题，一概不谈。周佛海的搭档梅思平早有准备，拿出一份预先拟好的稿子，当众宣读。读完就算是发布了宣言。此时，与会众奸个个丧魂落魄，各自心怀鬼胎，自然无话可说，宣言即算通过。

苏联红军俘虏了伪满皇帝溥仪

至此，于 1940 年 3 月 30 日由日本特务和汪伪小集团炮制的南京傀儡政权，做了 5 年又 4 个多月的日本走狗，终于自我崩溃了。

陈公博心有不甘：

"结束机构容易，但南京方面所牵涉的人数很多，如何善后，应该谈谈。"

他还妄想由众汉奸自己来讨论未来的下场，自己来决定自己的命运！

难道陈公博会天真地以为：他们当汉奸，不是叛国投敌，不是分裂国家，不是卖国贼，不是日本侵略军的走狗帮凶，而是为人民服务？是劳苦功高？

陈公博难道是真的当汉奸当糊涂了还是假糊涂？

糊涂归糊涂，但此时的这陈公博还真是个遇事不慌、坐得住的人物。据说，此刻的他正怀着赎罪的心情，还想为即将还都南京的中央政府做点事。

周佛海表面上虽没流露幸灾乐祸的表情，但心中暗笑陈公博的痴呆：

死神临门了，还在做富贵荣华梦！

于是他回答：

"解散宣言既已通过，还谈什么其他问题？"

说罢拂袖离开会场。

与其他各奸相比，此时周佛海像是吞下一颗定心丸，他笃定如泰山。他确信自己摇身一变，已经变成劳苦功高的党国功臣。他已经不是汉奸，而是从地下冒出的抗日英雄了。

这份自信心来自何方？

原来是一条戴笠对他封官许愿的消息。

在1945年7月，军统头子戴笠和杜月笙在浙江淳安召见忠义救国军京沪区指挥官阮清源、调查室主任刘方雄，中美合作所前进指挥所指挥官毛森等密谋并调整部署，制订在日军败后接收上海敌伪机构的计划。就在日本投降前夕，曾经在上海从事锄奸的阮清源、刘方雄、毛森和毕高奎等带领一支"行动总队"，奉命部署在上海市郊，准备逮捕汪伪汉奸。这支"行动总队"就是由原本活动在上海及周边的地下抗日游击队组成。而杜月笙更是盼望早早地回到上海，收拾并重整家业。淳安就在千岛湖边上，是顾祝同的后方基地，离沪宁杭发达地区十分近。军统与所在地的第三战区顾祝同以及江北不远的第十战区李品仙、何柱国不同，顾祝同、李品仙虽然离沪宁杭很近，老蒋没允许他们轻举妄动。但老蒋批准戴笠先行派阮清源等小股的"行动总队"进入敌占区监控沪区的汉奸。于是，8月12日，戴笠就叫杜月笙门生及工会社团活动分子陆京士，持亲笔信星夜去沪找周佛海。信中内容如下：

> 佛海吾兄赐鉴：敌已向同盟国提出答复，愿立即停战并解除武装。在此局势急转直下之时，京沪治安之维持，甚关重要。弟已呈准，上海由兄联络各方，共同负责，而由兄主其事。请兄于此紧急艰巨之时期，对任务能秉承领袖之意志，鼎力以支持之也。今后一切，当由弟负责。专此致颂大祉。弟戴笠手上。

周佛海见信大喜，悬在心中的那块沉重的石头终于落地了。

据一本与周佛海有关的书中披露，周佛海为了找后路，不但暗中在军统找靠山，而且与新四军也一直保持来往，多次向新四军代表献殷勤。此时中共一位高级领导为挽救他，正派代表把挽救的书信传到他手中。

周佛海一见到戴笠的信件，便把中共领导的信件撕掉，抛出窗外，并找借口不见新四军的代表。但这并不表明他要完全断绝同中共方面的关系，其实他也不想把鸡蛋放在一个篮子里。周佛海夫妻时时想把儿子周幼海送往美国，实在不行的话，他们不反对让儿子去中共解放区。

此时，周佛海发现自己左右逢源，前途一片光明。但，一旦要在国共之间作最后关键选择，他还是选了戴笠。

不过，周佛海对这事在细节上有另一种叙述。后来他在审判时所写的自白书中写道：

> 8月12日，程克祥、彭寿送来戴局长一份电报，内载"委座派做上海行动总指挥，负责维持上海和沪杭沿线治安"，并指定归我指挥的部队，我便遵命就职。

这程克祥、彭寿是带着军统的电台，进驻周佛海家的特务。戴笠的确托人给周佛海一个口头封号：上海行动总队长，而非行动总指挥。周佛海这个"上海行动总指挥"是周佛海、罗君强、徐肇明、程克祥等人商量之后，要求"扩大为上海市行动总指挥部，要戴先生报告军委会"。戴笠回电表示已报军委会备案。其实，无论是"上海行动总队长"还是"上海市行动总指挥"，都只是军统局长戴笠信口开河的一句话而已，哪用军委会去过问？

开空头支票和封官许愿这是军统特务玩弄的噱头。所谓周佛海的"行动总指挥"、任援道的"南京先遣军总司令"全不过是军统信口开河的虚衔假职。但这是稳住众汉奸，令其听话而不逃跑隐匿的重要措施。不过，这还是使周佛海底气大增。8月16日的最后一次汉奸聚会上，他就是凭此而傲视陈公博。

就在会后，何世桢从上海来了。他带来了国军第三战区司令长官兼江苏省主席顾祝同的电报。电报指示陈公博、周佛海、丁默邨、罗君强和任援道五人要协助国军缴日军的械，但顾祝同的电报没给陈公博他们安排任何职务。

陈公博匆忙借机向蒋介石表忠心，接连发了两封电报给蒋主席，亟盼指示。为保险起见，还托何世桢用何的专用电台再发一份。可惜，电报如石沉大海，陈公博得不到蒋主席或他的侍从室的任何回音。

陈公博回住所后，各种消息接连而来，但没有一样是他的好消息。

早在 8 月 12 日，陈公博就听到对周佛海有利的传闻，听说同是大汉奸的周佛海将摇身一变成为"上海行动总指挥"了。14 日，又听说任援道成为"南京先遣军司令"了，负责南京、苏州一带的治安。可就没有自己的消息，陈公博为此寝食不安。

1944 年，汪精卫因旧枪伤发作往日本治病，陈公博代理伪国民政府主席。汪精卫让陈公博代理自己，那是出于防周佛海一手。汪精卫觉得周佛海野心太大，为人比自己更阴险狡猾，常表现出对自己逼宫的征兆。同时汪伪集团内部陈璧君、褚民谊、林柏生一批"公馆派"与周佛海、梅思平、丁默邨等原 CC 派之间常有权利之争。汪精卫死后，陈公博兼任伪行政院长、伪军事委员会委员长等职。周佛海看到陈公博抢了汉奸一号的位子，自然心中愤愤不平。

1945 年初，眼看日本大势已去，陈公博也早就已经在考虑自己的活命问题。他企图向重庆暗通款曲，寻找出路。

何世桢自国民党一大以来就是中央执委，抗战以来他就一直留在上海。1944 年前，谁也没料到他是中央政府特地留下的。要是早能攀上何世桢的关系，陈公博或许能通过他与抗日政府修好，捞得一根半根救命稻草。只是以往，汪精卫、陈公博、周佛海是左派，而何世桢是极右派，他们彼此之间是谁也看不上谁的，更不曾想到他的特殊身份。尽管如此，陈公博还是后悔自己瞎了眼。

陈公博猜测到周佛海与军统特务之间的特殊关系。其实，陈公博原本也通过一个名为周进的人与军统特务郑介民联络过。只是陈公博死抱汪精卫的大腿，没有倒向老蒋的诚意，这种联络自然是无疾而终。

他后来感到时局越来越严重，又想碰碰运气旧弦重续，于是遇到一次机会：不久前，就是 1945 年 7 月 3 日，军统上海区的电台被日本宪兵队破获，抓走了发报人员。陈公博暗助站长陈祖康脱逃。陈公博本想通过救出军统上海区电台人员来向军统示好，但没效果。

陈公博也托人找杜月笙，想通过他打通与老蒋的渠道，探求活命条件。然而一切太迟了，他什么也没得到。

8月16日都宣布解散伪政府的会议上，周佛海的行为及何世桢带来的国府方面的电文，使陈公博十分失落。回家后，他意识到自己已被周佛海出卖，禁不住抱头大哭。

8月16日傍晚，就在陈公博伏床饮泪之际，南京新街口发生重大事变，他家的电话骤然急响，一个接一个。来电话的有伪警察总监李讴一、伪军官学校忠实于陈公博的师生等，电话是讲"京沪行动总队"出动了，占领新街口伪贮备银行，并进一步拟于当夜占领各机关和捕捉"汉奸"。

这事就是前文提到的①大闹南京新街口事件。

当天下午，周镐利用伪财政部的税警团伪军警占领了新街口的伪中央储备银行，设立了"中国国民政府军前进指挥所"，公开宣布成立"国民政府军事委员会京沪行动总队南京指挥部"。周镐的"南京指挥部"还从伪中央储备银行提取钞票，用于奖赏参与南京指挥部的各路伪军大小司令官。

这所谓的"中国国民政府军"和"国民政府军事委员会京沪行动总队南京指挥部"的名称不伦不类，不免使人感到莫名其妙。

"京沪行动总队南京指挥部"的组成人员如下：

指挥：周镐。汪伪中央军事委员会军事处第六科少将科长，
实为军统南京站站长

参谋长：祝晴川。汪伪中央军委会委员、常务参谋次长、汪伪
中将

参议：姜西园。汪伪中央军委会委员、海军次长、海军学校校
长、汪伪海军中将

刘夷。汪伪中央军委会参赞武官、汪伪中将

张海帆。汪伪中央军事委员会参赞武官、陆军特务团团
长、汪伪中将

秘书处处长：崔象山。汪伪中央军委会陆海空军同袍社秘书主任、
汪伪少将

总务处处长：王芝堂。汪伪中央军委会参赞武官、汪伪少将

---

① 周镐：中共地下党员，潜伏军流局中。

新闻处处长：沈三北。汪伪中央军委会科长、汪伪少将

军械处处长：洪侠。汪伪中央军委会参赞武官、汪伪中将

副官处处长：白景丰。汪伪航空训练处副处长、汪伪空军少将

行动处卫队长：杨叔丹。汪伪财政部警士队队长、汪伪警察上校

显然，这11个人就是"京沪行动总队南京指挥部"的领导成员。但对于南京市的普通市民来说，他们都认为，这11人中的前10个都是伪军的中将、少将，而且都是大汉奸周佛海的亲信。最后一个杨叔丹虽比少将低一级，但也是伪上校，是周佛海的贴身卫队长。杨叔丹还有一门江北的重要亲戚。正因周佛海知道这点，才让他当自己的贴身卫队长。这批人当中，总指挥周镐就是周佛海亲自安插在汪伪中央军事委员会军事处当第六科少将科长的。年初，他还是周佛海的无锡专员，不久前才调回南京。当年春天，周镐与某大学法律系女大学生吴雪亚恋爱结婚，就是由江亢虎当的证婚人，婚礼办得纷纷扬扬，十分气派。这江亢虎不是别人，他原是早期中国社会党党首，后来参与汪精卫的"和平运动"，成了大汉奸！当然，因为普通人只知道周镐是周佛海的手下红人，是汉奸和伪军头目，而不知周镐另有身份。

成员中，随便抽出祝晴川或张海帆，也都是十分有名气的伪军中将。

普通老百姓一定看花了眼，他们因被搞得稀里糊涂而窃窃私语。百姓们群疑莫释，不知汉奸们葫芦里卖的究竟是什么药。但他们猜测到所发生的一切将是一场闹剧。

究竟是谁点石为金？是谁能把这些汉奸从下水道的阴沟塞下去，再让他们从地下冒出来，转眼间就变成曲线救国的抗战英雄?！

这是奇迹！

坚持对日抗战14年的政府，却让披着伪军衣服的一批不明身份的人接受敌伪投降！这岂不荒唐透顶！

当晚，周镐召集上述指挥部人员开会，商定行动步骤。

他们首先决定接管汪伪《中央日报》和《中报》这两家南京的大报；

封存汪伪中央储备银行金库；

占领中山东路上的汪伪财政部、宪兵队、汪伪中央电台等重要机关，并通知全市另外的几家新闻机构，听命南京指挥部的统一指挥，指示它

们不得擅举妄动。

当晚，周佛海的卫队长杨叔丹率领伪财政部警卫队和伪陆军中将张海帆率领的特务团，开始封锁南京的交通港口和车站，同时命令汪伪军、警、宪、政界的负责人到指挥部报到待命，要他们起誓绝对服从。伪司法行政部长吴颂皋，伪南京市长周学昌，伪中央陆军军官学校校长鲍文沛等由于拒绝服从，便被宣布为汉奸而予以逮捕，然后监禁于伪中储银行的地下室内。要接管的重点之一是伪陆军部。但他们没找到伪陆军部长肖叔宣。

伪海军部不属于接管范围，因为此时伪海军部长任援道兼任伪江苏省长，住在苏州。他也是周佛海的人，此时他继周镐之后在苏州设立"国民政府先遣军总司令部"，率领属下的伪军部队采取同一行动。

8月16日这一夜，"京沪行动总队南京指挥部"接管行动持续了一个通宵。南京伪中央政府逐渐顺应大势，不再强行反对周镐和任援道。

这一夜，周镐待在指挥部里，起草给冈村宁次的促降书、电台讲话稿和指挥部的文件、通告等。他自编自演地忙了一夜。

8月17日，南京出现了《建国日报》和《复兴日报》，分别报道了周镐的行动，同时还刊登了由周镐起草的《南京指挥部第一号布告》。

因按原定计划，周佛海在8月17日下午到上海去就任"京沪行动总队总指挥"，于是在出发前他召集周镐、张海帆、杨叔丹等人去西流湾8号周佛海家中开会。

讲到这里，我们才知道，这一切都是由"京沪行动总队总指挥"周佛海导演的。

中午，刚利用伪中央广播电台做完广播讲话的周镐赶到周佛海家赴会，正好遇到伪陆军部长肖叔宣也在周佛海家。当肖叔宣告别周佛海，乘轿车驶出周佛海官邸大门时，张海帆授意杨叔丹上前拦车逮捕。杨叔丹开枪拦车，击中肖叔宣，并将伪陆军部长的三个随从缴了械。

负重伤的肖叔宣血流如注，被杨叔丹等押送回新街口指挥部，丢弃在地下室的入户楼梯处。在周佛海家开完会的周镐回来检查被捕汉奸时，决定送肖叔宣到白下路伪陆军医院进行抢救。但此时肖叔宣因失血过多而昏迷，终因抢救无效而死亡。

接着，周镐又带着行动处武装人员赶到汪伪中央陆军军官学校，集合全体军官学员训话，称其受蒋委员长之命令，代表南京指挥部接管南京一切伪军政机构，学员必须留在校内待命，并宣布了逮捕鲍文沛的命令。但，他的发言激起汪伪中央陆军军官学校学员的抵制。此时，陈公博拖住周佛海，要他制止周镐行动，但周佛海坚称，周镐的行动与他无关。但周佛海因此被迫推迟了回上海的计划。

18日上午，伪中央军校300多全副武装的军官学员，齐集新街口广场，抗议指挥部抓鲍文沛，还架起机关枪对准了指挥部所在的中储行大楼，气氛十分紧张。最后抢回了鲍文沛。

汪伪国民政府主席陈公博的卫士团，在颐和路34号伪主席官邸四周构筑临时工事，架设路障，阻止周镐指挥部的税团伪警察去逮捕陈公博。伪中央陆军军官学校士官生也赶来增援，于是发生冲突，与税团伪警发生巷战。另一部伪中央军校其他武装则包围了西流湾周佛海官邸。

伪军双方约2000人在市内堆起了对垒的沙袋，筑起了防御工事。陈公博家周边和周佛海家附近，成了两支伪军交战的中心地带，枪声四起，流弹乱飞，到了夜间仍处于不可通行的危险状态中。

陈公博、周佛海两汉奸的武装火并局面似乎到了你死我活的地步。但，此时两汉奸终究都是一代奸雄，他们最终还是理清利害关系，从而达成一致观点：

让老主子日本人出面收拾局面。

正在乞降的日本鬼子也觉得，此时的日本军队无权拿枪对付中国人了，于是也劝周佛海出面制止周镐的行动。但周佛海对日本人说，他不认识周镐这个人。

这样，日军飞机出现在周镐指挥部上空盘旋，地面上的武装双方就这样僵持对峙。到了下午，日军总司令冈村宁次派参谋小笠原中佐到指挥部，小笠原宣布：

"在国军尚未到达之前，日军仍有维持治安的责任。"

周镐一见到日本人，身子突然矮下去许多，腿也软了，枪也自然交了出去。小笠原要周镐到日军司令部去谈谈。周镐就不由自主地去了，一到日军司令部他就被软禁起来了。

在日本人宣布投降的第三天，不是中国人缴日本人的枪，而是两支伪军被降军日本人缴了械！被抓的汉奸也被释放了。

小笠原指挥日本兵缴了双方的武器。周佛海伪财政部警卫队的枪被缴了，但这对周佛海没有什么坏处。

陈公博、周佛海之间的战争结束了。

于是周佛海拍拍屁股走路，19日上午匆匆回上海去当上海市"总指挥"了。

因为陈公博刚宣布解散伪政府，却又动用了伪政府的武装。周镐抓了汉奸，陈公博通过日本人出面又把汉奸放了。南京城乱了。陈公博臭了。互斗的结果，周佛海占优。周佛海借此，利用自己控制的舆论指责陈公博企图拥兵自重，将来会成为国军接收南京的阻力。南京城搞乱了，还可以说是陈公博不肯尽力维护的结果。

一场闹剧到此结束。

但这事的起因的确是周佛海。所谓"国民政府军事委员会京沪行动总队南京指挥部"是由周佛海在伪军警内的亲信拼凑而成的。无论是临近的国军第三战区还是第十战区都一无所知，就连军统也没能事先觉察。侵华日军副总参谋长今井武夫后来到芷江求降时，也向中国陆军副总参谋长蔡文治少将查问周镐和任援道的事，蔡文治少将回答：

这些武装团体既然类似土匪，日本军可以采取自卫行动。再者，行动总队虽系重庆方面的游击队，但希望注意在正式谈判前，不要允许他们的要求。中方还附带声明，任援道虽曾申请担任南京地区先遣军总司令，但未批准。

显然，陆军副总参谋长蔡文治少将是用"类似土匪"来称呼周镐那支伪军冒牌队伍的。"行动总队虽系重庆方面的游击队"这话显然是指一直在上海周边打游击的阮清源那支8000人"行动总队"。即使是坚持抗日游击战的阮清源那支"行动总队"，也没被允许去缴械受降。阮清源后来因无法解决手下的粮饷而"劫收"了小股"敌资"，最终被拘捕审查，遭到"双开"。

同时，周镐一直住在周佛海家里，包括他的南京指挥部采取行动的那三天在内。而且南京指挥部开办费就是周佛海提供的。后来这也由周镐亲口证实。

周镐在后来接受审查时，为洗清贪污伪中储银行款和街道上商人捐款的指控，就辩白：

谁都知道南京指挥部成立之初，周佛海就拿出 50 万元中储券作为经费，而指挥部仅两天就不复存在，贪污之名何罪之有？

可见，周佛海就是所谓"国民政府军事委员会京沪行动总队南京指挥部"的直接策划者。

周佛海之所以指使周镐闹这一场，应该有两个目的：

一、周佛海贪得无厌。

周镐听从周佛海指挥糊涂地占领伪中储银行作为指挥部，掩盖了周佛海事前对伪中储银行监守自盗的罪行。大家知道，周佛海这人极端贪得无厌，而后来移交的伪中储银行是一笔糊涂账，资产少得可怜。

二、打击陈公博，制止陈公博以手中掌握的伪军为资本，在将来国军收缴时得到政府的宽容。在陈公博、周佛海两奸之中，最少是要死一个的，如果一个被宽容，另一个必死。周佛海可不想当必死的那一个。因此，首先要让陈公博变得一无所有，没有任何可利用的资本。

陈公博是伪政府代主席，主管伪军和治安。他手下组织有八个方面军，他们是庞炳勋、张岚峰、任援道、孙良诚、吴化文、孙殿英、郝鹏举等，伪军总数不下 30 万人，这些原冯玉祥的部下盘踞在中原地带。虽然戴笠通过周佛海重金收买策反这些伪军，军统打入控制，但究竟陈公博名义上"掌握"着大军。如果一旦蒋介石收编时，看在军队的份上饶了陈公博，那周佛海就必死无疑。毕竟，最大的两个汉奸是不可能同时被赦免的。所以，周佛海要做的第一件事，就是要造成陈公博不能指挥军队的局面。只要让陈公博成为光杆司令，他就没有被宽大和赎罪的资本。

经此一闹，南京人心浮动，谣言四起。而且此时，任援道的"国民政府先遣军总司令部"名义不被冈村宁次认可，因为他说任援道没有得到中国最高统帅的任命。同时，汪伪"警卫师"师长刘启雄，也不接受任援道封的"先遣军第一路指挥"。所以，只要陈公博赖在南京，任援道便无法进南京当"先遣军总司令"。

但，所谓"先遣军总司令"只是汉奸们单相思的黄粱美梦。国军进驻南京的先遣军是廖耀湘的新 6 军，而进驻上海的先遣军是汤恩伯部。为空运新 6 军进南京和第三方面军进上海，空军和新 6 军的两位先行官就要到南京了。而且，在新 6 军到达南京之前，为应付意外事变，临近南京的第十战区的徐启明调部队进驻南京浦口。

但是，周佛海控制的舆论报纸，仍然借此事攻击陈公博拥兵自重，说他必成为蒋介石还都南京的障碍。而此时，国军徐启明部的正规军一个团在 8 月 24 日凌晨渡长江到达下关，随即占领了伪中央军校。形势压得陈公博忧心忡忡，坐立不安。

不过，到了这一地步，周佛海依然不承认自己与陈公博有矛盾。他回到上海不久就向他的亲信金雄白描述自己内心的痛苦：

"我心里难过极了！跟公博几十年的交情，到今天会酿成这样的误会。"

就周镐这个人，周佛海说：

"也不能怪公博，都怪我。事先没有联络是确实，不知此人是何方神圣？稍一瞻顾，事态几乎不可收拾。日本已经投降了，还要请他们来平乱，真是把脸都丢尽了！这周镐真恨不得寝其妻、食其肉。"

周佛海把周镐卖给日本人了，还说如此狠话。周佛海要食周镐的肉，恐怕要倒胃口。不过，淫乱不堪的周佛海对周镐的新婚娇妻女大学生吴雪亚色迷迷的眼神，是瞒不住任何人的。况且，周镐夫妻原本就住在南京西流湾周佛海的家里。

周佛海的这一手，被拘押的周镐一点也不知道。一年后，周佛海作为汉奸上法庭受审时，周镐还出庭为周佛海作证，赞扬周佛海的"丰功伟绩"。他甚至想过策动劫狱，把周佛海救到北方一个安全去处。

周镐到最后才知道自己之所以被日本人带走，全因周佛海向日本人卖了自己。

老周小周这一对，真够滑稽！

4. 陈公博畏罪潜逃

8 月 23 日晚 9：00，新 6 军参谋陈昭凯和空军地区司令孙道岗两位上校军官以及翻译作为国军先遣人员乘日本飞机从芷江到达南京大校机场。同机回南京的是成功完成乞降使命的侵华日军副总参谋长今井武夫一行。一度被周镐以南京指挥部名义扣押起来的伪南京市长周学昌恢复自由了，他也来到机场。同时尚有一批当时"民间权威人士"也来到机场。弄不懂这些人是来迎接国军先遣组呢，还是迎接皇军副总参谋长今井武夫？不过，他们都要求面见国军先遣人员。但陈昭凯和孙道岗不予理睬，甩开追逐的人群，乘上汽车扬长而去。

这两位不蹚浑水的上校军官是聪明人！与汉奸市长同来并追逐的人群还是不接触为好，谁知道他们怎么回事？再说，他们不负有处理汉奸的职责。说他们聪明是有依据的。因为四天之后他们的上司就来了，那上司就是陆军副总参谋长冷欣中将，他是先遣的主官。尽管冷中将对汉奸们义正词严，但由于汉奸一身莘腻恶臭，冷中将手下一些人难免招惹了一些腥味，导致中将一度受最高领导的冷遇。这就是说不清的问题了。

南京经周镐这么一闹，引起国军的警惕，要防止别的伪军（如任援道）又会弄出什么事来。前文提及，离南京最近的第十战区司令第八绥靖区副司令官兼参谋长徐启明属下的一个团已从安徽先期抵达浦口，于8月24日凌晨渡过长江进入下关。其时，日军尚未解除武装。大方巷原国民政府外交部大楼继续被冈村宁次据为侵华日军司令部，屋顶上，仍筑有日军工事，高炮、机枪荷枪实弹，门口的岗哨还持着上了刺刀的日本造三八大盖。中国军队在日军的夹道注视下，一直开到城东的原中央军校营房接防，解散了伪军校。四天前，一批忠于陈公博的伪军校士官生正与忠于周佛海的伪税团血拼。顺便提及，徐启明在北伐时就是著名的李宗仁第7军的骨干。

今井武夫乞降回到南京的第二天，就去伪主席府把消息带给陈公博。伪主席府在南京西北部颐和路32号，是一所有大院子的宽阔宅邸。府邸后面有一片树林，林里传来了夏蝉的叫声。那天，院内就好像没有人似的寂静。今井来到楼上，伪秘书长周隆庠和伪实业部长陈君慧等正聚集在那里，悄悄地密谈，几乎没有人注意到这位日本人的到来。

今井武夫直接与陈公博会见。今井武夫谈了芷江洽降的过程，特别讲到他没能从重庆国民政府方面获得对汉奸给予宽大处理的许诺。今井

武夫为此向陈公博表示歉意。接着又对陈公博自南京伪政权成立以来同皇军的协作表示感谢,这位日本人黯然而言:

"日本军战败的结果,想不到竟连累了南京政府的许多人,我对这一不幸的事态感到衷心遗憾。"

陈公博忽地站起来走到今井武夫身边,左手放在日本人的肩上,伸出右手和他握手,感谢他的情谊。

这位伪主席改变话题提出了希望:

"我听从某人的忠告,认为我如果就这样留在南京,对于重庆国民政府的接收工作将成为障碍,因此想暂时去日本旅行。"

今井武夫知道,这旅行的意思就是避难。但一时没猜出陈公博话中的某人是指谁。事后,今井武夫才知道,这某人是指被称为"国民政府先遣军总司令"的任援道。任援道显然是想挤开陈公博,然后与周佛海一道当"曲线救国"的老大老二,接受国军的奖赏。

一听到陈提出的希望,今井想起芷江一系列会谈气氛。如果这时候让陈公博去日本,必将招致战胜国的愤怒!但看了看眼前这位即将陷于末路的陈公博,不免产生一种兔死狐悲的凄凉感。今井当下就擅自做出决定,慨然允诺。

但是,第二天也就是25日,国军冷欣中将就要从重庆飞来设立国民政府军的前进指挥部了,而且国军冷欣中将就是来监督冈村宁次执行投降准备工作的。一旦冷欣到南京,势必会断绝陈公博的逃路。同时,根据盟军总部的命令,从25日的正午开始,日本本土列为禁飞区,严禁一切日本飞机飞行和起降。如果让陈公博去日本的话,陈公博所乘的飞机非得在正午以前到达日本国内机场降落不可。

今井向冈村总司令官作了报告,两人商量后制订了一个名曰"东山方案"的计划,掩护陈公博逃亡。他们选定小川哲雄大尉作陈公博的向导。他们初步决定飞机从南京起飞后先到青岛补给燃料,弄清了日本国内情况后再继续飞行。

派遣军总司令部为了避人耳目,只让小笠原参谋一个人知道,一切由他前往明故宫飞机场安排。

汉奸林柏生、陈君慧加入陈公博的逃亡小集团。林柏生是汪精卫、陈璧君的亲信，原伪政权的宣传部长。臭名昭著的"艳电"就是在他主办的《南华日报》上发表的。他后来由陈公博委为伪安徽省主席。"八一五"日本投降前夕，林柏生装病窃取安徽省的几千万元的"关金"逃到南京。陈公博决定逃日，林柏生便向陈公博送重金，决定在8月25日国军冷欣中将到达南京之前，一道逃命日本。

在这里，我们称林柏生是企图逃避法律的严惩而逃命。但是后来，林柏生被引渡回国后，对比他并不承认。他为这事自己编了一道有点"美丽"色彩的谎言。

林柏生称，他本来想听妻子的话，准备到汪精卫灵前自杀。结果是因为出了一桩意外，才改变了计划，要求与陈公博同行。

这个意外，看起来是一桩小事：

他家跟陈君慧家所养的狗，突然都中毒而死。

林柏生、陈君慧两人认为这是一个警告，他们如果不走，将有杀身之祸。两人均扬言，他们愿意接受国法裁判，却不愿意糊里糊涂送命，因而要求同行去日本。

这解释是多余的。

我们不谈陈君慧的事，而单说林柏生。

如果早几天林柏生就到梅花山麓汪精卫埋棺处剖腹自杀，那他家的狗是否就不会突然中毒而死了？明知像他这样的大汉奸总归要一死，为何不先死得漂亮一些，以保住狗狗的一条命？

倒是那个周隆庠讲了真话。他是真正想在日本找条生路，甚至不妨入籍当日本人。

当然，陈公博不是只想单独一家子逃跑，而是邀一批汉奸同行。参与"和平运动"和建立南京伪政府的一批伪高官和汉奸元老被逐一征询，是否愿意同机共患难。但梅思平、岑德广等人，平常属于周佛海的班底，如今周老板风光满面，他们觉得继续跟着周佛海没错。于是都对陈公博的邀请敬谢不敏。

伪政府内政部长陈群及没被册立"东宫皇储"的汪孟晋也对陈公博的建议反应冷淡。

陈公博派人去征询陈群行止的时候，正是他服毒自杀的一刻，顷刻之间陈群毙命。经医院化验证实，陈群服的是氰化钾，原来，他早作了准备。

陈群被熟悉他的人称为陈老八，那是因为他做人表面上八面玲珑，内心却毒如蛇蝎。他一生最令人难忘的一段，是在1927年"四一二"政变后当上海清党委员会主任时期。他与杨虎搭档，被人称为"狼虎成群"。"狼虎成群"固然是两人名字连读的谐音，更是他们凶残真相的表达。其手段毒辣，用心险恶，无以复加。他不但屠杀国民党左派和中共党员，更是滥杀无辜，甚至是仅因观念差异的同党。他为升官而不断地在白崇禧、蒋介石、孙科、胡汉民、杜月笙之间变换后台。他不惜得罪国民党西山会议派，接着又逐个得罪以上各后台，最后当汉奸，连杜月笙也被他背叛了。日本人一完蛋，他知道已无中国人可以容纳他了。与其他声称自己是曲线救国的汉奸不同，陈群不讳言自己是汉奸。他知道胜利以后，无人可以救他，所以平时，他以做汉奸换取声色犬马的享受。他放荡不羁，醇酒妇人，无不抓紧分分秒秒进行享受。副部长汪曼云与陈群同是杜月笙流氓集团"恒社"中的骨干，如今又同当汉奸，临死前陈群向他透露了真意：

"胜利以后，重庆对我是绝对不会放过的，与其将来受罪，还是趁早自裁，求一个痛快，反为上策。我备有最好的毒药，毫无痛苦，只需几秒钟的时间，就摆脱尘寰了。你要不要？我可以分一点给你。"

汪曼云不相信他藏有毒药，更不相信他有自杀的勇气，还劝他积极立功，以求自赎。陈群笑而不答，选择了死亡。

汪精卫的长子汪孟晋是个吃喝嫖赌的花花大少，他没有被封为汪伪汉奸小朝廷的皇储。汪孟晋曾经与上海大流氓头子张啸林的儿子张法尧一道在巴黎鬼混。因诺曼底登陆，法西斯大败，汪孟晋回南京。又因汪精卫死亡，陈公博于是照料起汪孟晋来。

陈公博决定逃往日本，自然与汪孟晋商量。不想这纨绔子弟却批评起他来：

"一个形式上与日本合作而失败的政府，最后还要托庇于日本，何以自解于国人？父亲生前一再告诫我们：说老实话、负责。今天我们应该有更负责的做法。"

汪孟晋觉得，他的母亲陈璧君、陈公博、周佛海、褚民谊、梅思平、林柏生是在汪伪政府中应负最大责任的六个人。他们应该包一架专机直飞重庆自首待罪，由他汪孟晋随行照料。

汪孟晋认为，这样一来，不问生死荣辱，倒觉光明正大些。

"那你母亲的意思如何呢?"

陈公博问道。

"我还没有跟她谈。不过，我相信我一定能说服她。"

这话让陈公博无言以对。他觉得，此时已经没有时间来说动这位纨绔子弟了。同时，陈公博也知道，蒋介石那一帮人再恨汉奸也不至于去为难汪孟晋一帮兄弟姐妹。

8月25日凌晨，国军伞兵营空降南京，由空军地区司令孙道岗上校指挥，占领南京大校场机场，以接应冷欣主任的先遣队和廖耀湘新6军大部队的到来。

同日一早，天色朦胧，陈公博一行七人悄悄由颐和路出发赴朝天宫机场。他们不能去大校场机场的原因很简单：大校机场已由国军空军地区司令孙道岗上校控制，此时国军伞兵营已经在此空降。与陈公博一道出逃的七人是：陈公博及其老婆李励庄、秘书兼情妇莫国康、秘书长周隆庠、伪实业部长陈君慧、伪安徽省主席林柏生、伪经理总监何炳贤等。他们乘坐的就是日军唯一留下的一架MC货运飞机，也就是五天前送今井飞往芷江求降的那架飞机。与陈公博同行的日本陆军大尉小川哲雄是冈村宁次派来做向导和联络官的，实际上是领队。小川本就是汪伪政权的军事顾问之一。飞行途中，小川以盟军马上就要宣布禁飞、时间来不及为由，决定飞机直飞日本本土。

下午1：00，载着陈公博一行的MC型运输机到达日本，但因途中燃料不足，不得已迫降在山阴的米子机场。虽然降落时超过了禁止飞行的时限已将近一小时，但总算没有被美军击落。

5. 新6军接防南京城

8月25日晚，何应钦在芷江总部收到冈村宁次发自南京的电报，内称：

今井总参谋副长一行及贵军将校三人已于八月二十三日午后八时抵宁；贵总司令交来的第一至第四号备忘录业已确收，将遵照实施。贵总司令南京前进指挥所，望尽可能迅速前来，其飞行时间、高度、路线、机种和架数希预为告知，俾对冷欣中将阁下一行妥为保护，期无遗憾。至于他们抵达南京之住宿和办公地点、交通工具、安全保护等事宜，本官已做出妥善之安排，可保无虞。南京机场仍甚完好，可供贵军飞机使用。日前抵宁之贵军将校孙桐岗阁下已亲自检查，有所布置，并已与芷江贵军机场建立了无线电联络，今晨飞抵南京之贵伞兵一营，现由孙桐岗上校指挥部署在大校场机场内外。

于是，何应钦命令新6军和第三方面军作为先遣部队按计划空运至宁沪。空降南京的新6军一个营与中国陆军总司令部副参谋长兼南京前进指挥所主任冷欣分乘七架飞机同行。

8月27日晨6时，汤恩伯的第三方面军一部与美军伞兵，在上海机场空降着陆。自"八一三"抗战后的第8周年，上海终于光复了。同日国军空降北平、开封，北平和开封光复。

8月27日中午，运载着南京前进指挥所官员和200多名新6军将士的七架飞机，飞临南京上空。由于国军飞机首次在南京大校场机场降落，所以降落之前，飞机在南京上空盘旋三圈，以便熟悉机场情况，同时等待前一架飞机降落完毕。机上将士借此机会好好看看自己即将正式收回的都城。

飞机每次盘旋，有人看到中山陵，有人认得紫金山，有人指点秦淮河或玄武湖，但更多的士兵分不清东南西北，但大家都知道身下的城市是梦牵魂绕的南京城，都看到穿城而过、滔滔东去的是长江。

随机返回南京中央社的一名记者，第二天发表的《随机进入南京记》这样写道：

> 下午，飞机抵南京长江江面，燕子矶到了，毓秀钟灵的紫金山上，壮丽如昔，一会工夫，就看到了中山陵闪闪发光的建筑，大家全部起立，肃然起敬。飞机在南京上空盘旋了十多分钟，大家涌到了窗口，国府、外交部、新街口、中山大道、博物院，都映入了眼

帘。每个人都是热泪盈眶，难以自已。八年了，走的时候还是毛头小伙，如今已年届中年……

回来了，我们胜利地回来了！

而即将进入南京筹办受降事务的冷欣，此时又是一番别样的心情。他当天的日记写道：

> 我在飞机中，百感交集，一方面兴奋，一方面深感责任重大！因为这个任务，史无前例，法无成规，临深履薄，战战兢兢！万一陨越，将万死莫赎！思念至此，更为凛惧。午时，竟不能下咽。当飞机到达南京上空，盘旋下降时，俯瞰南京全城，河山虽然依旧，却是满目疮痍，飞机场上三五残破日机，停于凄凄蔓草之中，备觉荒凉！因此又想到，总理陵墓，别矣八年，不知现尚完好否？决定下机后，抽暇先去省视，究竟有无损坏？

孙桐岗上校已在南京大校场机场塔楼上升起了国旗，正在迎风飘扬，引导国军飞机降落。

下午2时，第一架C-46美式军用运输机，降落在南京光华门外大校场机场的跑道上。机上载有新6军前进指挥所吴传薪上校等5名军官，以及通信兵等。

10分钟后，第二架飞机降落，机上载有陈应庄上校和部分宪兵部队，另有两辆吉普车。之后，每隔十多分钟，就有一架军用飞机降落，不一会工夫，就降下第三、四、五、六架飞机，每架均载有新6军官兵52名，前进指挥所官员32名，以及宪兵30名。

在机场附近田间耕作的农民和居民，一见到阔别了八年的中国飞机和子弟兵，欣喜若狂，一齐涌向机场的外壕边，挥舞草帽头巾，向已着陆下机的人们致意。下机的官兵与南京老百姓似久别重逢的亲骨肉，微笑着隔着壕沟与乡亲们招手示意。

下午2时40分，中国陆军总司令部副参谋长兼南京前进指挥所主任冷欣乘坐的第七架飞机，降落在机场跑道上。同机随行的有主任参谋陈倬、参谋宫其光等，以及参议顾毓琇、邵毓麟，设计委员龚德柏等人，还有新6军副军长舒适存，新6军等14师师长龙天武，海军少将陈容泰等人。副军长舒适存一行负责新6军设营事务，第14师师长龙天武拟出任南京警备司令。

冷欣一行座机停稳后，今井武夫等五名日军将领恭恭敬敬地列队走向飞机，在机舱门口持冈村宁次的名片恭迎。走下飞机的冷欣，只是对迎接者冷冷地略作表示，顺口问今井武夫：

"往总理陵园有问题否？"

今井略为踌躇，回答道：

"没有问题！……"

在机场附近劳作的村民们，看到了阔别了八年的本国飞机和抗战凯旋的中国军人之后，马上挥动着草帽毛巾涌过来。军人们斥开边上的日本宪兵，与迎上前来的农民们激动拥抱，仿佛回到家里的亲人。不少的军人带着歉疚地对平民们说：

"我们回来得太晚了，让你们受苦了！"

冷欣在机场上向队列整齐的中国军队官兵作了简短的讲话。在临时帐篷中稍事休息后，就把小国旗插上吉普车扬长而去。车队直驱位于城西北的铁道部1号原孙科公馆。冷欣及先期赴南京的先遣人员在此下榻。

落脚完毕，冷欣一行赴中山陵晋谒国父孙中山，一路安全警卫全由

中山陵

日军宪兵负责。他在日记中写下了此行的情景：

> 一路浓荫夹道，寂无行人，到达陵园后下车，我在前面走，其他人员偕行，只见灵堂大门关锁，我们先在门外肃立行礼致敬。一会儿，守灵的人将钥匙献出，由他启锁让我们进入灵堂，瞻仰国父遗容。我们对遗容恭行三鞠躬礼致敬，并绕棺一周，随即在陵园内外省亲一遍。除当年小树已高干参天，浓荫满地外，其他一切均尚完整，仅略显荒凉而已。

随即，在华侨招待所（今中山北路江苏议事园）设立南京前进指挥所。为严肃纪律，前进指挥所宣布规定：

> 所有人员，均不得私自外出，如有必要，必须事前请假。

同时还严禁工作人员"接受"任何东西，不许随便使用封条查封涉嫌资产，违者军法从事。

他们将集中精力办两件事：一是以陆军副总参谋长冷欣中将、工程兵司令马崇六中将为主筹备接受侵华日军投降的仪式。二是以新6军副军长舒适存等抓紧时间及早把新6军空运到南京，全面接管防务，并对南京日军实施缴械。

当晚，前进指挥所人员接受今井的接风宴请。席间冷欣探询伪政权陈公博何在？

今井回答说，陈公博已于25日先行离京赴日。

由于汪精卫死后，陈公博是伪政府最高代表，是首要戴罪之身。对此，冷欣表示要进行追究！同时，冷欣向今井提出，自己是中国军队的代表，侵华日军总司令冈村宁次必须前来向中国代表报到。冷欣曾经听闻，冈村宁次以自己是大将为由，事前曾表明不愿屈尊主动前来会晤冷欣中将，他显然不把自己看成是败军之将。

于是冷欣副官奉命出面交涉到深夜，冈村宁次同意移驾来拜。

1945年8月28日上午8时，侵华日军最高指挥官冈村宁次大将，率副总参谋长今井武夫少将、中校参谋小笠原清等，到南京萨家湾 1 号拜会冷欣。

同日，冷欣就陈公博逃日问题向日本大使馆提出交涉：

"陈公博等数人似已逃亡到日本，是什么人帮助的？"

国内报纸媒体就这一消息，纷纷发表评论要日本政府立即交出陈公博。

陈公博潜逃日本的事，激起更大的公愤。究竟陈公博到日本之后发生了什么情况？这起日伪继续狼狈为奸的丑事，我们留到后面继续讨论。

我们要先介绍新 6 军光复南京的事。虽然因日本投降，战争已经停止了，但倘若中国军队不及时接管和占领被侵略的神圣国土，抗日战争的使命还是没有完成。

从 8 月 30 日，中国陆军总司令部立即电令日军冈村宁次转知南京日军第 6 军司令官十川次郎所属部队，及第 3 师团、34 师团、40 师团、161 师团、

新 6 军接收南京

13 飞行师团 8 万余人，在南京就地集结，按计划克日向中国新 6 军交出南京城防的警备任务。而同时，由师长龙天武率领的第一梯队是该军第 14 师第 40 团，从芷江陆续空运南京。部队在大校场机场降落后，即往"陆总"前进指挥所报到。随后，全副美械装备的新 6 军，陆续空运到南京，到达后即分批进驻各自的营房。

9 月 5 日，新 6 军作为还都凯旋部队举行了盛大的入城式。师长李涛率新 6 军新编 22 师也于近日空运南京，以加强警备力量。这是一支直接从印缅前线归国的美械部队。这支部队从机场乘军用卡车进入中华东门。

这座城门在八年前曾经遭到日军炮火的摧毁，一直没有修复，如今仍是断壁残垣，弹痕累累。这一天，南京市全城洋溢着狂欢的气氛，沿途南京市民举家而出，冒着酷暑争相一睹久别了的中国军队的风采。新6军官兵身着美式夹克，白皮带，头戴锃亮的新钢盔，配备美式卡宾枪，全部用手做出了 V 字造型，以回应市民的欢迎。大喇叭中播放着进行曲，场面极为热烈。由于百姓拥挤，车队行进缓慢，一度在市民的围堵下动弹不得，以致道路完全堵塞。不少市民将家中的鸡蛋、馒头、老酒堆放在汽车前架上，犒劳这支还都凯旋部队。沿途的商家纷纷打出了"欢迎国军凯旋"的横幅。

凑巧，新6军入城部队的一支，在南京中山路街头与一支日军部队不期而遇。日军汽车上堆满了面粉，日军士兵们一个个衣衫不整，无精打采地低着头坐在面粉堆上，与新6军崭新的阵容，形成了鲜明的对照。日军昔日的威风荡然无存，有如丧家之犬。他们不敢正视凯旋的中国军队和路边的老百姓。当新6军到达新街口时，鞭炮声铺天盖地响起来，军队走过后，地上留下了厚厚的一层纸屑。

9月5日，新6军全部空运完毕。军长廖耀湘中将于当日午后1时回到阔别八年的南京。同机到达的还有梁直平、梁铁豹、邓锡光、向华超及美军顾问费立浦、安德森、费尔德等人。

就在廖耀湘进城的第二天，也就是1945年9月6日，日军第20军军长坂西一良中将在南京医院病亡。他因患颜面癌，无法救治。3个月前，正是坂西指挥三个师团的日军准备进攻芷江机场。而廖耀湘的新6军正在湘西芷江布防，准备迎战。但没等到坂西一良的军队接近芷江与新6军交手，就在雪峰山下遭到王耀武第四方面军的迎头痛击，坂西一良的日军第20军付出惨重的伤亡代价后败退。随后不久，日军第20军在长沙向王耀武求降，坂西一良到南京治病。但不想疾病来得如此突然，坂西一良一到南京便不治而亡。对坂西一良来说，这一死并非坏事，他避免了作为战犯上军事法庭受审。结果，在1948年，他手下的两名师团长菱田元四郎和船引正之代替坂西，坐在上海军事法庭被告席上，作为战犯陪同冈村宁次接受中国军事法庭的审判。

6. 东京与南京的日本投降签字仪式

1945年9月初，正是中国军队向南京、上海、北平、广州和开封等地进发，对日军全面实施缴械的时候。中国代表团团长徐永昌上将已经到达日本，准备参加日本向同盟国无条件投降的签字仪式。

8月30日下午2：00，同盟国决定：

9月2日上午9：00，日本向同盟国无条件投降的签字仪式在美国海军密苏里号战列舰上进行。

密苏里号战列舰此时正停泊在东京湾横滨港，它是美国海军上将哈尔西率领的第三舰队的旗舰。横滨曾经是炫耀一时的日本帝国舰队的主要军港，如今却布满了美军舰只。那些舰只都属于哈尔西海军上将指挥的美军第三舰队。曾经，正是哈尔西舰队航空母舰上的机群首次突破日本海军总司令山本五十六的层层设防，出现在东京上空，把炸弹倾泻在日本法西斯的大地上。接着，在莱特湾大海战中，又是哈尔西彻底消灭了日本的海军。此后，日本人日日夜夜的噩梦就不曾停息过。东京、广岛和长崎的地狱之火彻底毁灭了法西斯。

9月2日，历史性的日子终于到了。清晨，横滨天色迷蒙，雨云低垂，仿佛阴沉着脸。这仿佛在告诉日本法西斯：今天，可不是你们的好日子！

8：10，美国太平洋舰队总司令兼太平洋战区盟军总司令尼米兹上将和他的随行人员从南达科他号乘小艇来到密苏里号，扩音机里响起《海军上将进行曲》，全舰哨声大作，尼米兹的海军五星上将旗在桅杆上冉冉升起。哈尔西海军上将上前热烈欢迎。

8：30，乐声大起，同盟国代表团乘尼古拉斯号驱逐舰抵达密苏里舰，中国、英国、苏联、法国、澳大利亚、加拿大、荷兰和新西兰等国代表纷纷登舰进场。甲板上气氛热烈，顿时成为热闹的外交场所。尽管这里充满节日气氛，但密苏里号上的所有美军官兵，上自五星上将，下至普通水兵却都穿着制式衬衫的军便装，既不系领带也不佩勋章。原来这是美军决定：这只是一个普通的轻松日子。或许含有对日军的轻蔑。

8：50，乐声又一次奏响，五星上将麦克阿瑟乘坐布坎南号驱逐舰从横滨赶来，尼米兹上前迎接，两人谈笑着从主甲板拾级而上，步入将领休息舱。

密苏里号上的桅杆又升起了麦克阿瑟五星上将旗。在同一艘军舰上，同时升起多面五星上将旗，在美国海军的历史上不曾有过！

此刻，密苏里号向远处运送日本代表团的 DD-486 兰斯多恩号驱逐舰发出信号，驱逐舰随即靠上前，放下小艇将日本代表团送来。日本代表团一行 11 人，由瘸腿的重光葵外相作为日本政府代表，陆军参谋总长梅津美治郎大将作为日军大本营代表，其他则是外务省、陆军省和海军省各三名代表。他们参加这次签字仪式，完全出于代替天皇出丑。梅津美治郎我们前文提到，他担任天津驻屯军司令时，曾制造事端迫使中国政府与他签署了企图鲸吞中国华北的《何梅协定》。重光葵对中国人来说也不陌生，1932 年 5 月上海虹口公园，王亚樵指派朝鲜义士尹奉吉用炸弹袭击侵华日军的白光大将时，连带把重光葵的一条腿炸断了。他像是个到邻居家入室盗窃时被打断腿的贼。如今丢人现眼地出场，确认自己的亡国奴身份，结局比谁都惨。

9：00，乐队奏起美国国歌《星条旗永不落》，麦克阿瑟和尼米兹并排在前，哈尔西在后，一同步出将领休息舱，同盟国代表团以及观礼的陆海军将领都在规定位置上列队，走上甲板后，尼米兹站在中国代表徐永昌将军右边，居于同盟国代表团的首位，哈尔西则站在海军将领的首位，舰上水兵则纷纷抢占能看到会场的有利位置看热闹。有许多美国大兵甚至骑在舰炮的炮管上。重光葵和梅津美治郎等人向麦克阿瑟致礼。麦克阿瑟没有任何回应。

麦克阿瑟将军代表盟军最高统帅签字

军舰牧师作祈祷后，麦克阿瑟走到麦克风前，持稿宣读，命令日本国投降。他重申敦促日本投降的《波茨坦公告》基本内容之后说：

今天，我们各交战国的代表，聚集在这里，签署一个庄严的文件，从而使和平得以恢复。涉及截然相反的理想和意识形态的争端，已在战场上见分晓，我们无需在这里讨论。作为地球上大多数人民的代表，我们也不是怀着不信任、恶意或仇恨的情绪相聚的。我们胜败双方的责任是实现更崇高的尊严，只有这种尊严才有利于我们即将为之奋斗的神圣目标，使我们全体人民毫无保留地用我们在这里即将取得的谅解，而忠实地执行这种谅解。

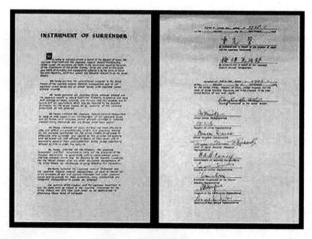

日本的投降书

他最后说：

在这庄严的仪式之后，我们将告别充满血腥屠杀的旧世界，迎来一个十分美好的世界，一个维护人类尊严的世界，一个致力于追求自由、宽容和正义的世界，这是我最热忱的希望，也是全人类的希望！

随后，他指着桌子前的椅子，严肃地宣布：

现在我命令，日本帝国政府和日本皇军总司令代表，在投降书指定的地方签字！

长条桌上，早就放好了两份投降书文本，一份是同盟国保留的文本，墨绿色真皮封面，雍容华贵；另一份交给日本的文本封面则是廉价的黑色帆布。这体现同盟国与战败国的区别。

瘸腿的重光葵拄着手杖上前，摘下礼帽和手套，斜身落座。不料手杖却从臂弯滑落到地上，他只好狼狈地拣了起来，一面想放置他的礼帽和手套，一面又从口袋里掏笔，手忙脚乱，他的一名随员忙上前，递上笔并替他拿好手杖。可他面对投降书，却又不知道要签在哪儿，麦克阿瑟见状，回头招呼参谋长萨瑟兰将军：

"告诉他签在哪儿！"

在萨瑟兰的指点下，重光葵在两份投降书上签下了自己的名字。

接着，梅津美治郎上前。他没有入座，似乎看也没看投降书内容就俯下身草草地签了名。

麦克阿瑟接着宣布：

"同盟国最高统帅现在代表各交战国签字！"

他邀请原菲律宾美军守将乔纳森·温赖特少将和原驻新加坡英军主将亚瑟·帕西瓦尔中将陪同签字。这两人都是刚从沈阳的战俘营里解放出来的。三年战俘生涯使两人饱受折磨摧残，变得骨瘦如柴，形同骷髅！

麦克阿瑟请这两人陪同签字，想对两人不幸的经历做点补偿。

麦克阿瑟悠闲地入座，用六支笔按字母顺序签完他的名字，第一、第二支笔当场就送给了陪同签字的温赖特和帕西瓦尔，其他四支笔后来分别送给美国国家档案馆、西点军校、海军学院和他的夫人。

随后，中国军令部长徐永昌上将在商震将军的陪同下代表中国在日本投降书上签字。

接着，英国布鲁斯·弗雷泽海军上将、苏联德里维昂柯·普尔卡耶夫陆军中将、澳大利亚托马斯·布来梅上将、加拿大摩尔·科斯格来夫

中国代表徐永昌上将签字，商震将军陪同

上校、法国雅各斯·列克雷克上将、荷兰康拉德·赫尔弗里奇上将和新西兰昂纳德·伊西德少将依次代表各自国家签字。

麦克阿瑟最后致辞：

　　我们共同祝愿，世界从此恢复和平，愿上帝保佑和平永存！现在仪式结束。

此时正是9：18，自日本制造"九一八"事变侵略中国至今已是14年了。在这1945年9月2日上午的9：18，日本签字投降了。这是上天的应验。

这时，东京湾上空浓厚的云层透出了阳光，金光射到辽阔的海上，海面处处粼光闪闪。紧接着，四百架 B-29 战斗机和停落在哈尔西海军上将指挥的第三舰队航空母舰上的 1500 架各式飞机腾空而起，编队盘旋在东京湾上空。机群发出雷霆万钧的轰隆声，正是世界和平的最强音。

重光葵与梅津美治郎拿着一份双方代表签字的投降书鞠躬离开后，麦克阿瑟宣布：

　　日本代表在投降书上签字，标志着第二次世界大战结束。但是，这只是执行《波茨坦公告》的一个形式上的步骤。下一步，我们将具体执行《公告》所说的"日本战犯将被处以严厉的法律制裁"。同盟军最高总司令部已委托美国著名法律专家基南先生牵头起草惩办战犯条例，并决定在最近组织国际军事法庭，有计划地逮捕和审判日本战犯！

中国战区的日军向盟军投降的签字仪式定于 1945 年 9 月 9 日上午 9：00 在南京举行。中国军队接受中国战区包括台湾、澎湖和越南北纬 16 度以北所有日军投降。

9 月 8 日中午 12：00，中国陆军总司令何应钦在蔡文治、钮先铭、张廷孟和陈桂华的陪同下，乘坐"美龄"号专机，在 9 架战斗机的护卫下到达南京朝天宫机场。南京市市长马超俊、新 6 军军长廖耀湘、社会团体代表及各盟军代表团一万多人到机场欢迎。另外，冈村宁次偕小林浅三郎、今井武夫等日军将领站成一列，肃立恭迎。

当晚，何应钦在励志社举行了中外记者招待会。他告诉与会的记者：

中国战区将于 9 月 9 日上午 9 点在中央陆军军官学校大礼堂接受冈村宁次签字投降。

1945 年 9 月 9 日上午 9：00，中国战区在南京举行侵华日军投降签字仪式。9 月 9 日 9 时按中国习惯称为"三九良辰"。完成了对南京全面接管的新 6 军作为首都凯旋军对投降签字仪式进行警戒。

这天，和平的阳光照耀六朝古都南京。南京城到处张灯结彩，换上节日盛装。从南京中山东路原黄埔路口到中央陆军军官学校大礼堂门前，每隔 50 米就竖立着一根旗杆，上面悬挂着国旗。着装威严的新 6 军的武装士兵和宪兵，手持冲锋枪，威武挺立。作为受降场所的中央陆军军官学校大礼堂正门上，悬挂着中、美、英、苏四大战胜国国旗。正门上方醒目标着"中国战区日本投降签字典礼会场" 14 个金字。正门和其他出入口都由中国首都凯旋军战士和宪兵守卫，戒备森严。

礼堂正中就是签降所在地，内设投降席与受降席。在左右两边各有一张小方桌，一个是发文件的，一个是收文件的。受降席西侧是中国和盟国高级官员观礼席，东侧为记者席，楼上是中外一般官员观礼席。在受降席的后方，首都凯旋军 12 名持枪仪仗兵排成一列。气氛隆重肃穆。整个会场警卫由凯旋军少校营长赵振英的营负责。这位赵振英少校一生命运坎坷。

签字仪式依照预定程序准时开始。

南京受降

8：30，中外来宾如江苏省政府主席王懋功，第三方面军司令官汤恩伯，接收计划委员贺衷寒，盟军军官麦克鲁中将、海恩中将、柏德诺少将、保义上校暨中外记者数百人陆续入场。

8：45，日军投降代表冈村宁次、小林浅三郎、今井武夫、小笠原清等人分乘三辆汽车，由中国王武上校引到中国陆军总部。在广场下车时，中外摄影记者纷纷拍摄取影。然后由王上校接引到休息室。

这时应邀前来的千余观礼人员，都已依席次坐定。

8：51，中国陆军总司令、一级上将何应钦率参加受降官四人入场，就座于受降席上。何应钦居中，左为海军总司令陈绍宽上将、空军第一路司令张廷孟上校；右为第三战区司令长官陆军二级上将顾祝同、陆军总参谋长陆军中将萧毅肃。

8：52，王俊中将引导日军投降代表冈村宁次一行入场。他们在规定位置上立正，恭向何应钦总司令鞠躬后，按规定于投降席依次就座。侵华日军最高指挥官冈村宁次陆军大将居中，面对何总司令和会场悬挂的中、美、英、苏国旗。侵华日军总参谋长小林浅三郎中将、参谋次长今井武夫少将和参谋小笠原清中佐三人依次坐在冈村的左侧，侵华日军舰队司令长官福田良三海军中将、侵台日军参谋长谏山春树中将、日第38

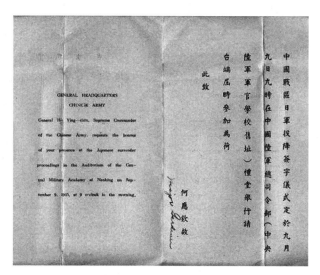

何应钦发的日军投降仪式请柬

军参谋三泽昌雄大佐，依次坐于右侧。日方七位代表，都是光头，穿军服，未佩带军刀。日方译员木村辰男，仍着赴芷江洽降时的灰色西服，以立正姿势立于冈村宁次之后。中国方面不许日本人佩带军刀，是钮先铭在芷江洽谈时提出来的，目的是防止日本军人在签字时因军国主义狂热而采取剖腹自残的极端手段，破坏会议气氛。冈村就座时，把他的军帽置于案头，其他人都始终握在手中。

日军代表入席后，何总司令便向中外记者宣布：

"摄影五分钟！"

中外记者骤然忙碌起来，纷纷在四周和走廊上拍摄照片。我受降官员的雍容仪表，以及肃然危坐的日军投降代表，被一一摄入镜头。

9：04，何应钦命令冈村大将呈交身份证明文件。冈村转命小林总参谋长呈递何总司令。何应钦检视后，将该证明文件留下。然后取出日军降书两份交冈村签字。冈村一面匆匆翻阅降书，一面提笔，毫无犹疑地在两份降书上分别签字。签字后，又从右口袋里，取出圆形水晶图章一枚，盖在他的亲笔签名之下。所盖印鉴，略微向右倾斜。

冈村于签字盖章后，一面命令小林总参谋长把降书呈递何总司令，一面点头。

小林总参谋长将冈村签名盖章的降书两份，恭谨地捧到受降席前，

日军总司令冈村宁次大将在投降书上签字

双手呈递何总司令。何应钦检视完毕，也在日军降书上签字盖章，并降书一份，由萧毅肃参谋长交给冈村宁次，冈村起立接受。至此，中国正式接受日本投降。

然后，冈村宁次签收了何总司令传达的中国战区最高统帅蒋介石委员长命令第一号连同命令受领证。

手续完毕，何应钦总司令命令日军代表退席。七位日军投降代表肃立，向何总司令鞠躬，然后鱼贯退出礼堂。

败军之将冈村绷着脸走了，他退出了侵略中国的历史舞台，而将踏上战犯的审判台。小笠原清中佐迟走了两步，他面容惨淡，不知是否在落泪！

时针指向9：18。中国战区日军已签字投降了，中日之间自1931年"九一八"事变开始长达14年的战争状态就此结束。

仪式结束后，中国陆军总司令何应钦通过广播宣布：

此一历史上正义战胜强暴，为举世瞩目的空前盛典——中国战区日军投降签字已于本日上午九时在南京顺利完成。这是中国历史上最有意义的一个日子，这是中国抗战艰苦奋斗的结果。

受降典礼完成后，冷欣奉何应钦命令，于当天中午乘专机飞往重庆，代表何应钦向国民政府主席蒋介石呈递冈村宁次签字的降书。

接着，陆总参谋长萧毅肃即宣布，陆总前进指挥所已完成使命，即日起正式归还原建制，同时撤销机构，驻防南京的新6军，与原陆总前进指挥所并称为"陆军总司令前方司令部"。也就是说，新6军作为陆军总司令部的直属部队，在完成了接收侵华日军总司令部之后，还将继续前进，而不是当作守卫部队使用。

但新6军本就是一支野战部队，与不搭界的陆总前进指挥所"合并"出一个前方司令部，大可不必。人们可能会猜测：或许是陆总前进指挥所出现什么不良斑点，把它混进新6军这大池清水的深潭中，就什么也看不见了。

第二章 追捕罪犯

1. 追捕日本战犯

1945 年 9 月 11 日，即日本在密苏里号战列舰向同盟国无条件投降签字仪式后的第九天，也就是南京受降仪式后的第三天，日本大本营参谋总长杉山元自杀身亡。道格拉斯·麦克阿瑟知道后马上下令逮捕首批 39 名被指控的日本战犯。他们是前日本首相东条英机、外务相东乡茂德、海军相崎田繁太郎、大藏相贺屋兴宣、两届国务大臣岸信介（此人是目前日本内阁首相安倍晋三的外公）和铃木贞一、递信相寺岛健、法务相岩村通世、文部相桥田邦彦、农林相井野硕哉、厚生相小泉亲彦及驻菲律宾的日本军政官员。日本前首相兼陆军大臣东条英机为第一号战犯。

盟军最高总司令部国际间谍局局长兼对敌情报部部长索普准将被唤进总司令办公室。40 岁的陆军准将索普是麦克阿瑟同乡。麦克阿瑟向索普核实了杉山元自杀的详细情况后说，为了防止有人步杉山元后尘，必须马上执行逮捕命令。

索普看了逮捕者的名单，沉思着说：

"恕我直言，最高总司令！在太平洋战争中，这四十个人都是阁下的死对头，会不会引起中国等盟国的反感？请斟酌。"

"没有什么好斟酌的。"

麦克阿瑟说，

"以后还有第二号、第三号、第四号，乃至十几号。逮捕战犯令嘛，有什么反感的！"

不过，麦克阿瑟决定将杉山元自杀的情况和第一号逮捕战犯令转告同盟国各代表。

下午4点许，麦克阿瑟亲自带两辆美军吉普车穿过片片废墟和焦土的东京街道，去逮捕东条英机。东条开枪自杀不成而重伤，被送到医院抢救。

9月20日上午，麦克阿瑟下达了第二号战犯逮捕令。逮捕对象是：日本间谍头目和第七方面军总司令土肥原贤二、原关东军总司令本庄繁、侵华日军第一任总司令西尾寿造和参谋长板垣征四郎、驻华中派遣军总司令和南京大屠杀的首要罪犯松井石根、原陆军相荒木贞夫、首相小矶国昭等在中国犯下重大罪行的战犯。随后的逮捕令挨个发出。

就此展开对日本战犯的逮捕，开始了对战争罪犯审判的前奏。

投降，并非缴枪那么简单。缴枪，把残军驱入待遣送的战俘营那只是第一步。然后还有第二步，第三步要走。那就是按照《波茨坦公告》，追究战争责任、处罚战争罪犯、赔偿战争损失、强制进行经济政治改革、彻底根除法西斯制度。

《波茨坦公告》指出：

> 欺骗及错误领导日本人民使其妄欲征服世界者之威权及势力，必须永久剔除……对于战罪人犯，包括虐待吾人俘虏在内，将处以法律之裁决。

拘捕战争罪犯并把他们送上法庭进行公正的审判，那是落实《波茨坦公告》，铲除法西斯主义的重要一步。

到1945年12月中旬，盟军最高统帅部共指定了前日本首相东条英机、前陆军省大臣荒木贞夫等110名前日本领导人为甲级战争犯嫌疑，其中除前首相近卫文麿、前日军参谋总长杉山元等数人自杀身亡外，其余均被盟军逮捕拘押。

由于盟军控制着全部的日本本土而且所有日军都进入战俘营待甄别遣返，所以追捕日本战犯，难度并不大。

在中国，拘捕并审判第二次世界大战的战争罪犯分为两部分：

一是破坏和平并策划制造侵华战争和反人道行为的日本罪犯。

二是私通外国谋害中国的本国罪犯。

因此，中国即时向东京盟军总部提出了 11 个日本战犯的名单，以后不断补充。中国提出的这些名单中的战犯，事实上已经控制在盟军手里，当时正在对他们按甲、乙、丙三级进行分类，其中部分到时候将引渡到中国进行审判。同时，在中国战区内，已经将侵华的日军驻台湾总督安藤利吉大将、伪港督矶谷廉介中将、驻台湾日军第 10 方面军参谋长谏山春树中将、原香港末任伪总督兼侵华日军第 23 军司令官田中久一中将、原驻上海日本第 13 军司令官泽田茂中将、日军第 27 师团长落合甚九郎中将、第 116 师团长菱田元四郎中将、第 55 军参谋长镝木正隆少将等战犯，先后关押于上海提篮桥监狱或国防部上海战犯拘留所。上海战犯拘留所是 1946 年 7 月在江湾建立的，实行集中关押。1946 年 8 月，第一批 12 名日军战犯引渡至中国，他们是：日军第 6 师团长谷寿夫，"百人斩"杀人竞赛者向井敏明、野田毅及第 6 师团中队长田中军吉。其他人分别为：第 12 军司令官鹰森孝、第 110 师团长木村经广、第 60 师团长落合松二郎、第 61 师团长田中勤、第 131 师团长小仓达次、第 40 师团长官川清三和第 3 坦克师团长山路秀勇。关押的战犯嫌疑达 180 余人，随后增加到 300 余人。其余像侵华日军总司令冈村宁次，其手下的侵华日军第 6 方面军总司令冈部直三郎大将、华北方面军司令根本博中将和高桥坦中将等都已处于实际控制中。到 1947 年 4 月 28 日，最后一批重要战犯押抵上海，他们是日海军中国舰队司令官福田良三、日陆军省次官柴三兼四郎等 20 名战犯。

1945 年 9 月 9 日，中国战区日军总司令冈村宁次在南京正式签字投降后，侵华日军总司令部被取缔。全部侵华人员作为战俘转入战俘营，等待中国政府处置。中国陆军总司令部决定设立"中国战区日本官兵善后联络总部"，这其实是战俘营日军的自我约束机构，主要任务是配合中国政府将他们遣返回日本。联络部长官是冈村宁次，其实是战俘集中营的日本"拿摩温"，今井武夫依旧是冈村的助手，充当联络员。善后联络总部下面有各地相应的遣返联络部，由各地原侵华日军的军政头目当各分部的联络官。但因为松井太久郎中将在杭州向顾祝同签字投降，从而上海遣返联络部长官不是侵华日军驻上海的司令官而是一个非军界的

"拿摩温"内山先生。不过此时，因日本投降，张元济依法收回了被日本强盗强占的商务印书馆，内山先生失去了对商务印书馆的控制权，因而他不再是一个文化人，而是以日本军方替代人的特殊身份，充当上海的待遣返日本人的联络官。山东日军第43军司令官细川忠兴中将及上海的松井太久郎则与冈村宁次一样待在战俘集中营内。松井太久郎曾任冈村宁次的参谋长。

作为战俘，冈村宁次和今井武夫知道此时的自己已经没有真正的行动自由了。他们与所有日本战俘一样，必须无条件服从中国的命令。以往在中国领土上呼风唤雨的今井武夫十分失落。

不过此时，今井武夫的失落感不是第一位的，他的恐惧感比失落感更强烈。

《波茨坦公告》中惩罚战犯的条文让他摸不着底，碰不到边。他已经猜测中国政府把本庄繁、板垣征四郎、荒木贞夫、小矶国昭、松井石根、谷寿夫、石井四郎以及侵华日军第一、第二、第三任总司令西尾寿造、畑俊六和冈村宁次，侵华日军第6方面军总司令冈部直三郎及原驻华北日军总司令多田骏等列为战犯。战犯将会面临怎样的下场？战犯是否会轮到自己头上？

今井武夫知道中国军方负责遣返战俘的负责人是中央军事委员会的军令部次长秦德纯上将。今井武夫猜测，下一步中国惩处"二战"中的日本战争罪犯的负责人也应该是秦德纯。

在待遣返的所有日本人中，只有冈村宁次和今井武夫最有机会见到秦德纯。趾高气扬与低头哈腰是日本人的外在双重属性。在眼下这种尴尬年月，日本人全面收敛了。今井武夫更是这样，特别是有机会遇到秦德纯时，他显得特别温顺。

以往，今井武夫与秦德纯就有许多来往。因为国家立场的分歧，他们有过面对面的交锋，但今井武夫注意保持对秦德纯的礼节，两人私下保持较好的关系。如今，今井武夫当然希望秦德纯能对自己网开一面。

宋哲元

1937 年 7 月 7 日，是导致中国人民的灾难进一步深入的日子。那时，秦德纯是中国华北驻军第 29 军的副军长并代理北平市长，而第 29 军的军长是宋哲元。

　　当时日本驻北平军队主力有一个旅团。其中，牟田口廉也大佐联队指挥部就在东交民巷，与今井武夫住隔壁，联队的另一部分日军驻丰台。日本驻北平军队的这个旅团东面紧挨兵力强大的日本天津驻屯军及北宁线的日军，北面越过长城就有侵占东三省的日本关东军。

　　今井武夫那时是日本在北平的辅佐武官，在东交民巷办公，对外称驻北平武官。其实，日本驻华大使馆设在上海，真正的武官也在上海。而日本在中国各地的辅佐武官，其实是巧立名目的间谍机构，实受东京陆军参谋总长直接指挥。今井武夫在北平广布间谍网络，除收集情报、在中国政府和军队里收买代理人外，还与驻中国的日本军队及日本浪人流氓互相策应制造事端，滋事生非。据今井武夫自己承认，张学良的会计及秘书林文龙、副官苗剑秋是他的网点之一，他还与陈子庚、靳云鹏、曹锟、吴佩孚建立了秘密联系。林文龙就向今井提供了张学良的情报。1936 年，苗剑秋、孙铭九等成功地把西安事变弄成大事后，今井武夫就曾企图随林文龙去西安卷入事变。苗剑秋、孙铭九后来均受日本势力保护。北平当地的公安局长潘毓桂也充当内奸，成为今井武夫从事不法行为的助手。更有甚者，今井武夫利用北平城东通州的殷汝耕伪政权"冀东防共自治委员会"肇事。殷汝耕伪冀东自治委员会就是今井武夫之前的特务头子土肥原贤二建立的，它另挂伪国旗与中央对抗。冀北保安总司令石友三也成为今井武夫分裂中国军队的筹码。今井还记得："七七"事变前夕，石友三探知日本将进攻中国军队，就迫不及待地上门找今井武夫求救，找不到，就追到陈子庚的请客庭院，表明自己的军队不与日军作战，要今井武夫不要让日军进攻其部属。今井武夫从而掌握了一个深入中国军政核心的间谍网，威胁中国国家安全。同时日本人还支持殷汝耕、梁鸿志、石友三、齐燮元等汉奸势力制造分裂，而且还企图分化曹锟、吴佩孚等与中国中央政府对抗。这些人就是后来华北地区伪政权及伪军的基本班底。

　　"七七"事变前，日本为准备扩大侵略而向平津地区大量增兵，今井武夫荒唐地辩解说，这是为了防止日本关东军越过长城侵袭关内！日本军队入侵华北，居然说成是防卫日本的关东军！他这不攻自破的谎言，居然脸不红心不慌地写在其回忆录中。

7月7日前几天，丰台日军不经许可，昼夜不断地进入卢沟桥一带频繁军演，并构筑工事不走。7月7日夜11：00，丰台日军又到宛平城外卢沟桥"演习"。他们公然提出当夜进宛平城搜查，借口是"演习"的日军有一人失踪，而且听到了一阵枪响。

中国指挥官警告：

卢沟桥是中国领土，日本军队事前未得我方同意在该地演习，已违背国际公法，妨害我国主权，走失士兵我方不能负责，日方更不得进城检查，致起误会。惟姑念两国友谊，可等天亮后，令该地军警代为寻觅，如查有日本士兵，即行送还。

此时，今井武夫正在牟田口廉也大佐联队指挥部，与牟田口廉也等一批日本军官秘密商量如何在卢沟桥扩大事态的办法。他记得指挥部当时的情况：

室中央放着一张长方形的大桌子，以联队长牟田口廉也大佐为首的重要军官们，一个个穿着整齐的军装，站在桌子的周围，正在收集从卢沟桥附近的部队发来的情报，他们不断地听取着报告，都是脸色紧张，默默地很少说话。

7月8日4：00，牟田口联队长亲自下令丰台日军一木大队长开火。一木大队长不敢相信自己的耳朵，要求确认，并与联队长牟田口的手表进行对时，以便备忘。

今井武夫则出面迫使中国方面与日军成立联合调查团进城"调查"。同时丰台日本驻军一木清直大队长率500余人及6门大炮，向卢沟桥出发。

其实这个时候，那个"失踪的日本士兵"已经归队。日本侵略军却更加变本加厉地把假戏真做，把丑剧继续演下去。

一木清直大队长的突击队乘机逼联合调查团的中方县长让日军进入宛平城，遭到严正拒绝。于是，日军开炮攻城。20年后，今井回忆当时他在指挥部时的感受：

恰巧就是在这一时刻，西南方（按：卢沟桥在北平的方位）响起了大炮声，震撼着云低雨蒙的、昏暗的天空，沉重的轰鸣犹如在给远东抒发着凭吊的哀吟。

7月8日天一亮，今井武夫向各国媒体发布"新闻"，继续以虚假的"日军失踪"为借口，掩盖其蓄意制造侵略事件的真相。然后以外交交涉为名，到处追寻中国第29军和北平负责人秦德纯，目的是企图干扰中国方面秘密会议研究对策，还企图迫使秦德纯在不明事态的情况下仓促表态，以便策动发起侵略行动的日本人继续捞取额外的好处。接下来，今井武夫和牟田口等按照从《塘沽协定》到《何梅协定》的套路，不断地扩大事态，加剧侵略战争。他还追逼提升出面"道歉"的中国军事长官级别，提出处分中国高级军官，使双方达成和解协议成为不可能。

最后，日本东京法西斯大本营指示今井武夫等撕毁一切协议，增兵发动全面的侵华战争。

单凭今井武夫策划"七七"卢沟桥事变这一条，把他提交战犯军事法庭审判，理由也是充分的。而且卢沟桥事变后的几天，今井武夫一伙人一度逼得中国方面的秦德纯、张自忠等人几乎走投无路，最后被迫逃离北平。

今井武夫知道，已经落难的今天，要是自己继续得罪中国这几个军界大佬，就绝无好果子吃。不过，今井武夫也的确有些手段，他的恶行很快就被人忘记了。何应钦、秦德纯、顾祝同等看着今井武夫一副卖乖装可怜的模样，纷纷表示了怜悯的态度。其实，免了今井武夫，更是为了免另一个人，那人便是冈村宁次。如果今井武夫不能得免的话，其上司冈村宁次怎么可能得到宽容？不知为何，冈村宁次低头求降的举动，已经让好些中国大长官宽恕了他。

今井武夫于是逃过了鬼门关。但是，他的同僚作为战争罪犯接受审判的还是不计其数的，并且多数已经身陷囹圄。但有一个例外：

侵华日军驻香港第一任伪总督酒井隆却不在战俘名单中，一度不知下落。

这酒井隆不能漏网！他的罪行刻在中国从北到南的土地上，留在许多中国人的记忆中。这包括 1928 年经历"济南惨案"的蒋介石，被迫签订《何梅协定》的何应钦，遭受其凌辱的原香港总督杨慕琦，更多的是被残杀、被强奸的苦难同胞。

酒井隆不在战俘名单中的原因，随后查清了：原来他从日军退伍了。

与酒井隆一道阴谋策划《何梅协定》的还有高桥坦中将，而高桥坦此时是侵华日军华北方面军参谋长，高桥坦的副手是渡边渡。而日军华北方面军司令是根本博中将，根本博又曾是酒井隆的下级。于是，猜测这酒井隆一定藏在北平或天津一带。

此时，主持北平受降的孙连仲正委派吕文贞中将带先遣队在北平建立前进指挥所，准备在北平接收华北日军投降。李宗仁属下的王鸿韶中将及军统特工头目张家铨也参与了筹备工作。张家铨负责前进指挥所的情报组。

在北平的日军求降交涉过程，采用的是日军华北方面军参谋长高桥坦与国军代表吕文贞双边会谈的形式。

当时的北平各种势力明争暗斗，局面复杂。北平的前进指挥所遇到很大的麻烦：

日军根本博、高桥坦动不动以"苏蒙军威胁"，手下日军"军心不稳"、"军纪不好"对吕文贞的前进指挥进行威吓。

孙连仲（前中）和吕文贞

再由于全国各地发生了"接收大员"腐败问题，北平的前进指挥所也受到舆论的"炮轰"。炮打的目标直指进行筹备北平受降仪式的两个负责人吕文贞中将和王鸿韶中将。

这时，吕文贞知道酒井隆正在北平，他认为，此事一定是酒井隆和高桥坦狼狈为奸、从中捣乱的结果。因为历史上，酒井隆和高桥坦就是无事生非、制造动乱的阴谋家。对此事，吕文贞回忆如下：

高桥坦在机场，我拒和他握手，洽降时不准他佩刀，有点不服气。口出怨言，意图报复。适"七七"事变前，和他共同逼压侮辱何应钦的搭档酒井隆与他唱和。酒井隆是煽动暴乱的黑手。颇有制造动乱，使我国军到达北平前，发生点风波的意图。不知会发生什么事。

最不争气的是"中国人污蔑自己人的劣根性，也会随时犯病"。我到北平不够一周，情报组报告说：市上频传"吕主任和名伶言慧珠往来颇密"，消息来源不明。待查。

忽然，言慧珠不堪社会指责，因而自杀入院，更助长谣言的传播。

后来，张家铨送来一份有名大报，头条新闻，竟然是"吕文贞携名伶招摇过市，王鸿韶怀仁堂白昼宣淫"（桂系王是北平行营的参谋长。怀仁堂是中南海里的"戏台"，作开大会所用的）。这更助长了高、酒的气焰。

日人加以从中煽动，立刻传遍九城，家喻户晓。酒井隆、高桥坦再散出日军不稳的消息，于是大有山雨欲来风满楼之势。

由于吕文贞和王鸿韶两人到北平不到一周，而且那时北平还处于日军控制中，吕文贞和王鸿韶集中精力与日军交涉，并没有公开活动，不曾与北平媒体记者会过面。大众中更没有几个人认识他们。再说，谣言还误把怀仁堂当成是宾馆套房或私家宅院了。捕风捉影的舆论"炮轰"的确十分可疑。

接到南京陆军总部暗缉酒井隆的命令，吕文贞和张家铨正求之不得。

但此时国军大部队尚未进入北平，公开逮捕有点费事，这事就由张家铨的情报组负责。

第二日，吕文贞问情报组：

"酒井隆闹事的情况怎样？"

张家铨汇报说：

"我们在日军里边有人，知道高桥坦和酒井隆，态度恶劣，想鼓动日人同意他们闹事，对内煽动，对外散布谣言。的确使市面上紧张。"

张家铨还汇报了他所知的以下情况：

原来，日军参谋部的正副参谋长与酒井隆一道商量过。

渡边渡参谋副长不赞成高桥坦、酒井隆进行"反吕"。

渡边渡称：

"我们以前遇到的中国人，对日本人惟命是从——那是伪中国人。今天我们遇到的吕将军，才是真中国人。以后日本就要和真中国人打交道了，应该改变的是日本人对吕将军的态度。"

是渡边渡这一番话，使高桥坦、酒井隆泄了气，才没闹起来。

接到张家铨的这个报告，吕文贞知道风波过去了。吕文贞想起来，他第一次与日本人讲话时，闭起眼睛的那个日本将领正是渡边渡。

两天后，张家铨利用日军华北方面军副参谋长兼独立混成第2旅团旅团长渡边渡协助，成功诱捕酒井隆。酒井隆被送到吕文贞跟前。

被捕的退休日军中将酒井隆此时正用绷带挂起一条胳臂。

吕文贞问他：

"你做什么来着?"

"我什么也没做。我在养病，什么也不知道。"

酒井隆回答。

他随后被关押到南京陆总监狱。

北平受降结束后，高桥坦也作为战犯被逮捕，移送南京。

英国方面知道酒井隆被捕后，要求将酒井隆引渡到香港接受审判，但遭到中国的婉言拒绝，因为酒井隆在中国所犯的罪恶巨大，而且他在香港所犯的罪行，也是他在中国罪行的一部分。

对日本战犯的追捕，酒井隆是唯一费了点周折的。

2. 汉奸落网

前面讲到吕文贞的北平前进指挥所进城不满一周就遭遇沸沸扬扬的

舆论质疑："接收大员"是否腐败了？他们差点中招，在阴沟里翻船而误了大局。吕文贞认为是北平"求降使"高桥坦勾结酒井隆在背后搞的鬼，这当然没猜错。但也不尽然，当时北平各种势力纵横交错，形势十分复杂。即使没有任何线索，也会无风起浪。一旦接收人员真有点闪失，势必会被各种势力利用，成为制造事端的口实，从而酿成大祸。我们不妨回过头来，看看南京前进指挥所怎么回事了。

今井武夫是个复杂的人。他自芷江求降到南京签字投降过程中一直与冷欣正面交锋打交道，关系似不甚融洽。但今井武夫这次的确没有"高桥坦之疑"，而是陆总前进指挥所自己惹了麻烦。

说起来，冷欣这次居高临下，没有必要看日本人的脸色，有点傲气自然难免。而今井虽然表面恭维有加，却难忍内心的不服气。从而敌对两国的副总参谋长之间彼此没有好印象。今井后来回忆起冷欣自然没有好话可说，甚至影射冷欣缺乏战胜国方面的勇气，影射其流露出对物质的欲望。

从坏人的眼光看正面人物，是会走样的。但坏人容易从别人身上找到与自己相同的缺点，那又是千真万确的。

在受降后，冷欣一度很沉寂。有人说是因为接收时他的部下借机腐败，有人说是因为他代表蒋介石和日军密谈的事情做得不周。社会上流传着有关冷欣的风言风语，使得蒋介石很不满意，对冷加以申斥，但冷欣本人显然是代人受过。

而且南京受降结束后，新6军把南京的守卫交给另一支王牌军第74军，而转向东北交涉苏联红军退兵。他们在南京的纪律和廉洁没遭到任何怀疑。第74军后来也没有受到怀疑。当时，社会得出结论：国民政府能真正掌控军队纪律的只有少数所谓的精锐部队，这些部队装备精良，粮草充裕，官兵文化水平相对较高。这是中国最早的"高薪养廉"论。

当然，冷欣中将一开头对面临任务的艰巨性也有所认识。他是本着"临深履薄，战战兢兢"的心态来参与受降这件大事的。

他一进南京，就不可避免地要面对一批汉奸。对此，他也以军法从事来约束他手下的"所有人员"。

他本人对汉奸持鄙视态度。他揭露那些留在南京城里的大小汉奸：

> 这些不断来见的伪官群丑，均口口声声说是奉有陈立夫或戴雨农的使命，负有中统、军统的特别任务。自命地下英雄，功在国家，口讲指画，神气活现。

由于正规军一时还没有空运入城，周边汪伪势力依然占优势，出于治安的考虑，冷欣也只好虚与委蛇，并嘱咐其不要离散，等待政府派员接收。

冷欣特别厌恶毫无羞耻心的伪南京市长周学昌和伪海军部长任援道。他在日记中写道：

> 如南京伪市长周学昌，一再对我声称与陈立夫的关系。曾任伪海军部长的任援道，则声称和戴雨农有关系，奉派为南京先遣军司令，更加表示忠贞。我成竹在胸，只嘱他们要努力维持秩序，静待政府人员处理；不要离散，好待军队主力到达时，再行拘捕。这帮利令智昏的东西，还以为马上又有新官好做，因此常至我处"报到"，日夕坐候，甚至能见面谈一句话也好，点一点头也好。

冷欣还记得：

有一次，周学昌包着头，绷带吊着手臂，立刻求见，诉冤似地对冷主任说：

"你命令我维持秩序，人员不准离散，但是部属骂我是汉奸，要我先发三个月的薪水，先是对骂，继而互殴。我是有任务的，怎说我是汉奸？真是天大冤枉！现在打成这个样子，叫我怎么见人？"

冷欣心底暗笑：

你早就不能见人，何等到现在？

冷欣敷衍周学昌几句，派两个宪兵护送他回去。

冷欣笔下对汉奸刻画得可谓入木三分！

可见，冷欣对汉奸是有所警惕的。冷欣也充分看透汉奸们求饶表忠，以达到再食新禄的幻想，所以他亲自下令逮捕汉奸也是必然的。

冷欣也看到了居功自傲的"地下工作人员"利用接收名义搜刮财物的危险性。

冷欣既向何应钦汇报，又给驻沪代表公署蒋伯诚和军统局戴笠去电，不让阮清源那8000人的行动总队进上海"接收"。冷欣的电文充分显示，抗战胜利，百姓欢欣未几，各地治安即陷入一片混乱之中，无赖盗匪甚且打着官军的旗号四处搜刮。城市里有大批的"敌产"，全成了抢夺的对象。这局面堪忧！

但令冷欣预料不到的是，后来的问题竟出自他前进指挥所内部。当时，由于南京的大部分物品市价比内地低15～20倍，所以前进指挥所的人员都随身携带大量关金券而不携带任何行李，所需一切物品到南京解决。

由于店家知道伪币必将被淘汰，所以少量出现的关金券备受推崇。汉奸因贪污掠夺而手中掌握大量的伪币，于是高价套购关金券，这样，前进指挥所的人员就换进大批伪币去购物，大占便宜。

还由于"周镐轰动南京"时，首先占据的是伪中储银行。后周镐被日本人小笠原清制服，伪中储银行被日本人管制。前进指挥所一进南京，就首先从日本人小笠原清手中接管伪中储银行。虽说当时立即决定封存伪币，但市场上的伪币依然流通。于是，前进指挥所就有人大胆地提取封存的大量伪币，去购买黄金、汽车，到后来竟发展到抢购照相器材囤积居奇，甚至抢占汉奸们拥有的豪华宅邸大发横财。同时，遭冷欣鄙视的大汉奸任援道也全家失踪了。任援道哪儿去了？后来才知道：他以200根金条行贿开路，举家经香港逃跑了。200根金条贿赂了谁？冷欣的前进指挥所也难脱嫌疑。

这些事很快被揭露。冷欣为此也是浑身有洗不清的嫌疑，冷欣遭冷遇了。

"接收大员"在汉奸们的糖衣炮弹下变成了"劫收大员"，那是很不幸的事。冷欣是否变贪腐了，我们现在仍没证据。但冷欣对汉奸的态度，却受到社会各界的共同关注。

当时，中国各界对惩罚汉奸的呼声是一浪高过一浪的。

对私通敌国谋害本国的汉奸嫌疑犯实施逮捕的行动由军统执行。日本投降前夕，军统特务已经派员到全国各地通过地下机构对嫌疑犯进行全面监控。动用军统的原因不外是：

一、军统是直接向蒋主席负责的，并得到最高领导的充分信任。军统地下组织原本就遍布敌后，对汉奸活动比较熟悉。

二、事实上，日本投降前军统武装人员已潜入汪伪机构，控制了一批汪伪的重要头目如周佛海等人。一些机构已被军统掌握、利用。

因此叫军统负责抓人，可谓手到擒来。

当然，军统是秘密特务机关，按法律来说，它是不能公开捕人的。因此他们采取行动时，仍是以宪兵、警察、军队等机构之名义进行。

由于汪伪汉奸分子大批在上海鬼混，所以军统的捕奸行动率先在上海、南京展开，随后推向全国指定的 25 个大城市。

8 月 19 日，周佛海从南京到上海成立所谓的"上海行动总指挥部"，自任总指挥，而由军统分子许克祥任秘书长。但许克祥立即挤开周佛海自行其是，没几天周佛海便识相靠边。

1945 年 9 月 18 日，钱大钧出任上海市长兼淞沪警备司令，宣布上海市政府正式成立。这天，戴笠来到上海。

戴笠

两天后是中秋节。戴笠发请柬，让京沪地区汪伪高级汉奸官员和汪伪将领来参加中秋晚宴。晚宴设在杜美路 70 号的杜月笙公馆。戴笠举杯说一通宽心话，醉倒众汉奸。三天后，假愚园路原汪精卫的公馆为地址再发请柬，请汉奸入瓮。众奸兴冲冲地来到军统局愚园路的原汪公馆，等到进入大院，只见四周站满了荷枪实弹的军警特务，先到一步的伪职人员一个个垂头丧气、惊慌不安，后到的情知不妙，也只好主动登记自首，束手就擒。当夜预捕的 100 多名汉奸无一漏网。第二天晚上，又捕捉到 100 多人，连同第一批捕捉到的汉奸，全部关进原汪伪 76 号特工总部的监狱里。后来因人越来越多，只好在南京市又建了一个新的看守所，把一部分汉奸分流到那里关押。这次逮捕行动，居然是由周佛海所谓"上海行动总指挥部"的调查室主任万里浪领衔执行的。万里浪原任汪伪政治保卫局上海分局局长，是76号敌特骨干分子。当然两批汉奸逮捕结束，马上有人举报万里浪是汉奸，他也难逃一死。

9月26日这天，在南京利用汉奸的侥幸心理，军统局南京区以宪兵南京司令部与警察厅名义，让他们来自首登记，用"请君入瓮"的办法，逮捕了伪实业部长梅思平、伪教育部长李圣五、伪南京市长周学昌、伪海军部长凌霄、伪社会福利部长彭年、伪经理总监部长岑德广、伪宣传部次长郭秀峰等。27日，同样用自首登记方法，在上海捕获前两次没邀请参加宴会的伪湖北省长杨揆一、伪国府委员项致庄、伪中央银行副总裁钱大櫆、伪司法院院长张国元、伪最高法院院长张韬、伪宣传部部长赵叔雍、伪建设部部长傅式悦、伪司法行政部部长吴颂皋、伪清乡事务局局长汪曼云、伪国府参军长唐蟒、伪驻伪满洲国大使陈济成、伪驻日大使蔡培、伪立法院院长温宗尧，以及卢英、潘达、潘三省、林康侯和李士群之妻叶吉卿与吴世宝之妻余爱珍等。

南京汪伪集团梅思平、周学昌、李圣五、吴颂皋、凌霄、彭年、岑德广等23名大汉奸被捕并陆续送到宁海路25号关押。这宁海路25号原本是汪伪特工南京区的看守所。南京光复后，被军统接收为关押汉奸的场所。开始时，这里管理严格，汉奸们被整天锁在房间里。管理人员原来要解下汉奸们的裤带，但汉奸们坚决表示不会上吊，而根据观察，确实没有发现汉奸有自杀的迹象，他们也就罢了。过了没几天，白天监房的门也不再上锁了，汉奸们可以自由出入，彼此见了面，点头致意。

宁海路25号的隔壁是原汪伪实业部工业司司长王家骏的房子，从他那里可以看到被囚禁的汉奸们的一举一动。他家的窗台，就成了汉奸们和家属见面、联系的地方。汉奸在囚室打手势，告诉家属需要什么、想吃什么。监牢里每个汉奸的家属轮流送饭，汉奸们一直吃得不错。

不久，陈公博也被关押到这里。

陈公博不是通过冈村和今井安排的"东山计划"潜逃到日本去了吗？怎么又冒出来了呢？

原来这里漏写了一段过程。

前面提到，8月27日冷欣从芷江一到南京，就向今井武夫追查陈公博的下落。今井不敢隐瞒，实言相告：陈公博于两天前去了日本。

于是，中国方面就开始与日本政府交涉引渡。

8月25日，陈公博乘坐的日军运输机飞向日本京都。选京都为目的地的原因，是从1944年底开始京都就不再受到美军轰炸。除京都外，日本城市不曾遭受轰炸的还有奈良。这当中的原因，全因中国的劝阻。中国要求保护京都、奈良，因为那两座城市是日本历史文化的精华所在，应当予以保护。结果美军接受了中国政府的意见，不轰炸这两座城市，连东京大阪的古建筑也注意保护。可见，中国人即使在遭受日本法西斯侵害之际，依然本着高度的人道主义精神对待敌人。

当日中午，陈公博搭乘的飞机进入日本本土，飞行员发现燃油不够，到不了京都，于是决定就近在米子机场降落。听说目的地已到，陈公博长叹一声，率先下了飞机。陈公博一下飞机，就向随机陪同的日方人员小川哲雄交代说：

"我们来到贵国，请为我们保守秘密，不能让任何人知道我们的行踪。"

小川哲雄回答：

"我们一定会严守秘密，确保您的生命安全。"

战争把日本变得一贫如洗。经小川哲雄大尉出面联系，当地日本政府总算弄了辆救火车前来把陈公博一行接走。"陈代主席"好歹总算有个副驾驶的位子可坐，而随行的妻子、秘书以及几个官员就只好像壁虎一样趴在救火车两壁，也顾不得什么体面和排场了。

在小川的努力下，这伙逃亡汉奸在米子机场附近的浅津温泉一个叫"水交馆"的地方住了一夜。这水交馆十分简陋，因日本人习惯于席地而坐，里面没有一把椅子。陈公博只好在草席上安身。次日，受日本外务省派遣，汪伪南京政府的经济顾问冈部长二来把他们接到京都。

冈部原本为陈公博一行预订了京都旅馆。但陈公博嫌京都旅馆人来人往，怕被人认出来，不敢入住，最后他们来到了比较僻静的出町寺田别庄。没住几天，又搬到了更为隐蔽的金阁寺住了下来。

尽管陈公博自以为行动机密，无人知道，但他东逃日本的事，还是很快就被发现。

8月27日当晚，中央代表冷欣中将就向冈村宁次和今井武夫追查陈公博的下落，并得知消息。随后，就进一步追查。

中国政府已经判明了掩护陈公博外逃的人正是冈村和今井。

8月29日晚上，一则突如其来的消息由日本同盟社发布：

陈公博于8月28日在京都自杀受伤，送医院抢救不治身亡。

这则消息经过各通讯社转播，很快刊登在国内外各报刊上。一时舆论大哗，几乎所有的人都认为，陈公博没有死，同盟社的消息是假的，它只能表明日本政府企图保护陈公博，使他逃脱中国人民对他的审判。原来事情的确如此。日本知道此事已是无密可保，便想出了一个运用媒体发布假消息的办法。这办法在过去的侵华战争中也经常使用，效果蛮灵光。但这次例外。中国政府经过调查，确认陈公博之死纯属子虚乌有。

9月3日，国民党中央通讯社宣布，陈公博夫妇及其女秘书一行，受日本外交部及军事当局保护，出逃日本，行前陈公博曾交日本方面生活费1亿元。当日方得知中国政府将向日本当局究办此叛国汉奸时，同盟社就别有用心地播发了这一假消息，意在遮掩陈公博躲在日本的事实。

因此陈公博"自杀"的假把戏被戳穿，国内舆论强烈要求日本政府尽快交出汉奸陈公博。

9月9日，南京受降仪式结束时，中方代表何应钦即以正式备忘录送交冈村宁次，点穿陈公博假自杀的烟幕，要求日本政府将陈公博等逮捕归案。9月18日、19日连发要求日方立即执行引渡陈公博的照会。但冈村宁次一再拖延，9月20日，何应钦再次提出引渡陈公博的备忘录。重压之下，冈村宁次只得向日本政府报告。

经中国陆军总司令部与日本政府一再交涉，日方最后不得不同意交出了陈公博等人。

此时藏匿在金阁寺的陈公博消息闭塞，不知外界情况。到了9月18日那天，外务省的一名高级官员大野，突然来看陈公博，说何应钦有一个备忘录给冈村宁次，指陈公博私自逃往日本，对外宣传已经自杀；要日本负责护送回国。

陈公博故装诧异，向大野说：

"我有一封信留给何应钦将军，是托浅海、冈田两位日本顾问转交的。何以会说我逃到日本，假称自杀？"

大野表示不知其事，答应立即联络。

日本京都金阁寺，汉奸陈公博一行在此藏身。

原来，在南京的冈村宁次，一看陈公博外逃的事情被揭穿，无法隐瞒，才派人把陈公博的信交给何应钦。陈公博显然是要小手段。他若真想给何应钦去信，留在伪主席府就行了，何必要找没有发言权的浅海、冈田等日军小爪牙代劳？日本人把浅海、冈田等日军下级军官派为陈公博和周佛海之流的太上皇，只是愚弄这些汉奸的手段而已。陈公博却继续把他们视为太上皇，那只会招致人们鄙视。浅海、冈田自然只能把信上交冈村宁次，冈村当然看透了陈公博既当婊子又要表示无辜的伎俩。他知道，既然自己把陈公博偷送到日本藏匿，自然没必要把陈公博的信交给何应钦，以自打耳光。

到了9月30日，日本外务省驻京都的代表，负责照料陈公博生活的山本，深夜到金阁寺通知，说接到外务省的长途电话，中国已派人到达米子机场提陈公博回国。

陈公博知道事到如今已是无可挽回了，他假装爽气地回答：

"我明天就走！"

山本走后，陈公博哭笑不得地对老婆李励庄说：

"是福不是祸，是祸躲不过，这次你要跟着我吃苦了。"

李励庄听说此话，大哭起来：

"日本政府说话不算数，当初不是讲好了要严守秘密，保证我们的生命安全，现在怎么又要把我们交出去呢！"

陈公博于是把出国前捞取的金银和林柏生送的"关金"尽数交给李

励庄，托小川哲雄把老婆李励庄匿在日本。

10月1日上午，陈公博正在收拾行李时，突然来了个不速之客，那人是近卫文麿。

近卫文麿自称，他的老母一直住在京都，不久前去世。数日前特地从东京来奔丧。这天知道陈公博的局面，或许是意识到共同的命运和结局，近卫特地来访即将被遣送回国的陈公博。此时此刻，他们彼此之间的礼貌的关系已不重要。

内室密谈，主客之外，只有一个周隆庠担任翻译。近卫向陈公博说，他最近才获悉蒋委员长在开罗会议中，全力主张维持日本天皇制度；日本投降以后，又决定宽大处理。他个人表示非常感激。据他的观察，日本投降以后，在政策上绝对倾向美国，但在感情上绝对倾向中国。日本目前毫无力量，极其盼望中国能成为实际上的东亚领袖国家，使日本有一倚靠。

这鬼子分明是在施展一贯的手法，挑拨盟国之间的关系，企图从中渔利。

近卫文麿还称，日本在投降之初，最感忧虑的一件事是，怕美国式的民主，过于放任，会造成日本社会及政治上的赤化；但最近麦帅总部已秘密通知东久迩内阁，要求日本政府严禁赤化。

这一点，日本的领导阶层，感到非常欣慰，不过，日本对苏联仍旧有许多顾忌，唯恐失欢；譬如日本与英国的关系，一向密切，本可单独展开对英外交，亦是怕苏联因此而有不满，不敢进行。同样地对中国也会有些苦衷。

近卫又说：日本政府决心履行《波兹坦公告》的要求，只是在程度上有极大的差异；中、美、英、苏当然希望充分履行，而日本的国力太弱，希望实行此一公告的最低程度。

由于有此距离，将来日本政府一定会产生许多难题，导致内阁的不断更迭；政治上的不安定，是否会发展为"向上之革命"，最后危及日本的国体。如果不幸有此一日，对中国也未必有利。

接着，近卫又谈到日本当前的两大难关：一是日本每年缺乏食米三千万石；二是解甲归来的军人都失了业，在日本的政治、社会上，将构成极大的威胁。

近卫文麿这几句话，是想要中国不要向日本提出战争赔偿。

这一席密谈，历时两小时半。近卫虽未明言，但意图是十分明显的：

他是希望陈公博能将他的意见，反映给蒋委员长。

这是两个罪犯临死前的最后会面。

陈公博明知自己是戴罪之人，明知不能有面见领袖的希望，但还自以为可以通过何应钦上书，因而慨然承诺。可见，他这汉奸当到了极点。他们一伙因怕死才逃出来，如今被弄回去，这死罪定然难免。在这种情况下，他依然抱着为昔日主子效命的固执，还收敛不下他的政治野心！

近卫文麿是日本两届战时内阁的首相，是侵华战争的积极策动者。不仅是中国人民的死敌，也受美国人厌恶。虽然因近卫文麿与裕仁天皇的亲戚关系，后来远东国际法庭没有起诉他，但近卫文麿后来还是自杀了。近卫文麿是不甘死亡的，据说是麦克阿瑟暗示近卫文麿为了裕仁必须去死。

就在近卫辞去不久，小川哲雄气急败坏地赶来劝陈公博留在日本。他说，自 9 月 27 日以来，上海、南京等地已全面展开肃奸工作，陈公博如果回去，必难幸免。小川还称，他已经在东京、奈良、鸟取多个地方，找好了隐秘可靠的藏匿地点，而且准备了足够的粮食，不妨暂时隐居个一年半载，看看形势再作计议。

陈公博感激小川的好意，尤其那时日本食品极度缺乏，准备那么多粮食实属不易。他们一行七奸作为日本外务省的贵宾，每三天配给一次食物、副食，其实经常也只是几尾小鱼，难得有一次肉类，一个月仅能配给两次白糖。而小川居然在四个地方为他们准备了足够食物，可想是卖力了。当然，这当中掩盖了一个重要事实：陈公博带来了大笔资金，有钱能使鬼推磨嘛！小川此次捞足了油水。

但此时陈公博已知天命难违。他想到，亡国的日本政府已经救不了他。与其狼狈地被盟军搜捕后押送回去，还不如趁早坐中国的飞机回去。他还有一丝幻想：

说不准，蒋介石对汉奸们会网开一面。

他想起 1927 年，南京国民政府与武汉国民政府搞"宁汉合流"的往事。尽管武汉宣布开除蒋介石和逮捕蒋介石，但蒋介石的南京政府最后接受了汪精卫、陈公博、周佛海等人的武汉政府。蒋介石后来并不计较。但这次如何？他把日伪的南京政府与 1927 年的武汉汪精卫卫政权混为一谈。陈公博忘记了：历史不把 1927 年汪精卫、陈公博的武汉国民政府看成是伪政府，而且武汉政府是得到苏联支持的，蒋介石当时也不想得罪苏联。而这次汪精卫、陈公博的伪政权是日本的走狗，而罪恶的日本本身也已战败投降了。所有中国人怎么也饶不了汉奸！

10 月 2 日，除李励庄外，陈公博汉奸一行六人在日本当局有关人员警卫下从京都到达米子机场。一架中国的 C- 47 运输机停在那儿。中国宪兵手持名册，点到名的人即被戴上手铐，押进机舱。被执法的陈公博狂怒地摇着手铐嚷叫：

"我不是罪犯！"

只感到屁股后被人用力一推，他不由自主地进了机舱。当日，他们经上海到达南京。

途中，陈公博不服，绞尽脑汁选词凑字，凑出一首诗，哼哼唧唧以自慰：

> 烽火纵横遍隐忧，抽刀空欲断江流。
> 东南天幸山河在，一笑飞回作楚囚。

陈公博等一下飞机，中国宪兵便宣布正式对他们实施逮捕。陈公博一行在日本度过了战战兢兢的 1 个月零 8 天后，终于开始了他们的囚徒生活，不过是哭丧着脸去当"汉奸囚徒"。他们先被押在城南宪兵司令部看守所，不久被移至宁海路 25 号军统看守所，他们是被关押在宁海路 25 号里的汉奸中来得最晚的第三批。这下，因陈公博、周隆庠、陈君慧、林柏生、何炳贤等被成功引渡，与原先关押在宁海路 25 号的汉奸同僚会齐了，原来南京的汉奸班子大都在此。

原本在城南宪兵司令部看守所时，陈公博受到了一些优待。他被关在一间单独的囚室里，有桌椅，有纸笔，闲来无事，陈公博慢慢地回忆着自己走过的人生之旅。

但羁押在宁海路 25 号后，因人多房间少，陈公博被迫与另一汉奸——伪内政部次长袁愈佺同室。陈公博的到来，引起监内其他成员极大的关注。群奸一个劲地向陈公博打听情况。陈公博似乎也挺来劲，讲起话来有声有色，使狱中的气氛活跃了许多。好几天大家都围着陈公博，或是静静地听他讲他的"传奇"，或是七嘴八舌地问个不休。

刚到宁海路 25 号的时候，伙食还可以。只是有一点陈公博颇感不便，就是每个囚室放便桶一只，供犯人大小便用，规定每天放风时，由同室犯人轮流去厕所倒便桶。因而放风时，厕所里你推我挤，吵吵嚷嚷。陈公博见状便不去凑热闹。但不倒又不行，因为此时袁愈佺与自己是平等的汉奸嫌疑犯，自己没有指手画脚的资格了。于是他求见看守所长。陈公博眼皮下垂，不安地请求：

"是这样的……我希望准许我不在放风时倒便桶。"

"为什么？放风时倒便桶是所里早就规定了的。"

所长一口拒绝，并补充一句：

"没有特别的原因，必须遵守。"

"恳请所长能通融一下。"

陈公博鼓起勇气道出个中原因：

"那里太挤，又都认识我……"

所长恍然大悟：

"哦，那好吧。陈先生身份特殊啊。"

让人想不到的是，陈公博竟然特别怕老鼠。宁海路 25 号自日本人投降后到国民党接收，曾空置过一段时间，因此老鼠非常猖獗，白天也会窜进监房。"室友"袁愈佺、胡毓坤等见状，就一道拿着木拖鞋去围攻老鼠。但陈公博看着他们，自己却缩在床上双脚不敢落地，他自己说生平就是怕老鼠。要不是亲眼目睹，一般不会相信他如此胆小，但是他被枪毙时，中外报纸都说他镇静自如，含笑赴刑，这就更令人不解了。

戴笠曾经两次来到宁海路 25 号看望陈公博。这使得包括陈公博在内的许多汉奸嫌疑都认为自己的前途还有一丝光明。

1945 年 11 月 23 日，国民政府正式颁布了《处理汉奸案件条例》，规定 1946 年底为告发汉奸截止日期。

负责审判汉奸的法官陆续来到宁海路 25 号，开始对汉奸进行初审。

开头，法官一脸严肃的模样，汉奸很紧张。但后来，法官放松了，给纸笔让各人写交代和自传，问话也只不过是走走形式。到后来，汉奸们都变得疲疲沓沓，法官们办的是例行公事，

南京宁海路 25 号，当年拘留汉奸的地点。

汉奸们照例只是应付着答上几句。一次，汪伪实业部次长袁愈佺被提审，到了法官的房间里，发现那位法官竟然坐在椅子上，双脚泡在水里，屋里一片水蒸汽，还夹杂着难闻的味道。此次提审不到五分钟就结束了。

袁愈佺回监房后，把眼见的场面告诉其他人，他们也说有同样的经历。汉奸嫌疑犯们在监狱里更换方式消磨时间。先是每人谈论个人的经历，不久也就厌倦了，于是又转换话题。

当时，监狱中能看到各种各样的报纸，从报上的大众舆论来看，汉奸嫌疑们觉得事情越来越不妙。因而对于将来命运问题的讨论，便成为一个最经常的话题。由于各人的性格不同，经历也不同，大多数人是第一次从"显贵"落到"囚徒"的地步。因此，许多人表现得很气愤，而有的人灰心丧气，也有少数人装出满不在乎的样子。

嫌疑犯家属为了让当家人减轻刑罚，就四处活动，用钱买通各种关节。当时《惩治汉奸条例》虽然明文规定汉奸财产除留下一部分用以维持家属生活外，其余全部没收。但实际上没收财产时很少通过正常的手续进行，财产大部分落入私人的腰包。汉奸们觉得，反正要被没收，还不如拿出来做人情，让自己减刑。于是把家中私藏的一些金银财宝，拿出来奉献给了那些宪兵、法官，用以笼络他们。陈公博老婆李励庄探知没她的事之后，也回国打点救老公。

后来，监牢里的汉奸嫌疑犯不再享受家属轮流送饭的优待了。看守所的伙食渐渐变差，一度用粗磨带麸的面粉做面疙瘩当主餐，汉奸嫌疑犯们称之为原子弹。这些原来三餐大鱼大肉吃香喝辣的汉奸感到受委屈

了，陈公博带头提出改善伙食的要求。这次没有人理会他。

在看守所的几个月里，陈公博没有被预审过。

此时是冬天，看守所里每个漫长的难眠之夜实在难熬。他几次梦到在日本的最后一天与近卫文麿的会面。面临共同的末日，近卫没有了当年当主子的威风，他也不再是昔日的奴颜婢膝，两人最后相视无言。末日的恐怖，使他们绝望。

醒来，陈公博阵阵心悸。

他不甘心。他想到二十年来，虽然自己紧跟汪主席，但蒋总司令从不给自己颜色看。蒋总司令不喜欢汪精卫，但并不明显地排斥自己。他觉得还有希望，一定能重新争取到蒋总司令的信任。用自己对汪精卫的执着来换取蒋的信任。因为陈公博知道，蒋主席不喜欢不忠心的人。于是他要来纸笔，每天伏案书写回忆录。长达3万字的回忆录，他竭力为自己和汪精卫的叛国投敌行为辩解，显得自己对汪主席的一片忠心，又表明自己的行为完全是在维护蒋总司令的一个党一个领袖的地位。眼下对汪尽忠已了，可以全心全意为蒋效劳了。他想把这回忆公布于众，让老蒋知道自己的心迹。

如果陈公博的这态度是在1943年表示，甚至是在1944年，并且有相应的行动，那结果或许就有些不一样。可惜，为时已晚。

放下陈公博，我们再谈另一批大汉奸的经历。

周佛海参加东湖杜公馆的中秋晚宴后，自信自己前程无忧，乐呵呵地做着美梦。

9月下旬，一天，戴笠兴冲冲地进了周公馆，喜气洋洋：

"佛海兄，好事，好事呀！"

周佛海愕然：

"雨农兄，什么好事呀？"

戴笠坐下背靠沙发，仰面大笑：

"老兄，等到了！委座来电，要召见你，是天大的好事吧！"

周佛海虽满心狐疑，觉得此去凶多吉少，但还是问了一句：

"就是我一个？"

"嫂夫人和幼海就留上海家里。默邨、君强、惺华一道去，这样放心吗？"

"什么时候走？去多少天？"

"9 月底动身，至于去多久，那要等见过委座再看了。"

周佛海不禁一愣：

"到重庆后，还能回来？"

"委员长将在重庆召见你们，并指示我亲自送你们去重庆，有啥不放心？"

戴笠是特工头子，周佛海也是经营 76 号魔窟的头子，能不知道戴笠的目的？明知此行凶多吉少，但周佛海能不去吗？他的一批亲信也得到同样的建议。怀着一丝侥幸，他对亲信们说：

重庆白公馆，汉奸周佛海和丁默邨被软禁于此处。

"你们放心，我想此去，蒋先生不过让我做个把月的休养罢了。"

9 月 30 日凌晨，江湾军用飞机场戒备森严。不久，三辆军用轿车，鱼贯而入。第一辆车上坐着戴笠，第二辆车上是周佛海和罗君强，第三辆车上是丁默邨和杨惺华，还有伪中储银行总务科长马骥良。这些人都是周佛海的心腹。

飞机起飞了，飞机场里静悄悄的，没有人送行。周佛海一行到重庆后，被安排住在杨家山山腰的白公馆。白公馆是川军师长白驹自建的府邸。这里当然不是监狱，生活招待还是优越的。这地方的出名，倒不是因眼前的周佛海、丁默邨、罗君强、杨惺华这班贵客，而是他们之后的事。反正，眼下是安排这些人在此住下。戴笠为他们打包票说：

"休息几天，静候委座召见。"

不一会，总务科长夏祯祥跑来，毕恭毕敬地说：

"周先生，要什么尽管吩咐，但请勿外出，不要和熟人通电话。"

周佛海脑子嗡的一响，明白了：这是软禁！

此后，一段时间他们见不到戴笠。戴局长此时已北上北平，借李宗仁的威风，去收拾王克敏、王揖唐、齐燮元、周作人等汉奸嫌疑犯去了。监狱中，王克敏畏罪自杀。王揖唐、齐燮元、周作人等汉奸被押到南京受审。

我们让周佛海一伙在白公馆多享几天清福吧，把目光转向广东。

汪精卫死后，陈璧君带妹夫褚民谊等一批亲信，回到广州。日本宣布无条件投降后，陈璧君找褚民谊商议对策，决定向老蒋献殷勤，希望老蒋能看在昔日的情分上，网开一面，让其"将功赎过"。于是，褚民谊以个人名义，向蒋介石接连发出了两份献媚电报。这种电报自然是落在军统戴局长手里。戴局长利用这由头，派副手郑介民到广州处理这事。他伪造一封蒋主席具名的电报从重庆发到广州，让郑介民转交伪广东省长褚民谊。由于褚民谊与汪精卫的连襟关系，几十年来，他们穿着政治连裆裤，终生狼狈为奸。

郑介民转交的电文是按规定封装好的电码原文，封装内另附解译密码。

褚民谊开封，按附带的密码把电码解译出来，其明文如下：

> 重行兄：兄于举国抗敌之际，附逆通敌，罪有应得，惟念兄奔走革命多年，自当从轻议处。现已取得最后胜利，关于善后事宜，切望能与汪夫人各带秘书一人来渝面谈，此间已备有专机，不日飞穗相接。弟蒋中正

注意，褚民谊字重行。

电文是褚民谊亲手翻译出来的，他认为不可能有第三者插手作假，于是深信不疑。而且，此刻的他与陈璧君正陷于走投无路的绝境，这电报无疑就是一道久盼的救命符。于是褚民谊力劝大姨陈璧君应命前往重庆。

而陈璧君自然也认为这是一道久旱的甘霖。特别蒋委员长电文中的"汪夫人"称呼，也是八年来第一次见到。落难之际，"汪夫人"的称呼依然从蒋主席之口发出，陈璧君备受感动，决定带两篓新上市的南方特

有的新鲜杨桃到重庆送宋美龄。

1945 年 8 月 25 日上午，郑介民通知褚民谊，专机已到，要陈璧君与褚民谊下午 3 时等候在原省政府门口，有车来接。

3 时整，郑介民带着 10 余辆汽车和一伙军统人员准时到达。他下车后，即宣布每辆车只能坐 2 人，其余座位，由军统陪送人员乘坐。车队刚出省府，陈璧君就发现汽车不是朝白云机场方向行驶，她惊问：

"这是去哪里？"

郑介民笑着解释：

"重庆来的是水上飞机，我们这是去珠江边，上船过渡到机上。"

陈璧君便不再疑心。

汽车很快来到珠江边，早有汽艇在迎候。郑将陈、褚送上船后，称有公务不能陪同前往，便将两人交给姓何的中校专员，随后乘车走了。

汽艇刚一离岸，那位姓何的专员就从口袋里取出一纸，说重庆来电，委员长已去西安，旬日内不能回渝，陈、褚此时来渝，诸多不便，应先在穗送安全处所，以待后命。

此时两人方知中了戴笠的圈套。陈璧君又哭又闹，拍桌大吼：

"既然老蒋不在重庆，我就没有去的必要。要是安全，只有我家里最安全。"

她坚持要汽艇开回去。

军统人员见状，拔出了手枪。

陈璧君瞪着眼睛吼道：

"连老蒋都知道我的脾气，让我三分，你们是什么东西？"

何专员只好向她解释，这是奉命执行公务，要回去是断然不行的。

褚民谊知道再闹也无用，只好婉言劝陈璧君忍耐。

陈、褚二人在珠江边的一栋两层楼房里被幽禁了半个月。

一位拘留所看守人员，呼叫陈璧君前去听训话。不料汪夫人不甘遭人小看，于是歇斯底里大发作：

"陈璧君这个名字是你叫的吗？当年国父孙先生都不曾这样叫我，你们的委员长也不敢这样叫我。你是国民党下面雇用的人，你配这样叫我？"

这是一个无耻的女人。即使是犯了叛国投敌、乱我中华、充当侵略军走狗、残害人民的大罪，她依然恬不知耻地宣称自己高人一等！但，知耻的人肯去当汉奸吗？

可是，尽管吼声连天，她与她的妹夫褚民谊还得老实地在汉奸拘留所待着。

随后，真的来了一架军用飞机接他们。不过，不是去见蒋主席，而是将他们押往南京宁海路25号看守所，与他们的陈公博伪主席"团聚"。

此时大汉奸中还少一个名人，那就是老牌汉奸梁鸿志。梁鸿志是前伪南京维持政府的主席。汪伪南京政府成立之后，梁鸿志是伪监察院院长。日本投降后，梁鸿志趁乱藏匿于苏州，因而被列为通缉对象。凑巧的是，他新娶的姨太太去上海料理私事时被人发现，于是跟踪发现梁鸿志深隐在苏州的幽巷私宅。国民政府得到举报，于是梁鸿志在苏州被捕，押赴上海。

到此，除邵式军、高冠吾、任援道潜逃外，全国重点汉奸嫌疑犯基本落网。

3. 南京城，廖耀湘百金谢恩人

9月5日中午，廖耀湘所在的新6军奉中国战区总司令蒋介石的命令空运到南京。蒋总司令要用这支雄师来威慑日军，以压制冈村宁次的狂妄。当飞机还在南京上空盘旋的时候，廖耀湘努力地从天上向下搜索着汤山、孝陵卫、紫金山和栖霞镇等八年前自己作最后抵抗的地方，不断追寻对过去的记忆。

着陆后，廖耀湘按捺下激动的情绪，首先要从容地部署自己的军队。按事前的方案，他把军部设在黄埔路，军直属部队分驻马标和炮标内。第14师师部驻中山北路华侨招待所对面。他还分派兵力驻防镇江城、扬州城、常州城以及周边铁路线，并上报陆军总司令部，准备成立以第14师师长龙天武为司令的南京警备司令部。

新6军接管南京，南京的大街小巷已不允许日军单独外出。南京驻防的是全副美械装备的新6军。

在缅甸作战的廖耀湘

为整顿南京市容，廖耀湘对侵华日军总部发布命令：

自9月7日起，日军官兵凡不持有"公出证"的一律不准上街，公出上街必须佩带"公出证"，但不准佩带军刀。

同时命令中国军人即日起亦不得无故外出，下班后不准进入公共场所，不准与敌伪人员私自交往等。

这支"首都凯旋军"实现了南京光复。由于这支军队受到蒋介石的特别重视，条件优越，人员素质较高，在此后的受降、接收过程中，的确纪律严明，办事廉洁。

军长廖耀湘参与了9月9日的日军投降签字仪式。

日军签字投降的仪式顺利结束之后，新6军又要远行了。廖耀湘知道，他这次远行的目标是什么。

日本是投降缴械了，但中国还有大片领土处于外国军队的占领下。在中国国土上还驻扎着百万的外国武装军队，那就是强大的苏联红军！每一天，都有巨大的财富流失，早一天收回每一寸领土，是绝大多数中国人的愿望。

处理完接管南京的繁重军务后，廖耀湘就要随军离开南京城了。在离开之前，他要了却一桩长期积压的心愿。那天，他由副官敬映东少校和参谋王世荃上校陪同，乘坐一辆美制吉普车出南京和平门，驶往紫金山方向。卫兵们乘两辆吉普车随行。廖耀湘此行去看望八年前自己在南京落难时的救命恩人。

原来，廖耀湘与南京有一段不解之缘。

南京，是当时中国的国都，也是廖耀湘成才之路的起点，更是廖耀湘浴血奋战的战场。八年来，他一刻也不曾忘记这座古城、城里城外的人们和他的救命恩人。

廖耀湘是黄埔军校第六期毕业生，他那时，其实是在广州入的黄埔，而在南京中央陆军学校毕业。1930年廖耀湘在南京参加了中央军校的留法选拔考试，成绩列前三甲。但是因他个子矮，脸上有个疤，其貌不扬，在最终确定留学名单时被刷下来了。在这关键时刻，廖耀湘大胆地"闯宫面圣"，直接去找蒋委员长。他当着委员长的面，大声抱怨留法生录取不公！他直率地对蒋介石说：

"这是选拔留法军官，又不是选女婿，相貌用得着那样重要？拿破仑的个子不也很矮？"

老蒋很欣赏廖耀湘这种初生牛犊不怕虎的性格，遂决定特批他去法国留学，并向有关部门批示：该生系难得军事干才，学成归国后委以重任。临别前蒋介石特地勉励一番。

在法国，廖耀湘先毕业于圣西尔军校，后入机械化骑兵学校深造。抗战发生后，廖耀湘回国，正赶上上海"八一三"抗战和南京保卫战。

在抗日战场的八年中，廖耀湘总是回想着八年前自己初到南京时首都沦陷的最后一刻：

南京保卫战时，廖耀湘是教导总队的中校参谋主任。他在南京孝陵卫、紫金山一线与兄弟部队阻击日军。

后来由于总指挥唐生智指挥无方，在没有做适当安排的情况下，匆忙下令撤退，加上发布的命令前后矛盾，而且不能通知到各个阵地。接到撤退命令的部分部队匆忙撤退而造成恐慌性溃逃，盲目拥挤在下关江岸，无船可渡，成为被日军滥杀的目标。同时因不规则撤退，又给日军留下许多缺口，没收到撤退命令的数万军队被遗留在残缺的阵地上，做着最后的抵抗。当时，廖耀湘是教导总队的中校军官，他就在南京孝陵卫、紫金山一线战场，阵地失而复得，白刃战不时发生。由于撤退命令没到达，廖耀湘与顶头上司桂永清、周振强等也失去联系，长官带队撤退，廖耀湘与第四大队队长贺炘指挥千余官兵成了奋战的孤军。他们用轻重机枪和步枪组成交叉火力，抵挡日寇的攻击，且战且退，退至山顶，准备居高临下做最后的搏杀。最后日军因伤亡多，就使用毒气。中国官兵们纷纷中毒倒下，日寇攻上紫金山山顶。

当天的南京城内外，许多失散的士兵混入恐慌的百姓之中拥挤着想逃出城，残忍的日本法西斯军队疯狂地向着人群开枪开炮，肆意屠杀。阵地上数万受伤的、中毒气而失去行动能力的、还来不及跳出战壕的中国士兵落入敌手成了战俘。但法西斯军队无视国际法，对战俘实施屠杀。战俘们有的被押到长江边枪杀，把尸体推入长江。一眼望去，远近是一片漫江的浮尸，下面江水全变红了。日本军队滥杀军民，全系法西斯本性所决定。他们的长官不愿分出兵力去看守战俘，觉得应该把中国人杀掉省事。同时他们奉行的是以战养战的政策，他们的粮食供应是用武力从中国抢夺的，当然不愿被俘的中国军人分一口粮食。杀了中国人，法西斯军队就能全部占有中国的资源。

在山顶上坚持抵抗的廖耀湘不甘被俘杀，和七八名官兵一道滚下山北坡……

廖耀湘这次出城寻找的两位当年的救命恩人就是村民和广丰和乡镇教师黄知南。

《江苏地方志》2007 年第 6 期介绍了此次廖耀湘郊行寻找救命恩人的故事。我们把故事梗概罗列于下：

在南京，廖耀湘念念不忘的一件事就是寻找旧日在城北郊救过他命的恩人和广丰及黄知南。在行到城门外的岔路口时，廖耀湘命令停车，叫敬副官取出公文包里的首都地图，辨认着和家村的方位，他向四处张望了一阵后，吩咐司机开车拐往西边，在一座绵延起伏的山丘下他找到了和家村。

和家村是紧挨着广善山庄坟地的小村子，数十间草房茅屋，杂树环掩，一派破败凄凉景象。村边还有一座半倾塌的尼庵，庵旁是芦汀丛生的水塘。田间有一些农民在干活。

发现三辆军车到来，大家不约而同地停下手中的锄头或铁铲，向不速之客张望。廖耀湘等人下车后，为了不惊扰村民，指示卫兵们原地待命。廖军长只带着副官和参谋进村。他找来保长，问哪一位是和广丰老人？

保长诚惶诚恐，不住点头，说自己名叫和永昌，便是和广丰的侄儿。他立即派一个小孩去找自己的叔父。

和广丰老汉已 60 岁开外，穿一身缀满补丁的靛青土布裤褂，瘦骨嶙峋，鬓发染霜。因营养不良，面呈菜黄色。显然家境贫苦。他认出了来人是廖耀湘，激动得一时不知说什么才好。廖将军更是激动。他快步向前，抬手行军礼，接着又是三鞠躬。然后双手扶住和广丰，才说几句话，声音已哽咽住了，眼里有了泪光。

当下，将军搀扶着和广丰进入和家那低矮的草房，分宾主坐下，共叙当年腥风血雨的往事，诅咒日寇的凶残野蛮。

廖耀湘当即送给和广丰五百银洋。说是一份薄礼，难成敬意。让和老汉先盖上两三间民房居住，剩下的钱添置些衣物。他准备在近日设法在城里为和广丰盘一家店铺，让老汉和家人经营，以保日后衣食。和广丰再三感谢，流下泪水。

接着，廖耀湘搀扶着老人一块来到村口，他向围观的乡亲们作三鞠躬，表示感恩。

当年这村里村外的乡亲们可都是冒着杀头危险，保守着"和家留藏国军军官"的秘密。廖耀湘吩咐保长和永昌协助敬副官，向乡亲们按户发送两元银洋。

村民议论纷纷，说廖军长知恩图报，乃是真君子……

不久，廖耀湘又驱车前往栖霞镇上的栖霞乡师（今之栖霞中学）寻觅另一救命恩人黄知南的亲属。黄知南是廖耀湘在法国留学时的朋友，当年，黄知南正因肺结核在家养病，是他带廖耀湘来到村子，与和广丰相遇。结果廖耀湘扑了个空，学校里的不少师生甚至没听说过有这么回事，当然也就无从知道黄先生的家属去了什么地方，他只得怅然而归。

和广丰与黄知南成为廖耀湘救命恩人的故事，得从八年前廖耀湘从山顶上向北坡滚下的那一天说起。

天黑的时候，廖耀湘从昏迷中醒来。此时寒风刺骨，城区方向枪炮声不绝于耳，火光映亮西边天幕。他知道南京已失守，连忙包扎好伤口，摸黑朝北边走，想到江边设法渡江北逃。下半夜时，他走到江边煤炭港附近，发现江上浮尸甚多，那都是被日军枪杀的我军战士。江上有几艘日舰游弋，不时开枪开炮，射杀江上抱木头、门板、轮胎泅渡的中国军民。悲愤不已的廖耀湘，放弃了泅渡的念头，又落荒向北行走于山野间，翻过象山，暂栖身于山下张王庙后的芦苇塘边。塘边也是积尸成丘，潭水被血污染红！庙里和尚也都被日本人杀光，显然这儿已遭过日寇洗劫与屠戮。廖耀湘脱去棉军服、军裤，换上一件从遇害者身上扒下的棉袍，待体力稍恢复，便绕过北山，抄山林间小路来到栖霞寺，想进入寺前的难民区暂时避一避，却遭到两名头戴黑呢帽、身穿黑大衣的欧洲人的婉拒。这难民区或许就是卡尔·京特与辛德贝格的江南水泥厂难民营，两个欧洲人或许就是卡尔·京特与辛德贝格本人。显然这两位国际友人已看出廖是军官，担心收容他会给日军找到借口，惹出大祸，连累别的难民们。廖耀湘只好离开。

风景秀丽的栖霞山，当年是人间地狱，
廖耀湘在寺外避难。

在栖霞镇上的栖霞乡师（今之栖霞中学），他意外地见到了在法国留学时结识的黄知南。此时，这位海归青年教师已患重病，面容憔悴。他见到廖耀湘惊喜交加，取出些食物，让友人吃个饱，交流了情况。两人认定此地不可久留，遂结伴而行。到了和家村口，黄知南又发高烧，已不能走路，恰好遇见和广丰，廖耀湘拿出仅剩下的十几块银洋和金手表求助。和广丰十分同情，又有些胆识，他拒收任何物品，而将廖耀湘两人藏匿于自家草屋后的小土窑里。窑洞口再堆满柴草，仅留些缝隙。每天供应两餐稀饭、咸菜和粗面饼茶水等，和广丰的儿子和永强是个热血青年，他常进窑洞传递消息，提到日寇杀人如麻的兽行，他咬牙切齿。和家村村民均深明大义，严守秘密，顶住了出城"扫荡"的日寇的恐吓与诱逼，始终没有让日本人知道廖耀湘。后来，和永强几次去长江边侦察出逃路线，终于让廖耀湘选定了笆斗山下一处野渡口。1938 年 2 月 17日晚饭后，趁着漆黑的夜色，廖耀湘由和永强带路来到了江边。自南京沦陷后，江面就成了日本海军的天下，江面上稍有动静，便是一阵机枪扫射。但仍旧有些滞留江边的船工肯冒险带客偷渡，廖耀湘等人上了船后，船夫就开船到北岸的黄家圩。据后来的回忆材料，无论是栖霞寺，还是江南水泥厂难民营，都说己方收留保护了廖耀湘。但事实上廖耀湘则是躲在一个窑中，并没有住在栖霞寺或水泥厂难民营。和广丰应该是栖霞寺的信众，他负责照顾廖耀湘并每天两次悄悄地替栖霞寺把粥送到廖耀湘手中。至于租船雇船工冒险把廖耀湘送往江北，则可能是栖霞寺与水泥厂难民营协商的结果。廖耀湘等军人留在当地，不但廖耀湘本人危险，同时当地及难民营因受牵连也会有危险。在当时的情况下，只有卡尔·京特与辛德贝格的水泥厂能联系一些运输船，因为长江上的船已经基本被战争双方毁得差不多了。贫穷而善良的和广丰则不断地奔波为各方忙碌。所以，对营救廖耀湘，栖霞寺与江南水泥厂难民营都出过力，但功劳最大的人应该是和广丰。

廖耀湘等人上岸后，在当地并未找到国民党的部队。当时又没有电话，信息传播阻塞，廖耀湘只得捡一些废旧报纸查看消息。有一天，廖耀湘偶然听说瓜埠有国军贴出的召集旧部的告示，便决定前往。到瓜埠后，廖耀湘终于找到了国民党军队的岗哨，欣喜万分。南京失陷三个月后，廖耀湘到达武汉归队。

看望和家村恩人回城一周后，廖耀湘果然在南京城买下一幢两层楼的门面房，让和广丰开设米铺。开业那天，区长、警察局长、宪兵队长、商会会长方方面面来了不少头面人物，为和记米行捧场。

廖耀湘还约当年曾躲避在栖霞寺而脱险的其他四位同僚，到栖霞寺进香还愿，并且还在栖霞寺留了一幅字以示感谢。只是，当年组织救人的住持方丈寂然法师已在1939年圆寂了。

能像廖耀湘这样历经千难万险，走出人间炼狱，只是万分之一的少数。碰巧的是，在八年后，另外两位同属中央教导总队的军官又都出现在南京，他们都像廖耀湘一样有着传奇的人生经历。此时他们都以胜利者的姿态来到原战场：一位是中央军事委员会二处处长钮先铭少将，他此前与廖耀湘一道参与了芷江接受日本人的洽降过程并参与了这次南京的日军签降仪式；另一位是新疆伊犁驻军第45师师长郭岐少将，他将作为国际法庭审判日本战犯谷寿夫时控方证人来到南京。

钮先铭少将是个传奇人物，他的经历更是离奇曲折。在南京保卫战中，他是教导总队桂永清部工兵团中校团附兼营长，与团长谢承瑞上校负责守卫光华门。光华门两度被敌军攻进又两度夺回，其中一次是钮先铭带队反攻，以一个班战士全部牺牲的代价，夺回光华门。12 日清晨，钮先铭在教导总队总部看见谢团长因防守光华门得力而记大功一次的命令。中午时分，在光华门阵地的附近，钮先铭还看见过一次谢承瑞，由

守卫光华门的谢承瑞上校

于相隔有几十米的距离，各人都有自己的任务，而且炮声太响，无法交谈。随后他们各自奉命向下关突围，准备渡江，彼此再也没见面。后来听说，由于城里逃难的百姓惊慌失措与撤退的军队拥挤成一团，负伤且疲劳过度的谢承瑞团长被拥挤的人群踩死了。

谢承瑞，1927 年 10 月入法国里昂中法大学攻读陆军专业，1930 年 1 月毕业。1937 年时为教导总队第 1 旅第 2 团上校团长。11 月 10 日，他坚守光华门，曾两次被日军突破，但入城日军均被歼灭，有少量残敌隐藏于城门洞内。于是他建议组织敢死队清除残敌。半夜，从箭楼上将汽油桶摔到门洞口，点燃烧敌，并亲率教导 2 团敢死队打开城门，与从城上缒下的兄弟师敢死队前后夹击，将敌人悉数歼灭，且俘获一人，原本抱病参战的谢承瑞为火焰灼伤。此后坚守光华门，13 日凌晨始受命撤往下关。在挹江门，他因身体虚弱被拥挤失控的人群踩倒身亡。后追赠少将。

钮先铭来到长江边上船北渡，却因小船太挤而跌入长江，历九死一生的挣扎，被江水冲到岸边。而其他成千的落水者失去了生命。此时日军到处捕杀国军未撤离人员，永清寺方丈为救他，就将钮先铭剃度冒充僧人。他多次勉强地应付了日军的重点盘查。在永清寺附近江边，钮先铭看到日本法西斯分子成批杀人灭迹的罪行。钮先铭先后在永清寺和鸡鸣寺当了八个月的假僧人，后来才历经千难万险逃出南京到武汉归队。对此，《中央日报》等各媒体特地为他作了报道。他的传奇故事被张恨水、崔万秋写成《大江东去》、《第二年代》等长篇小说。《大江东去》从 1939 年开始，在香港的《国民日报》上连载。从此钮先铭名噪一时。1943 年，美国《纽约时报》对钮先铭进行了专访，并予以报道。世界各国人民因而进一步了解了日本制造南京大屠杀的罪行，加深了对法西斯

的愤慨。日军也因这些报道，特别注意到钮先铭藏身的永清寺和鸡鸣寺。

郭岐少将是《陷都血泪录》一书的作者。他原是中央军官学校教导总队的辎重营中校营长，辎重营营部设在新街口，有一支分队守卫南京中华门附近的五台山。中华门失陷后，他避难于意大利使馆。意大利是日本法西斯盟国，此时意大利使馆已全部避到上海，使馆空无一人。使馆房东是归国华侨，是这位华侨用一面意大利国旗和大使馆名义，收容了郭岐等八人，并度过在南京恐怖的三个月的日子。郭岐以所见所闻的事实写成小说，控诉日军制造

鸡鸣寺。钮先铭得到鸡鸣寺僧人救助，八个月后归队。

南京大屠杀的罪行。小说在西安发表，书名是《陷都血泪录》。由于战犯谷寿夫所率日军第6师团正是从中华门攻进南京，并一路进行屠杀，而郭岐的《陷都血泪录》正是记述这一带日军的暴行，所以，后来就南京大屠杀案开庭审讯战犯谷寿夫时，郭岐成了控方证人之一。

这三位能逃出当年南京那人间炼狱，纯属运气。由于这三人都是中央军校教导总队的，受过很好的军事教育和训练，加上对南京地理及人文环境十分熟悉，从而免除一难，这是十万分之一的机遇。其他30多万遭日军屠杀的南京军民，就没有他们的好运气了。

当然，还有一位原来同是国军少校参谋，他也因撤退后没能上船北渡，而换便服混到百姓中。但他后来跟上日本皇军，积极参加汪精卫的"和平运动"，成了汪伪中将和伪中央军委会委员常务参谋次长。此人叫祝晴川。这次他当了"周镐行动总队"的参谋长，在南京特别地神气了两天。他是这批人中的另类，晚年还写书吹嘘自己，想把自己与以上几位传奇人物混为一谈。当然，那并不光彩。随着日本战犯一个个被捕入案，八年前发生在南京的那场惨无人道的大屠杀，必将得到公正的清算！

找到救命恩人，廖耀湘和他的新6军又将出发了。

10月初，原第四方面军参谋长邱维达改任第74军第51师师长，他带领该师进驻南京，任南京警备司令。随后第74军到南京，与新6军换

防，第74军正式全面负责南京地区的卫戍任务。这第74军各师，当年也是南京保卫战的参与者。五个月前湘西会战时，邱维达是第四方面军的参谋长，他协助王耀武司令，在湘西会战中表现出色。蒋介石准备将新6军及新1军调往东北，是要迫使苏联红军履行诺言爽快地从中国的东北三省撤军。

第三章　第一批被判决的战犯

1. 远东国际军事法庭上的一些事

9月2日上午，麦克阿瑟将军主持完日本投降签字仪式后回到驻日盟军总司令部。总司令部设在东京帝国饭店。麦克阿瑟将军的总司令部办公室、会客室、卧室、书房就设在饭店的第十楼，总司令部总参谋长萨塞兰将军的办公室设在第十一楼，其他机构分设在相邻的其余楼层。日本人说，"想要见世面，上帝国饭店"。这话不假，帝国饭店是当时日本最豪华舒适的饭店。作为战胜国的驻军总司令部，设在最显眼、最豪华的地方是理所当然的。麦克阿瑟带来的46万大军随后即将驻扎日本各地，即将对日本实行暂时的军事管制。而美国大律师约瑟夫·基南（Joseph Keenan）却提前与他同来，在明治生命大楼设立盟军最高总司令部国际检察局。

但麦克阿瑟是军人，军人作风就是雷厉风行，这点他没变。约瑟夫·基南的到来就是为了具体执行《波茨坦公告》中"日本战犯将被处以严厉的法律制裁"的决定。主持日本投降签字仪式回来的麦克阿瑟，略事休息和午餐后，就开始办公了。他将以盟军最高总司令部的名义，授权基南先生牵头起草惩办战犯条例，决定马上组织国际军事法庭，有计划地逮捕和审判日本战犯。

麦克阿瑟想到，当天除美国外，还有中、苏、英、法、澳、加六个对日参战国的代表参加了签字仪式。而且，自己也是挂着盟军最高总司令部的名义，起草惩办战犯条例和决定马上组织国际军事法庭的事，还是与这六国代表通个气才好。

于是，麦克阿瑟让在第十一楼办公的总参谋长萨塞兰通知住在银座饭店的中国的徐永昌和商震、苏联的普尔卡耶夫和迪利比扬格、英国的潘西凡和巴特斯克、法国的卡尔埃和勒克莱、澳大利亚的布莱和郝杰士、加拿大的奥古斯丁和戈斯格罗夫，以及住在明治生命大楼的约瑟夫·基南大律师、美国处理日本事务理事会主席西波尔德，于当晚7：30到最高总司令部开会。

麦克阿瑟盛气凌人的作风很使人反感。上午的受降签字仪式，只挂美国国旗，就使各国代表不快，这次惩办战犯问题他又要一手包办，晚上的会议发生了争论。

最后，好不容易达成折衷：

1. 成立审判日本战犯的国际军事法庭。国际军事法庭由美、中、英、苏、法、澳、加七国，另加印度和菲律宾、新西兰和荷兰等11国组成。

2. 中、英、苏、法、澳、加六国派军事代表团驻扎东京，每个代表团带本国一个师的军队，作为国际军事法庭的武力象征。

3. 中、英、苏、法、澳、加六国派法律专家参加起草惩办战犯条例，但每个国家不超过三个人。基南任条例起草领导小组组长。

这每一项协议都充满争论。印度、菲律宾、新西兰和荷兰四国中，荷兰和印度颇受争议。苏联提名印度，则美英反对，美国提荷兰，则其他国家反对。最后彼此妥协成11国的局面。不过，这印度代表最终差点使美、中、英等国惩罚日本甲级战犯的努力泡汤。

条例起草领导小组组长问题也发生争论。苏联代表建议由各国来的专家自己选举。

他们初来乍到，彼此不认识，怎么选？

麦克阿瑟坚持自己的原有主张：

"我建议由基南先生任条例起草领导小组组长。这位就是基南先生。"

57岁的基南起身向大家致意，然后很斯文地坐回原处。

麦克阿瑟进一步介绍：

"基南先生现在是同盟军最高总司令部国际检察局局长。来日本之前，是美国司法部刑事局局长、司法部部长特别助理、总统高级法律顾问。"

麦克阿瑟扫了大家一眼，说道：

"这个面子该会给吧，朋友们！"

于是大家默认了。但这麦克阿瑟作风太强势了，办事太武断了。

麦克阿瑟凌驾于人的作风使盟友不好受。其实，他不仅对外国人如此，即使是对太平洋战区总司令和太平洋舰队总司令尼米兹五星上将也是这种作风。说实在的，麦克阿瑟在菲律宾被日本人打得狼狈逃窜，损失巨大。若不是尼米兹在太平洋实现战争大翻盘，消灭了日本的海空军，哪会有麦克阿瑟重登菲律宾扬眉吐气的日子？尼米兹才是英雄，甚至是麦克阿瑟的恩人。9 月 2 日让麦克阿瑟主持受降，无非是因为将来日本本土应由陆军占领驻防，而非海军，杜鲁门让麦克阿瑟出风头，也是为了有效地震慑日本人，而非有意抬高麦克阿瑟去压制尼米兹。但麦克阿瑟不那样想。麦克阿瑟就是麦克阿瑟。

徐永昌和商震两将军马上回国向蒋介石汇报。

徐永昌和商震回国向蒋介石汇报后，蒋介石任命商震作为中国军事代表团团长，带领暂编第 10 师进驻日本。

对参加制定审判日本战犯国际法庭章程的三个法律专家的要求是：精通英语、有国际阅历和国际法知识，熟悉英美法体系，对"二战"中日本侵略中国、发动太平洋战争的全过程有深入研究。由于自国民政府成立以来，中国司法制度实行的是"大陆法系"，多数法官、检察官不适合。为确定人选，立法院院长居正让老资格的法学家和外交家王宠惠、顾维钧等人及司法部拿主意。最后王宠惠推荐了上海高等法院首席法官向哲濬。向哲濬留学美国耶鲁大学，获得文学和法学双学士学位，为华盛顿大学法学博士。而他所在的上海高等法院前身是会审公廨，会审公廨审理涉外案件时采用的是英美法体系，因而上海高等法院多少从会审公廨继承了一些英美法体系的办案传统。除向哲濬外，另外两位是方福枢和易明德。

向哲濬是留美海归，早年是司法行政部秘书，得到司法部长王宠惠赏识。1933 年，他任上海第一特区地方法院首席检察官，在这个任期他与法院推事倪征燠再度共事。上海沦陷后，上海租界的司法机关仍由中国政府管辖。臭名昭著的日伪特务机构"76 号"先后暗杀了第一特区地方法院的钱庭长和第一特区高等法院的郁庭长，绑架了第一特区高等法院的徐院长。1941年5月的一个星期天午夜，特务潜入向哲浚的家里，企图绑架。幸好向哲浚当晚在法院办公未归，其妻周芳带着子女搬到一个出租房的底层客厅，特务无功而返。1941年12月8日，在"珍珠港事件"的同一天，日军进入租界，英美人士失去自由。在这样险恶的情势下，向哲浚和倪征燠化装为纸商，混在一批到内地做生意的商人中，乘火车到杭州，再步行离开沦陷区到金华，然后辗转到了重庆。妻儿流落乡间避难。1945年，向哲浚出任上海高等法院首席法官。

10月16日，暂编第10师部分官兵穿着崭新的军装，携带最好的武器，由代表团参谋长喻哲行中将率领，乘坐胜利号运输舰，由吴淞口出发，经东海去日本。考虑到战后的日本生活物资奇缺，还带了大批食品，以及车辆。

18日，向哲浚、方福枢和易明德三名法律专家跟随中国军事代表团团长商震上将乘DC47型242号专机，从南京起飞赴东京。向哲浚带来了中国政府开列的11名日本战犯的名单和相关材料。向哲浚后来发现，这些材料几乎无法在法庭上作为起诉战犯的证据。

一到东京，中国军事代表团团长商震上将马上向盟军总司令部提出引渡28名日本战犯。他们是：原侵华日军驻华中总司令松井石根，原第6师团长、后擢升为第59军司令官的谷寿夫，原731部队长石井四郎，侵华日军第一、第二、第三任总司令西尾寿造、畑俊六和冈村宁次，侵华第六方面军总司令冈部直三郎及原驻华北日军总司令多田骏等。

向哲浚、方福枢和易明德到东京后，即到明治生命大楼约瑟夫·基南的国际检察局，开始繁忙工作，参加制订惩办战犯条例和编写《远东国际军事法庭宪章》。

东京国际法庭首席检察官基南

1945年12月8日，向哲浚、方福枢和易明德三名法律专家工作了近两个月的"同盟军最高总司令部国际检察局"改名为"准备起诉日本战犯的国际检察局"（IPS），地址仍在东京明治生命大厦。美国大律师约瑟夫·基南被麦克阿瑟任命为国际检察局（IPS）局长。这一天（换算美国时间为 1945 年 12 月 7 日）正好是日本偷袭珍珠港 4 周年。

基南身兼二职，既是国际检察局局长、首席检察官，还是代表美国的陪席检察官。他调兵遣将，组成了一个庞大的美国检察官队伍，调查取证，为美国处罚日本战犯做准备。这是美国人的行为方式：我想处罚你，那我的检察机关先行动，先收集你的证据。美国的法院系统、检察系统、警察系统与律师团体各自独立，检察官办案自然是在法院立案前独立行事。这就像美国国会提名独立检察官，去调查总统克林顿是否在性丑闻问题上欺骗国会一样。

由于日本内阁在是否投降问题上的争辩一直坚持到 8 月 15 日这天，最后宣布投降的决定是在短时间内作出的，美军又迅速地占领了日本本土，大量战争材料来不及销毁，这给基南和 IPS 调查取证提供了极好的机会。

1946 年 1 月 19 日，经盟国授权，驻日盟军最高统帅麦克阿瑟颁布了《特别通告》及《远东国际军事法庭宪章》，宣布在东京正式成立远东国际军事法庭，对日本战犯进行审判（从而又称"东京审判"）。远东国际军事法庭由中国、美国、英国、苏联、法国、荷兰、加拿大、澳大利亚、新西兰、印度和菲律宾 11 个国家代表组成。

按《远东国际军事法庭宪章》的规定，远东国际军事法庭有权对以下三种日本的罪犯进行审理：

（甲）破坏和平罪；

（乙）违反战争法规及惯例罪；

（丙）违反人道罪。

国际军事法庭以审理甲级战犯为主，乙、丙级战犯则由受害国组建法庭审理。

《远东国际军事法庭宪章》还规定，法庭的工作语言是两种：英语及日语。

官方语言是英语。因被告是日本人，被告方面用语是日本语。法庭文件或法庭发言采用英日互译，以使日本嫌疑犯能通过日语及时了解情况。

在法官会议上，大家都是以英语发言的，不通晓英语的法官、检察官由他们自己携带翻译。

国际军事法庭以英语为工作语言有它的特殊性：因为国际军事法庭成员的美、英、加、澳、新、印、菲均采用英语为官方语言。此外，荷兰的英语普及程度很高，本来也习惯于使用英语。这样一来，只有中国、苏联和法国不属于英语的范围。

所以国际军事法庭用英语及日语为工作语言，也就无可非议。

还有，美、英、加、澳、新、印、菲的法律体系均是英美法体系，因而远东国际军事法庭也采用英美法体系。这英美法体系与中、法采用的"大陆法律体系"大相径庭，但与实施契卡制度的苏联不同。这"大陆法律体系"不是指中国，而是指法、德、意等欧洲大陆国家采用的法律体系，与中国历史上的刑律没有什么关系。因为国民政府时期，中国有大批留法、留德的法律人才，受他们的影响，中国采用了"大陆法律体系"。

当然，中国最早的一批法律人才是英美法体系的。比如，王宠惠、顾维钧、杨荫杭（杨绛的父亲，此时已过世）等人，只是此时这些人太老了。

根据《远东国际军事法庭宪章》，国际检察局（IPS）即为起诉机构，基南就是远东国际军事法庭检察长。

1945 年 10 月时，中国法律专家向哲浚、方福枢和易明德三人并没有被明确是法官还是检察官。但曾经留学美国的向哲浚深知本次审判将遵循英美法系。根据英美法，对战犯实行"无罪推定"的原则，在法庭判决之前是被认为无罪的。被告战犯方面无举证义务，反而有权利对指控证据进行反驳。而控诉方（此处是检察官当公诉人）有义务为自己的指控提供充足证据。罪名是否成立，完全取决于控诉方的证据是否成立。这么一来，检察官的举证责任极其重大，如果不能在紧迫时间内提供有力的人证物证，即使有中国的法官，也无法为受害的中国人提供正义的裁决。而且，法官是充当辩控双方的仲裁者，不能在感情上表现出偏向于任何一方。更何况，检察官与日本战犯辩护人进行法庭辩论时，法庭要求全部法官出席审判，而不是某国法官单独主审同国检察官参与的辩论。不然，被告方的辩护律师就会提出更换法官而故意拖延审判进程。

从而，这次东京大审判能否按中国人民的愿望让日本罪魁祸首得到应有的惩罚，主要并不取决于中国法官，而是取决于检察官。这有如中国派出教练员和裁判员参加国际排球比赛，能否取胜，主要取决于教练员，而非裁判员。

此时，远东国际军事法庭还在建立的过程中，各成员国的组成人员多数不曾到来。但向哲浚看到美国已组成庞大的检察官队伍，而且进行了大量的前期准备工作。与之相比，中国方面的成员只有向哲浚等三人。尤其令向哲浚感到压力大的是，他去东京时只带了一份中国政府认定的11个人的战犯名单。

向哲浚还看到，每个日本战犯在法庭审判后面还配有庞大的辩护人和证人队伍，辩护人不仅有自请的日本律师或外国律师，还特地另配一名由美国提供的美国律师，这些美国律师以"刁钻"出名。事实上，美国律师为那些没对美国犯罪的日本战犯辩论的认真态度令人吃惊！

中国作为堂堂大国，却只来了三个人，远不及一个日本战犯身后的辩护人队伍！

中国官方原本以为派向哲浚几个人，把11个战犯名单向国际检察局一交就完事了：

日本法西斯犯下的血腥暴行和弥天大罪还不是世人有目共睹的吗？美国不是已经占领了日本，将一干人犯全部逮捕入案了吗？

这样，只要大帐一升，两边一阵"威武"声起，法官惊堂木一拍，人犯拉出去枪毙了事。

因此没人想到要准备足够的人证和物证材料，更没料到日本战犯能以无罪的身份通过律师来反驳并推翻检察官的指控。

向哲浚决定选择代表中国的检察官这一位置，让自己留在基南的国际检察局内，把起诉战犯的重担压在了自己肩上。同时，向哲浚推荐了清华的学弟梅汝璈任法官。梅汝璈曾获芝加哥大学法学博士，学业精深，在多所大学任教，并任立法院立法委员。但国际法庭法官要求需有在本国当法官的经历，于是向哲浚立即与他的中学同学、时任新疆主要负责人的陶峙岳将军联系。陶将军非常理解形势的需要，通过有效的程序，很快将梅汝璈先生任命为新疆的法官。这样，经向哲浚和当时外交部长王世杰的共同推荐，中国政府确定梅汝璈法官为中国派远东国际军事法庭法官，报给麦克阿瑟。国际法庭的中国代表团基本组成，向哲浚被指定为中国代表团第一负责人。

向哲浚本是东吴大学法学院的兼职教授，而东吴大学法学院是当时中国唯一采用英美法系统的法学院。向哲浚回国汇报工作的同时，找来裘邵恒作为自己的秘书。1946 年 2 月 7 日，裘邵恒与向哲浚一同去东京，立刻到国际检察局工作。

国际检察局约瑟夫·基南组织向哲浚等各国法律专家起草了《远东国际军事法庭宪章》。

检察官向哲浚在远东国际军事法庭上发言

依据《远东国际军事法庭宪章》的规定，麦克阿瑟任命了由 11 国提名的法官。他们是：

美国麻省最高法院首席法官 J. P. 希金士（后由 M. 克莱墨尔将军接替）

中国的法学教授梅汝璈先生

英国苏格兰最高法院法官派特里克勋爵

苏联最高军事法院 I. M. 柴扬诺夫将军

澳大利亚最高法院法官 W. 韦勃爵士

加拿大最高法院前法官 S. 麦克杜哥

法国巴黎首席检察官及首席军事法官 H. 柏奈尔

荷兰乌特勒支大学法学教授 B. V. A. 罗林

新西兰军法处长 E. H. 诺斯克罗夫特

印度加尔各答大学法学院讲师 R. M. 巴尔

菲律宾最高法院成员 D. 哈那尼拉

澳大利亚的韦勃爵士（Sir William Webb）被麦克阿瑟任命为远东国际军事法庭庭长，也就是首席法官。

远东国际军事法庭设在前日本陆军省，审判大厅就是前日本陆军省的大礼堂。

远东国际军事法庭确认了此前盟军最高统帅麦克阿瑟对约瑟夫·基南为首席检察官（检察长）的任命。宪章明确了国际检察局对属于本法庭管辖权内的战争罪犯的控告负调查及起诉之责，必要时并予最高统帅以法律上的协助。宪章还规定了：任何一个与日本交战的盟国都有权指派陪席检察官一人，以协助首席检察官基南（检察长）。

首席检察官约瑟夫·基南兼任美国的陪席检察官，其他各国指派的陪席检察官分别是：中国的向哲浚，英国的 A. S. 科明斯·卡尔，苏联的 S. A. 高隆斯基（后由其助理检察官瓦西里耶夫接任），澳大利亚的 A. J. 曼斯菲尔德，加拿大的 H. G. 诺兰，荷兰的 W. G. F. B. 穆尔德尔，新西兰的 R. H. 奎廉，印度的 G. 梅农和菲律宾的 P. 罗伯茨。

从麦克阿瑟坚持由美国人基南控制国际检察局，而宁肯让澳大利亚人当远东国际军事法庭庭长来看，可见麦克阿瑟对检察工作的重视程度。检察官对法庭的刑事审判起主导作用，这是英美法体系的特点：检察官起诉什么，法庭判决什么，检察官撤销起诉，法庭就撤销审判。

向哲浚分工负责东京大审判起诉书中的中国部分撰写。由于1928年日本制造"皇姑屯事件"，炸死张作霖。同年4月中国第二次北伐战争打过山东，即将实现中国统一之际，日本侵略军就悍然增兵侵略山东，进攻济南，制造了血腥的"济南惨案"。这都是"一战"以后，日本侵略中国的步骤。在向哲浚的据理力争下，国际检察局正式确定1928年1月1日为对日本战犯起诉的起始日。向哲浚在大量调查取证的基础上，在1946年2月7日至4月28日间全部完成了对28名日本甲级战犯嫌疑人中国部分的起诉书撰写工作。原本，受指控的甲级战犯的对象，各国开列的名单有所不同，从5名到100名的都有，最终由麦克阿瑟批准的被告人数也恰为东条英机、广田弘毅等 28 名。多数与中国起诉的对象符合，没有列入最后名单的，依然可作为乙级或丙级战犯，引渡到国内的法庭审判。1946 年 3 月 26 日，向哲浚陪同国际法庭检察长基南及其他人员十余人到重庆，受到蒋介石和宋美龄的接见。

3 月 31 日下午，梅汝璈飞抵东京厚木机场，与他同来的还有一批有东吴大学法学院教育背景的专家。梅汝璈下榻于盟军总司令部所在的东京帝国大旅馆，远东国际军事法庭与盟军总司令部在一道。与向哲浚同到东京的方福枢充任梅汝璈的秘书，易明德也改为梅汝璈的助理。而与梅汝璈同机来东京的一批与东吴大学有关的专家则协助向哲浚工作。由于英美法律系统法官与检察官是各自独立的，所以法官与检察官表面上互不过从，住所也各自分开。因此，梅汝璈及助理与向哲浚一批人马并不住在一处。

随后，梅汝璈为了维护国家尊严，关于法官的座次问题与有关国家曾发生了一场争执。

1945 年 9 月 2 日，密苏里号受降国仪式上，中国排在仅次于美国的第二位，在检察官排序中，中国检察官向哲浚也仅次于首席检察官基南。但这次法官顺序排位时，却把英国提到中国前面，介于美国、中国之间。梅汝璈感到，这不是个人前后的问题，而是列强依然在轻视中国的问题，梅汝璈据理力争：

"座次应按日本投降时受降国的签字顺序排列才合理。中国受日本侵害最烈，抗战时间最久，付出牺牲最大，有八年浴血抗战历史的中国理所应当紧接着排在美国之后。"

见众人不语，梅汝璈说了一句幽默的话：

"若论个人座次，我本不在意。如果不代表国家，我建议找个磅秤来，可以依体重之大小排座。体重者居中，体轻者居旁。"

这话使各国法官忍俊不禁。庭长澳大利亚人韦勃笑道：

"你的建议很好，但它只适用于拳击比赛。"

梅汝璈抓住气氛，接着说：

梅汝璈法官

"若不以受降国签字顺序排座，那还是按体重排好。这样纵使我被置于末座也心安理得，也可对我的国家有所交代。一旦你们认为我坐在边上不合适，可要求我国另调派一名肥胖的来替代呀。"

众法官闻之大笑。

不料在开庭预演时，中国仍排在英国之后。梅汝璈当即愤然脱下黑色丝质法袍，拒绝彩排。庭长召集法官们表决。毕竟，恢复中国位置，只牵涉中、英两国的二、三顺序，而不影响别人。半小时后，中国法官终于赢得了应有的位置。

1946 年 4 月 29 日，盟军最高统帅部国际检察局检察长基南向远东国际军事法庭提出了对东条英机、广田弘毅等 28 名甲级战犯的起诉。远东国际军事法庭接受起诉书，并定于 1946 年 5 月 3 日开庭审理。东京国际军事法庭规定，28 名甲级战犯之外，其余人依然可作为乙级或丙级战犯，引渡到国内的法庭审判。每个有战犯引渡任务的国家，各由最高总司令部派一名军官，由国际法庭派两名法官为监审官。派来中国的监审官是美军少校赫伯特、美国驻国际法庭的法官阿尔达克和助理检察官霍西。英国监审法官去菲律宾，菲律宾监审法官去美国。中国法官易明德和助理审判官李士贤被派往泰国任监审官。由于泰国在"二战"中一开始就投降日本，所以引渡的日本战犯最少，只有两名。显然，这是对中国法官的不平等。

1946 年 5 月 3 日，远东国际军事法庭正式开庭。

开庭之前，也就是上午 8 点 42 分，军事法庭的宪兵队长坎沃奇领着荷枪实弹的宪兵将被告人从监狱中提出，押上车窗蒙着黑布的军车，押往前日本陆军省大楼。军事法庭审判大厅就在前陆军省的大礼堂。日本战

1946 年，远东国际军事法庭 11 位法官座席

犯南次郎陆军大将、前首相广田弘毅、陆军元帅畑俊六、土肥原贤二陆军大将、永野修身海军元帅、松井石根陆军大将、法西斯理论家大川周明、前首相东条英机等26名战犯，依次被押下囚车。我们前面说过，国际军事法庭审判的战犯是28名，怎么只来26名呢？原来还有两名是板垣征四郎和木村兵太郎，此时正从泰国曼谷的美军战俘营用飞机押运出来。

法官席的前一排是书记官及法官助理席。他们的前面为检察官席和辩护人席，左侧是记者席和旁听席，右侧是贵宾席和翻译官席。楼上的旁听席挤满了来自盟国和日本的500余名代表。

审判大厅大门的旁边钉着一块暗褐色的标牌，上有两行粗黑的英文："INTERNATIONAL MILITARY TRIBUNAL FAREAST"——远东国际军事法庭。审判大厅内，记者和旁听者以及辩护人、工作人员都已到达，嘈杂声一片。

这时，执行官庞米塔的喊声响起："请安静。请检察官入席。"

闪光灯闪起，噪声稍小了一些。美国人基南很自信地笑着，脚步不是很快，他领着盟国检察团走来。他略回头，跟走在第二位的向哲浚交谈：

"密斯忒向，情绪饱满一点。"

他冲旁边的一个照相机镜头笑了笑，挥手示意了一下：

"要知道，这可是历史性的一刻，全世界都在看着我们呢！"

"我有点不太习惯这种架势。"

向哲浚不置可否地笑了一下。

"为什么？"

基南没回头，不停地冲闪光灯微笑。

"我总觉得这有点像是在演戏。"

向哲浚笑着回答。

"你没的说错，某种程度上，我们就是在表演。"

向哲浚又是一笑。

法庭庭长韦勃，这位澳大利亚法官率领着其他10个国家的法官入场。法庭执行官发出号令："全体起立！"

电影摄影机和照相机的灯光亮成一片。11名法官依次登上法官席，中国法官梅汝璈走到庭长左手的高背座椅前坐下。

法官席正对面几排是被告席。

庭长韦勃致开庭辞：

"今天来到这里之前，本法庭的各位法官签署了共同宣誓书，宣誓要依照法律，无所畏惧，公正地不受外界影响地进行宣判，我们充分认识到我们肩负的责任是多么重大。这次在本法庭上受到起诉的各个被告，都是过去十几年日本国运极盛之时的国家领导人，包括原首相、外相、藏相、参谋总长及其他日本政府内地位极高的人。起诉的罪状，是对世界和平、对战争法规和对人道的犯罪，或导致这些犯罪的阴谋策划。这些罪孽过于沉重，只有国际性的军事法庭，即打败日本的各盟国代表组成的法庭才能对它进行审判。"

韦勃还保证：

"我们可以向被告保证，根据你们被起诉罪状的数量和性质，本法庭将对所提出的证据和所适用的法令进行最慎重的审查。"

远东国际军事法庭这部复杂的机器终于缓慢地运转起来了。

美英的传统诉讼程序从宣读起诉书至最后判决，大致要经过两个阶段：一是起诉及证据的确立，即控方在法庭起诉的证据的确立，要求控方证人出庭作证。二是法庭辩论，即被告自我辩护或请律师为自己辩护，双方证人此时均可出庭作证。这一法律程序操作起来，相当费时间。不曾料到，法庭刚开庭就出现了状况。

当日下午 2：30 法庭开庭，进入公诉人起诉程序。首席检察官基南大法官开始宣读对 28 名被告的起诉书。起诉书控告在庭的 28 名甲级战犯，自 1928 年 1 月 1 日至 1945 年 9 月 2 日期间犯有破坏和平罪、战争罪和违反人道罪。起诉书全文长达 42 页。被告人也都拿着对他本人的起诉书副本，或紧张，或故作松弛，或无所谓地四处张望，或故作挑衅不服输地紧盯着记者们的照相机镜头，但不敢发出响声。此时，人们在回想法西斯战争的罪恶；此时，也是被告人一生最黑暗的时刻。沉重的气氛似乎使整个审判大厅往下沉，法庭一片寂静，只有基南的控诉声在深沉地回荡。

但有一个人的动作特别反常，此人便是大川周明。

开头，大川周明没有发出声响，但他像坐在热铁板上一样扭来扭去，烦躁不安。随后，他竟然解开上衣扣，不住地用手去搔凹陷的胸脯。上衣从肩头慢慢地下滑到腰沿，形成一副袒胸露腹的丑态。

庭长韦勃见状，示意宪兵队长坎沃奇前去处理。坎沃奇过来了，像哄小孩似地拍拍他形销骨立的肩膀，大川周明一度顺从地任其摆布理好衣服。但过了一会儿，大川周明又重复刚才的动作，坎沃奇也就重复给他理衣服。会场肃穆的气氛受到了威胁。

突然，"啪啪"一串拍击声，惊扰了整个大厅。原来是大川周明突然向坐在前一排的东条英机扑去，用卷成筒状的起诉书猛击东条英机光秃秃的脑袋。全场一片哗然。大法官威廉·韦勃爵士怒不可遏，下令将大川周明带出法庭，并宣布休庭。几个宪兵上来扭住大川周明，大川周明挣扎着，先用德语喊叫着：

"Inder! Kommen Sie！（过来，印度人！）"

然后又用日语嚷着：

"我要杀死东条，我要杀死东条！东条，你这个杀人犯，魔鬼！"

宪兵把大川周明架出法庭。东条英机不愠不恼，慢条斯理地回过头来，报以会心一笑。

前文提过，已死的北一辉和大川周明都是日本种族主义理论的主要倡导者。20年来，大川周明写了一批鼓吹对外侵略的文章，诸如《论独立后之满洲国应成为日本之附属国》《试论日本国土之扩张对象是中国》《论西伯利亚应属于日本版图》《论东南亚地区是日本势力范围》《论英美在太平洋地区之主权应由日本取而代之》《试论日本是亚洲之主宰者》等。由他主编的《大和民族是世界上最优秀之民族》和《日本有能力主宰亚洲》两部书，分别由日本文部省列为日本中学生和大学生的必读教科书，成为日本法西斯哲学的理论源头。北一辉和大川周明也是日本政坛以擅长策划政变与谋杀著称的法西斯政客。1932年毙杀首相犬养毅的"五一五"事件和1936年发动的占领首相官邸的"二二六"事件都与他们的煽动有关。

开庭第一天，战犯大川周明以神经病的方式在法庭表演了一场闹剧，这让法官们心中不好受。最后大家通过了大川的律师的申请，允许将大

美国宪兵队长坎沃奇中校设法让大川
周明镇静下来，前面是东条英机

川押回巢鸭监狱，由法院指定的医生检验他的神经和身体状况，看他是否应该到庭受审。后来，医学专家认为大川患有"进行性神经麻痹症"，于是法庭决定中止对大川的审讯。大川的神经病从军事法庭开庭之日一直延续到两年之后。远东国际军事法庭审判结束的第二天，他被盟军释放后，他的神经病就康复了。

1946 年 5 月 6 日，在经过大川周明事件以后，远东国际军事法庭重新开庭。

按法律程序，审判长韦勃宣布：

"下面就远东国际军事法庭检察官提出的起诉进行认罪传讯。"

这时候，辩方日本律师清濑一郎突然站了起来，提出要求庭长韦勃先生回避本次审判。

清濑一郎不是别人，他既是战前日本议员、众议院副议长，又是国策研究会成员，国策研究会是为日本侵略出谋划策的。他把日本发动侵华战争说成是因为"中国排日"，是为了建设"大东亚共荣圈"。战后，六度当选众议员，连任众议院议长，并出任文部大臣等。

首席检察官基南指责清濑一郎无耻：

"任何人要是对法庭有反对意见，应该用书面形式提出！辩方的这种口头辩论毫无道理！是卑鄙的偷袭，就像当年偷袭珍珠港事件一样卑鄙！"

清濑一郎大声地嚷道："我坚持我的要求！并且，我对庭上在座的所有法官的资格都存有异议。"

清濑一郎紧接着说："我对所谓国际军事法庭的组成和管辖范围存有异议。"

基南高声反对：

"我请求取消辩方律师清濑一郎的辩护资格！"

基南的抗议是正确的。此时法官应该根据基南的提议进行表决。看看是罢免审判长呢，还是将清濑一郎驱逐出法庭。

当然，审判长是由盟军总司令任命的，军事法庭是由盟军总司令部决定成立的。法官们也是无法改变审判长任命的。于是唯一可以做的事便是驱逐清濑一郎出庭。

日本必须接受同盟国军队占领和监督，谁反抗盟军总司令和盟军总司令决定的法庭和法官，就表明谁还继续与盟国处于交战状态。

但韦勃没有立即这样做。韦勃对基南说：

"首席检察官先生，我需要在您回答之前向被告律师发问。请被告律师对以上建议说出反对理由。"

清濑一郎说：

"第一，韦勃先生曾经担任过澳大利亚战罪委员会主席，领导过关于日军在新几内亚所谓战争暴行的调查，那个调查是不公正的，并且充满了胜利者的杜撰和谎言，仅有的一点事实也完全被偏听偏信的阴影笼罩。并且，那个调查报告是韦勃先生一手策划并最后签字通过的。因此，基于你对日本军人莫须有的仇恨和偏见，你已经丧失了公正客观的立场。"

按清濑的话，日本侵略军的暴行，是不容受害国家和人民进行调查取证的，更不能接受受害国家对他们进行审判。韦勃听到此处怒不可遏，两只手颤抖着抓住话筒。中国法官梅汝璈凑到韦勃耳边轻声说：

"他的目的就是激怒你。"

韦勃压制着愠怒："继续说！"

韦勃（前中）与十名法官合影

（中国法官梅汝璈在前排右二）

基南吃惊地看着韦勃："我反对！"

韦勃坚持："继续。"

清濑一郎继续说道：

"第二，我认为国际军事法庭的管辖范围超出了《波茨坦公告》，日本天皇陛下和盟军停战协定的条件许可。日本的停战是有条件的，不是无条件的。"

他没有丝毫顾忌地说：

"我有理由认为远东国际军事法庭没有资格和权力对指控被告所犯的'破坏和平罪'、'普通战争罪'、'违反人道罪'进行审判。国际法中并没有有关破坏和平罪的认定条款。并且，我有理由认为我的 28 名被告作为个人不应该承担此次审判的战争责任。"

此言一出，法庭顿时哗然。

《远东国际军事法庭宪章》是远东国际军事法庭进行战犯审判的指导原则。该原则是建立在日本法西斯已经战败投降，他们的罪行必须接受同盟国审判的基础上的。盟军没有以眼还眼，以牙还牙，没有采用日军屠杀盟军战俘的手段来报复日本战犯，而只把 28 名首恶进行公正审判，并让他们辩护。即使是 28 名首恶，事后还有受宽大优待的。原本，作为战前日本众议院副议长和国策研究会的清濑一郎，也具备作为战犯放在被告席受审的资格。法庭宽容，给了其自由发言权利。要是没有远东国际军事法庭的授权，哪有清濑一郎当辩护律师的权利？但清濑一郎却利用法庭来挑战法庭本身，挑战《远东国际军事法庭宪章》！

远东国际军事法庭是盟军总司令宣布建立的。《远东国际军事法庭宪章》是国际检察局根据盟军总司令命令起草的，目的是接受日本的投降，停止使用原子弹、燃烧弹、飞机、大炮，消灭日本法西斯，而把和平带给日本人，其中包括清濑一郎等在"二战"中支持日本法西斯罪犯的狂热分子。清濑一郎不愿意接受和平，他本可以拿自己的头去撞坏遍布全国的美军大炮，而不是拿着远东国际军事法庭发给的通行证，跑进法庭为日本法西斯作最后的挣扎。

基南抢过话筒说：

"由日本发起的这场对人类尊严，对起码的生命权利极尽蹂躏，对国际公约令人发指地进行践踏的战争性质显然是不折不扣的侵略战争，同盟国是用武力结束这场侵略战争的，日本是无条件投降的，而且日本也是1919年《凡尔赛条约》的缔约国，在那个国际公约里，明白无误地规定了侵略战争构成对人类的国家犯罪。远东国际法庭当然有资格对在座被告进行指控和审判。如果你们还不清楚，就请去读读《开罗宣言》和《波茨坦公告》，至于个人，在处罚所有战争犯罪行径中，追究他们的个人责任是理所应当的。"

清濑一郎反唇相讥：

"这次审判完全是依据大国沙文主义的傲慢和偏见，依据胜者为王败者为寇的民间感情来主宰这些曾经为亚洲和平和共同繁荣呕心沥血的公务人员的生命，我对法庭应有的公正性严重质疑！也为法律的尊严感到悲哀！"

清濑继续把日本战犯称为"为亚洲和平和共同繁荣呕心沥血的公务人员"，这使韦勃实在无法忍耐了，他举起法锤敲击着：

"安静！被告律师，法庭不是你宣讲理论和讲条件的地方，你提出的第一个提议关系到我个人，因此我请求回避，我愿意听候法官会议的裁决。"

韦勃刚要敲锤。清濑一郎又喊：

"我认为其他十位法官也不具备国际军事法庭法官资格，因此法官会议的裁决也不会公正！我反对！"

清濑一郎显然是要按照日本法西斯的意愿，整体推翻同盟国机制。当然，他知道自己做不到，当时的世界没有任何力量能做到。他不过是利用法庭不压制律师言论自由而发泄战犯们埋在心里的怒火罢了。基南气急了：

"那你认为怎样才能公正？"

"美利坚合众国联邦最高法院！"

清濑一郎缓缓地说出一个名称。清濑一郎想说的应该是大日本帝国皇家军事法庭。只可惜，此时大日本帝国已经是亡国奴了，而亡国奴的唯一主宰是美利坚合众国。

韦勃敲响法锤宣布休庭！他按照英美法律程序对律师的质疑，提议由法官集体裁决。

法官表决时，美国法官说：

"清濑一郎的提议是很荒谬的，根本不值一驳。"

梅汝璈也说：

"中国有句古话叫'醉翁之意不在酒也'。就清濑一郎这样的经验和智商，他显然知道提议的结果是什么样的，但他还要做，并且，我想他还会不断地提出各种各样的荒谬提议来打断和打乱法庭审判秩序，目的无非是在拖延时间，等待第三次世界大战的爆发。如果第三次世界大战爆发，那么这场审判就会无疾而终的。"

最后把美国法官的建议作为最终裁决：

"经过我们十位法官讨论，一致认为：根据法庭宪章第二条，法官是由盟军最高统帅依照各国政府的推荐而任命的，因此，我们没有权力决定我们之中任何人的任免或是回避。"

给了清濑一郎一记响亮的"巴掌"之后，韦勃敲下一记重锤：

"下面，继续进行认罪传讯。请被告对国际军事法庭检察官提出的起诉书的有罪指控进行认定。"

法庭调查继续进行。

由于法庭的责任是公正地对战犯进行定罪，没人对清濑一郎的无耻谰言进行正面驳斥。以致如今，依然有日本人拿清濑一郎的无耻之言来诋毁东京国际法庭的神圣判决。

从这天开始，在东京对这批日本主要战犯进行审判。这是一场长达两年半的马拉松式的审判。

东京审判主要是指控战犯们的违反和平罪、人道罪和战争罪。审理顺序按日军所犯罪行的时间顺序进行。日军在中国的罪行是其中最重要的组成部分，这又分成两块进行审理，一部分是日军在东北和华北犯下的罪行，一部分便是南京大屠杀惨案。

在日本宣布投降之际，日军为了消灭罪证，大量地把文件档案销毁，中国方面没人去制止。受降时，又只针对枪械后勤，而不提及文件档案，这样一来中国方面就失去日军的第一手罪证。同时，对远东国际军事法庭审判的事，中国政府根本不重视，没有任何准备，没有想到需要足够的人证和物证材料才能指控日本战犯。再加上为日本战犯进行辩护的，除他们自己聘请的大批本国辩护律师和证人外，还配备有美国律师。那些美国律师精通法律程序，又忠实于当事人，在辩护中或诡辩狡赖，或横生枝节，故意延宕审判时间，以便为那些没有直接危害美国利益的战犯寻机开脱。而日本战犯又不惜捡起"中日同文同种"的伪善借口，用"哥哥教育弟弟"的无耻谎言来美化日本的侵略行径，把中国出现的各汉奸傀儡政权说成是中日友善的"民意"。这些也使一些外国主审法官难辨是非。事实上，在中国检察官与日本战犯辩护人进行辩论时，恰恰是由这些不明真相的外国法官主审。这样一来，中方代表从一开始就因缺乏证据及不适应审判程序而陷入了被动局面，感到有冤难伸、有苦难言。发觉按照这样下去，战犯就有可能逃脱正义的惩罚！

在日本发动的侵略战争中，中国大半河山被践踏蹂躏，同胞伤亡数千万之多，被劫掠焚毁的财富按 1937 年美元折算达千亿美元。中国遭受的苦难尤为深重，但在法庭上却一时拿不出证据来惩办那些凶残的战犯。中国检察官们个个痛心疾首。他们抱定一个决心，如若不能报仇雪恨，则无颜以对列祖列宗和江东父老，他们就一齐跳海自杀。

起初，向哲浚身边只有裘邵恒和刘子健两名助手，而最早与向哲浚同去日本的方福枢、易明德转当助理法官，协助梅汝璈法官工作。这样，向哲浚白天忙着写 28 名日本甲级战犯的起诉书，晚上要亲自打字编成文件。他向国民政府要人、要文字人员，都碰软钉子遭婉拒。后来向哲浚向国际检察局局长、首席检察官基南提出要求解决这个困难。基南同意由盟军总部出钱招人，每名雇员月薪 300 美元。1946 年，向哲浚回国招聘人才。他通过考试招聘到高文彬、周锡卿、张培基、刘继盛和郑鲁达五个翻译。这些人员中，除周锡卿是交通大学、张培基是圣约翰大学毕业的之外，其他均来自向哲浚的母校东吴大学法学院。五人的编制属美国国防部的文职人员。他们到达后，协助向哲浚工作。他们的主要工作是把向哲浚及裘秘书从国内搜寻来的大量证据翻译成英文，然后由向哲浚审核后再作为正式文件，交给国际检察局，作为控诉日本战犯的事实。这些证据来自中国各地，是向哲浚及裘劭恒两人通过各地政府公开征集来的，内容都是关于日军在中国杀人暴行的。

东京审判按法庭程序分为 3 个阶段：1. 检察官综合陈述和提证；2. 被告律师综合辩护和提证；3. 各被告为个人辩护和提证。

审判自 1946 年 2 月到 1947 年 2 月是公诉人综合陈述和提证阶段。这一段时间里，中国检察官上法庭当公诉人，单起诉书就念了 6 个星期。可见日军的暴行的确是罄竹难书。疲劳之下，向哲浚常常愁眉不展，因为国内收集的证据，作为远东国际军事法庭的证据，实在是太少太没力了，而他的起诉书，需要有更多的更有力的证据支撑。

1946 年夏天，中国检察官向哲浚对战犯东条英机、土肥原贤二、板垣征四郎和松井石根等的指控，进入法庭提证阶段。为配合法庭调查，中国检察官尽量努力调集了大批材料。检察官秘书裘劭恒为取得证据，领着美籍检察官克劳莱和温德飞回中国，先后到上海、广州、桂林、衡阳、汉口、北平等地进行实地调查，和地方法院配合，取得了大量实证。特别是联系上了南京大屠杀的幸存者尚德义、伍长德，南京大屠杀的目击者美籍医生罗伯特·威尔逊、约翰·马吉牧师等关键人物。检察官向法庭提供的证人证词和其他证据材料堆起来，有一尺多高。国际军事法庭从苏联战俘营要来溥仪，让他出庭作证。他是作为指控日本战犯板垣征四郎和土肥原贤二制造伪满洲国的重要证人。向哲浚秘书裘劭恒对溥仪做思想工作，让他放下思想包袱当好证人。1946 年 8 月 16 日，溥仪第一次作为证人出现在法庭上。他面对辩控双方律师的质证，详细叙述自己被土肥原等日本战犯当工具、当傀儡的全过程。对他的质证过程长达七天。溥仪的证言，成为向哲浚指控东条英机、土肥原贤二、板垣征四郎的重要证据。

但是，中国方面指控战犯的许多证据还是出现空缺。有些原本是铁证，却因证人本身的素质和错误的观念，而错失良机。

国防部次长秦德纯

"七七"卢沟桥事变的中方见证人秦德纯和王冷斋也到远东国际军事法庭作证。1945年秦德纯是军令部次长，上将军衔。而在卢沟桥事变时他是北平市长兼第29军副军长，而且此前的不平等条约《秦德纯—土肥原协定》就是他与土肥原面对面签订的。王冷斋是卢沟桥事变中当时当地的宛平县长。照理，他俩在法庭上提供的证据应该是最有力的。但由于不了解法庭的程序，不知道应该举出具体的事例，结果就没有起到应有的作用。例如，秦德纯副部长在法庭就把"日军在中国到处杀人放火，无所不为"当作主要证言，以为能凭他这句话给被告定罪，但那只是他不切实际的主观愿望。其实，秦德纯只要说日军如何无视中国主权进入中国军队控制的北平城及周边横行霸道；举证说日本军队如何反客为主，把自己这个原本是主人的北平市长赶走；举证说，代理冀察政务委员会委员长的张自忠如何遭日军追捕而便装逃亡南下；证明说，中国的政权机构冀察政务委员会如何在8月19日被日本侵略军建立的伪维持会取代，那就是重要证据了。还有那个《秦德纯—土肥原协定》，秦德纯是中方主角，他只要如实地将土肥原如何通过武力来威胁，迫使中方牺牲主权签订条约也就是重大证据了。秦德纯副部长该举证的地方却讲不到位，反而因辩方律师的故意找茬而被激怒。

秦德纯指责日本人"杀人放火，无所不为"，这原本是千真万确的事实。但辩方律师拿住这句话要他拿自己所见的事例证明。原本，如果平心静气的话，这句话怎么回答都不是问题。但秦德纯一下子懵了：不是审判犯人吗？怎么由犯人方面盘问起自己来了？秦德纯副部长当然不服气，情急之下，他大怒，连称："日本人杀人放火，无所不为！"盛怒之下难免失态，高声指责辩护人。从而，对方乘机发出抗议，秦上将差点被轰下证人席。引起秦上将发怒，正是辩护人的目的。秦上将的证言可信度遭到质疑。辩护人会乘机说：证人本与日本人有仇，加上发言时激动到盛怒，情绪化的证言不能作为客观的证据！

秦上将以为自己作证称"日本人杀人放火，无所不为！"就能"搞掂"日本战犯。这就是观念的问题！显然，他这样做是不符合英美法系证据法的要求的，当场被斥为空言无物，是难免的。同时，就《秦德纯—土肥原协定》和"七七"卢沟桥事变来说，秦德纯有心结：他不愿意提及令人难堪的往事。他个人把《秦德纯—土肥原协定》称为"何—土协定"，因为他觉得自己是代人受过：在日本人不断制造事端挑衅之下，不堪其扰的何应钦想息事宁人，指示秦德纯让步签字。秦德纯为这不平等条约内疚了十几年。至于秦德纯在卢沟桥事变中的不堪经历，他实在不愿提及，也不愿被人提及。秦上将原本是最好的证人，却放弃了置战犯于死地的证词，结果差点让土肥原贤二和板垣征四郎逃过正义的惩罚。在作为法庭证人方面，秦副部长的作用甚至不及溥仪。在场的一位中国翻译的感觉是：

"我也记得秦德纯好几次出庭时，美国律师反问得很凶，他好像一下子懵掉了，不知如何回答。"

只是，这些日本战犯罪恶太多，躲过了张三，逃不过李四，少了这份罪证，还有更多别的罪证。证据海洋最终还是把战犯们淹没了。

在为检察官指控提证的阶段，由于国内官方的不重视，还由于关键证人自身素质的缺陷，中国在此阶段，进行得不理想。而检察官综合陈述和提证，则又是审判的最重要部分。

秦德纯副部长此时正担任中国"战争罪犯处理委员会"的主任委员，经此经历，他才知道东京国际法庭工作的艰难程度。

这次经历后，秦德纯大力支持向哲浚。1947 年，为在法庭辩论中压倒日本战犯辩护人的抵赖和狡辩，向哲浚请来 41 岁的国际法专家倪征燠为中国检察官首席顾问。于是，先后在向哲浚团队工作过的人达到 17名。其中，倪征燠、鄂森、桂裕及吴学义为中国检察官的顾问。裘邵恒、高文彬、刘子健、杨寿林等参加了秘书工作。而翻译组还有张培基、周锡庆、刘继盛等人，后来又有罗集谊和郑鲁达等法学专家和热血青年参与工作。裘邵恒不久返回上海从事律师工作，他的检察官秘书岗位由翻译高文彬接任。

向哲浚向麦克阿瑟申请，从被封存的日本内阁和日本陆军省档案库找证据。麦克阿瑟同意了。他和倪征燠组织人员日复一日，冒着酷暑寻找战犯们犯罪的蛛丝马迹，经过7个月的艰苦努力，找到许多命令稿、汇报会记录和密谋策划文件，终于收集到了足够证明各战犯犯罪的确凿证据。例如，向哲浚等从日本外务省密件中找出当时日本驻天津总领事向外务大臣"打小报告"的长电，电文中反对日本派驻中国的大特务土肥原贤二将溥仪放入木箱劫持到塘沽的计划。这一份长电，对证明土肥原挟持溥仪成立伪满洲国的罪行起到了至关重要的作用。还有在陆军省的一份驻华日军的报告中提到，许多被替换回国的日本兵在回到家乡后，吹嘘他们如何杀害中国百姓，如何强奸，如何抢劫。写这份报告的军官无非是想借此表明他们在中国如何神勇，如何被中国人所恐惧。然而就是这样的报告，却正好成为法庭所需要的有力证据。

东京审判期间，向哲浚运用娴熟的法律和外交手段，将当时东京法庭的首席检察官约瑟夫·基南本人及其助手美国检察官莫罗上校等请到中国，陪同他们对卢沟桥事变、南京大屠杀事件进行了实地调查。这次调查不仅使基南对日本侵略者在中国所犯下的罪行有了直接的感受，而且收集到了大量的人证和物证。特别是南京军事法庭对日本战犯审判形成判决文件及发掘出多处埋葬南京大屠杀遇害者的"万人坑"。这些证据对后来东京国际军事法庭审理上述两大事件以及相关战犯的定罪量刑起了巨大的作用。

当中国检察官首席顾问倪征燠再次回国寻找土肥原贤二和板垣征四郎的犯罪证据时，秦德纯感慨地对倪征燠说：

"哪里是我们审判战犯，还不如说战犯审判我们。"

谈到如何补提证据问题时，秦德纯后悔地说：

"抗战进行中，没有一个司令官会想到应保存证据作为日后控诉战犯之用。"

后来，倪征燠作为控方，登上远东国际军事法庭参与庭审辩论。在法庭辩论中，作为控方的向哲浚、倪征燠和中国检察组成员，与辩方唇枪舌剑，斗智斗勇，沉着应对，伺机在辩论中把战犯罪证进行补充，弥补提证阶段因准备不足而留下的缺陷。

东京的这场漫长的审判一直持续到 1948 年 11 月 12 日下午。

2. "短平快"的上海审判

东京大审判进行之际，国内对日本战犯审判和对无耻叛国投敌、危害国家的汉奸的审判工作也在抓紧进行。由于国内的审判节奏明显比东京快，所以我们先把目光移向国内。

1945 年 11 月 6 日，为贯彻《波茨坦公告》，惩处"二战"中的日本战争罪犯，中国在南京设立"战争罪犯处理委员会"，中央军事委员会的军令部次长秦德纯为主任委员。战犯处理委员会是处理战犯的最高权力机构。

12 月中旬以后，分别在南京、上海、北平、汉口、广州、沈阳、徐州、济南、太原和台北十处成立了审判战争罪犯军事法庭，分别审理各地区的战犯。这样一来，国际审判和国内审判同时进行。

在国内开展的对日本战犯和汉奸的审判既伸张了正义，同时也为东京国际军事法庭提供了重要的证据和法律支援。这是因为：

1. 东京大审判许多甲级战犯的犯罪地点就在中国大地上，甲级战犯还有同案战犯。通过中国国内的南京、上海、苏州、广州、北平等地对其他等级（乙、丙）同案战犯的审判，这些战犯的许多同案战犯率先被中国法庭判决有罪，他们的罪证自然被国际法庭接受，成了审理甲级战犯的证据。特别是南京大审判中，列举了无数铁的证据，证明了在南京大屠杀中日本侵略军滥杀平民和战俘的犯罪事实，从而严正判处一系列战犯，这些判决成了远东国际军事法庭对南京大屠杀定案的有力依据。

2. 国内对汉奸的审判证明：卖国求荣的汉奸，不是什么"中国部分民意的代表"，而只是一些犯罪分子。特别是，这些汉奸的产生，完全是日本法西斯分子阴谋分裂中国的结果，汉奸就是这些日本战犯暗中收买的产物。对汉奸审判的材料，也成为东京大审判中指控一些甲级战犯破坏和平及阴谋分裂中国的罪证，有利于帮助外国法官看清事实真相。

因此，我们暂时放下东京那场马拉松式漫长审判，把目光转到中国国内发生的大审判。

在中国，最早对日本战犯的审判发生在上海。

1946 年 3 月 10 日和 20 日，上海成立第一绥靖区（上海）军事法庭和日本战犯拘留所。当年 4 月，上海军事法庭开庭审判日本战犯。但美军则更早，1946 年 1 月，中国战区参谋长兼驻华美军总司令魏德迈将军在上海成立了美军军事法庭，开始审判日军在中国大陆和台湾地区杀害美国空军被俘人员的案件。庭长是美军密尔顿准将。军事法庭设在长阳路 147 号提篮桥监狱内十字楼的 2 层。这幢楼建于 1933 年，楼高 6 层，建筑面积 6560 平方米，有监室 150 余间。它原先是用来专押外国籍男犯的地方，设施较完备，时称"西人监"，或"外人监"。日本一投降，中国就接管了提篮桥监狱。

由于魏德迈一开始就对美国被俘和失踪人员展开调查，所以，1945 年 8 月 15 日，日本人一宣布投降，驻武汉日军第 34 军参谋长镝木正隆少将等因涉嫌杀害被俘美国飞行员而被美军逮捕，同时被逮捕的还有原香港末任伪总督兼侵华日军第 23 军司令官田中久一中将、原驻上海日军第 13 军司令官泽田茂中将等，他们均被关押在上海战犯拘留所。

1946 年 1 月 24 日上午，美军军事法庭开庭审判日本战犯。首先受审的就是以镝木正隆少将为首的 18 名日本战犯。

数十名记者到庭旁听，庭审问答通过现代通信设备向全世界播放。

法庭正面设 5 个法官席，两侧坐记录员和翻译。记录员身后，有几十座记者席。翻译席后面，有 3 排日本战犯的座位，每排 6 位，共 18 位。法官对面，一侧为检察官席，另一侧为辩护律师席。

法官、检察官、辩护律师、翻译、记录员等工作人员均由美军军官担任。法官以密尔顿准将为首组成，检察官由韦斯德上校等 2 人担任，辩护士由赫金斯中校、蓝文少校担任。被告 18 人均是日本战犯，为首者是侵华日军第34军参谋长镝木正隆少将，汉口宪兵队司令福本龟治大佐，其他16人是酒井定次少佐、小阪庆助大尉、藤井勉准尉、增井庄造军曹长、久松宾军曹长、山口久吉军曹、塚田孝吉军曹、竹内良行军曹、松田耕一军曹、藤井纯一军曹、白川舆三郎上等兵、西川庄次上等兵、水田优上等兵以及汉口日领事馆工作人员滨田正平、真锅良一、加藤匠等。

10点整，法庭宣布开庭。法官先命令记录员宣誓，又命令翻译咸俊龙上尉等3人宣誓。宣誓毕，首席检察官韦斯德起立宣读美军各项命令及起诉书目录。法官承认收到起诉书，准予备案。法官、检察官、辩护律师等先后起立宣誓。然后由检察官宣读起诉书，指控日本战犯镝木正隆等18人的罪行。首犯镝木正隆，1897年生于日本石川县，1920年5月毕业于日本陆军士官学校，1938年8月入侵中国。在华期间，他指挥部下残杀中国军民，并于1944年12月在汉口制造杀害美国飞行员事件。1945年6月，镝木调回日本任第55军参谋长。日本宣布无条件投降后，12月24日，他被从东京引渡到中国，关押在提篮桥监狱。

当天，法庭各方会面之后，就宣告休庭，下次庭审在2月11日上午继续。

在本书的开头提到，镝木正隆杀害三名美国空军飞行员的事，发生在冈村宁次准备接替畑俊六陆军元帅当侵华日军总司令的时候。那天，冈村宁次从湖南衡山出发，经武汉，准备去南京办理交接手续。此时，日军已丧失制空权，冈村宁次一路上提心吊胆，担心自己随时会成为山本五十六第二。他路经武汉，武汉的日军驻地刚遭受中美联军飞机的轰炸。他在武汉听到手下刚活捉了三个跳伞的美国飞行员，觉得很解气。

后来，他听说汉口发生了残杀美军飞行员事件，被害的就是这三个跳伞的美军飞行员。

事件是这样的：

1944年11月21日，一架美国军用飞机在汉口上空被日军第34军的炮火击毁，三名跳伞的美军飞行员被日军捕获。日军第34军是一支新编成的军队，镝木正隆大佐任参谋长。无所顾忌的镝木正隆大佐十分残暴恶毒，他屡屡下令屠杀被俘的中国士兵，并亲自指挥部队，以开枪射杀中国平民为游戏。这次，三名飞行员又遭到镝木正隆、藤井勉、增井庄造、松田耕一和白川與三郎五人的残酷审讯，受尽百般折磨。12月16日，镝木正隆大佐等五人将三名飞行员毒打后，用绞刑绞杀并焚尸灭迹。镝木正隆是这一事件的主谋和参与者。随后他被提拔为陆军少将，还逃回了日本。

他不曾料到，一年后美国人找他算账来了，镝木正隆一行被押上了军事法庭。

1946年2月11日上午，军事法庭又一次在提篮桥监狱公开审讯镝木正隆等18名日本战犯。法庭上除原来到庭旁听的60名新闻记者外，又增设100个旁听席，并于当日早晨在监狱外发旁听证，任何人均可领取，发完为止。但除原定摄影记者外，其他人员不得拍摄照片。

2月18日第三次开庭。军事法庭特地设立了一个首席旁听席，原美国空军飞虎队司令陈纳德到庭，坐在首席旁听席上旁听。因为遭镝木正隆杀害的三名美国空军飞行员是他的下属。

在各次开庭审理中，负责调查此案的美军蒙乃可少校、伯斯丁上尉及目睹美国飞行员被日本战犯杀害的中国平民杨德有、宋文通等人也到庭作了陈述，控诉日本战犯在汉口对美俘飞行员所作的种种非人道暴行。审判过程经历了法庭调查、辩护律师的辩护、被告的答辩等法定程序之后，2月28日，美军军事法庭对18名日本战犯做出宣判：

判处镝木正隆、藤井勉、增进庄造、松田耕一和白川與三郎等五人绞刑，判处福本龟治无期徒刑，判处酒井定次有期徒刑20年，判处久松宾、山口久吉和西川庄次有期徒刑15年，判处塚田孝吉、竹内良行和藤井纯一有期徒刑12年，判处小阪庆助、真锅良一有期徒刑3年，判处加藤匠有期徒刑2年，判处水田优有期徒刑一年半，滨田正平无罪释放。

做出以上判决后，经中国军事法庭和美军军事法庭联合调查，镝木正隆罪行证据确凿，同意由美军执行死刑。

4月22日上午8时，上海提篮桥监狱十字楼三楼的绞刑房打开了。被军事法庭判处绞刑的5名日本战犯，由美国宪兵分别把他们反绑双手，押解到绞刑房外的一间因室。美军汉姆上尉用日语向他们宣布执行绞刑。临刑前有15分钟的宗教活动时间，法庭为他们举行了简单的宗教仪式。

这 5 名日本战犯只有藤井勉信仰天主教，军事法庭请来了上海的西班牙籍天主教神父江柴拉士为其祷告。其他 4 人均信奉佛教，法庭请来了上海地区著名寺庙的僧人为之诵经超度。

8 时 15 分，军事法庭按照日本战犯的军阶高低先后执行绞刑。镝木正隆排列首位，被第一个押进绞刑房。绞刑房面积 18 平方米，三面环壁，一面有窗。行刑时，先用绳索绑住犯人手脚，黑布口袋蒙住头部，再用绞架上的绳索把其颈部套住扎紧。令镝木站在活动地板上。随着一声令下，推动手闸，活动地板就向两侧分开，镝木双脚悬空，整个身子就被颈中的绳索吊在绞架上，瞬息间窒息而亡。尸体通过地板上空出的方孔，吊入楼下的停尸房。这个 1938 年进入中国、曾经残杀过无数中国百姓的刽子手瞬间毙命，成为在中国被处决的第一个日本战犯。

接着其他 4 人分别被押入行刑。随后将尸体火化。曾任美军统帅艾森豪威尔私人卫士的巴萨克中尉执行这 5 名日本战犯的绞刑。监刑人和证人有韦斯德、美新闻联络组主任凯脱中校、美战犯审判委员会法官威林斯少校、加蓝特上尉以及美国宪兵 5 人，其他无关人员一律禁止入内。

这座具有历史文物价值的绞刑房仍保存至今。

镝木正隆的审判在提篮桥桥监狱内进行时，监狱中还没有轮到受审的人默默地关注着。这当中就有原日军侵台司令官兼总督安藤利吉大将。他对镝木正隆的审判情况一清二楚。对照镝木正隆的罪行，安藤利吉感觉到自己严重多了，与其被审判受辱而死，还不如早点自杀而亡。就在镝木正隆等人被执行绞刑的前三天，也就是 1946 年 4 月 19 日，安藤利吉自知罪责难逃，便流泪写下了给冈村宁次的遗书，表达了对战败无可挽回的、深深的遗憾，之后服毒自杀。他比镝木正隆死得更早。提篮桥监狱对镝木少将的审判，却吓死了另一个与此案无直接关系的大将。这或许就是公正审判的无形威力。关在同一监狱的另一名大将叫冈部直三郎，他进监狱时，镝木正隆已被执行。他没有自寻短见，却因难忍战犯监狱笼罩着的那股对末日的恐惧气氛，急得他突发脑溢血中风，当年年底就病死了。

而原香港末任伪总督兼侵华日军第 23 军司令官田中久一中将和原驻上海日本第 13 军司令官泽田茂中将均各因一名美军飞行员被害而在提篮

国殇

审判日伪战犯纪实

战犯镝木少将在上海提篮桥监狱
执行绞刑

桥监狱的美军军事法庭受审。

1946 年 3 月，在提篮桥监狱的军事法庭上，原驻上海的侵华日军第 13 军司令官泽田茂中将等 4 人受到一项涉嫌杀害美军飞行员杜立德的指控。

泽田茂是侵华日军第 13 军中将司令官，他参加了对上海的侵略战争，也参加了在浙江省企图打通浙赣铁路的战争。在 1939 年至 1942 年间，他是日军驻上海的最高指挥官。这期间，上海多次发生反击日本侵略军的武装暴动。泽田茂则不断地采取烧杀的恐怖手段向上海平民进行报复。他多次以"清乡"为名，对上海城乡结合部和郊区进行烧杀抢掠，对中国平民犯下的种种暴行他都难逃罪责。特别是 1940 年春，因虹桥机场一度被抗日地下军（游击队）攻占，他以此为借口，对上海虹桥和青浦的平民实施报复而制造"青东大屠杀"，造成大量平民死亡，其中有确切姓名的遇难者就有 803 人，日军还烧毁民房 4000 余间。

由于美军只图单方面的惩罚报复而忽略了对泽田茂进行审判，中国方面来不及提供有关"青东大屠杀"罪证对他进行控诉。结果法庭只以美军飞行员杜立德受害对泽田茂进行判决。

结果，法庭认为他负有"负责长官"的罪责，只判处有期徒刑 5 年。美军军事法庭没有追究他在上海的多次屠杀罪责，从而此判决在上海造成民声鼎沸的局面。

与此同时，盟军以"涉嫌法外处决盟军战俘"罪名指控田中久一。

田中久一自小参加日本法西斯军队，1937 年 12 月升任陆军少将，后任日军第 21 军参谋长，指挥日军侵略中国广东。1939 年 8 月，他出任侵华日军"南支那方面军"的中将参谋长，参与攻占香港的战争。1943 年 3 月，田中任第 23 军司令，主管华南军事，驻地为广州。1944 年 12 月，田中兼任伪香港总督。1945 年 8 月，日本投降后田中久一成为战俘，被认定为乙级战犯。1945 年 12 月被送到上海战犯拘留所。

由于美军军事法庭对泽田茂的从轻审判受到上海人民的质疑，所以对田中久一的判决迟迟未能做出。到 1946 年 9 月，美军上海军事法庭对田中久一的"虐俘"案做出判决：

田中久一应对其中一名美军飞行员被绞死的犯罪事实负主责，判绞刑。

做出以上判决后，中国军事法庭出面与美军军事法庭进行交涉：田中久一中将非法杀害美军飞行员案当然是证据确凿，罪犯死有余辜，判处绞刑自然罪有应得。但田中久一是侵略中国的重要战犯，尤其是在中国广东和香港的罪行累累，他的罪行远不止虐杀美军飞行员一项，他应该继续接受中国的军事法庭审判。

后来，中美双方同意把田中久一移交中国的军事法庭继续审判。于是，田中久一再次被移送到他犯重罪的所在地广州，被广州行辕军事法庭判处死刑，1947 年 3 月 27 日，在广州流水桥刑场被执行。

侵台司令官兼总督安藤利吉大将自杀后，1946 年 7 月，上海军事法庭开庭对日本驻台湾第 10 方面军参谋长谏山春树中将等八人进行了审判。驻台日军第 10 方面军参谋长谏山春树被判处无期徒刑。

前文提到日酋冈部直三郎大将在提篮桥监狱病死的事。冈部原是驻武汉的侵华日军第 6 方面军司令。他与老河口会战和湘西会战那两场战役都有关系。老河口之战是日军第 6 方面军配合日军华北方面军进行的。冈部任第 6 方面军司令之前就是华北方面军司令，战争开始前才由根本博接替。冈部直三郎大将任第 6 方面军司令后命运多舛：他的座机曾因不期遭遇中、美军机而遭射击，冈部大将负伤，差点又出了一起山本五十六坠机事件。只因我方飞行员不知内情，把落荒而逃的冈部大将的座机当作普通战败的敌机，没有进一步追击。湘西战役又是冈部第 6 方面军的第 20 军发起。那一仗，冈部直三郎和他手下的第 20 军长坂西一良都成了中国何应钦将军的手下败将。只是坂西一良在 9 月初就病死在南京。

1945 年 9 月 18 日，冈部直三郎大将正式向中国第六战区司令长官孙蔚如投降。中国共产党代表董必武和王震参加了武汉"九一八"受降仪式。投降后的冈部直三郎并没有直接被逮捕拘押，而是被软禁在武汉大学，名义上是武汉的"日本官兵善后联络官"，职责是配合中方把原侵华日军第 6 方面军的战俘遣返到日本。

1946 年 6 月，日军战俘基本被遣返完毕后，冈部直三郎联络官的差使也结束了。他本人及以下一批侵华日军将官作为战犯，与汉口、广州、河南等地留下的 1000 名日本宪兵一道被押送到上海。冈部直三郎大将等战犯被关押在上海提篮桥监狱。押送到上海的 1000 名日本宪兵与先前被扣留的 1117 名日本宪兵集中在一起接受甄别。因为这批日本宪兵罪恶累累，残害大量中国平民而激起极大的民愤，中国政府决定不让他们登船回国，留下作一次深入的战争嫌疑犯清查。日军独立混成第 82 旅团旅团长樱庭子郎少将、独立混成第 40 旅团旅团长伊藤忠夫中将等拘押于上海战犯拘留所待审。这位樱庭子郎少将，我们似曾相识。原来在芷江会战时，他出席了日军第 20 军司令坂西一良中将召集的军事会议。他是负责战时地方治安的，当然民愤很大。

由于这 2100 多名日本宪兵成为待遣送对象，中国陆军总司令部在撤销受降日军的南京"善后联络总部"的同时，成立"联络组"。南京战俘联络组继续留在原日本大使馆的房子里，主要负责协助中国军事当局联络待遣送的 2100 多名日本宪兵。冈村宁次又幸运地当了"联络班长"。今井武夫也继续被同意以"联络组"的名义留在中国。但冈部直三郎就没有机会了。冈部直三郎在卢沟桥事变后出任华北侵华日军参谋长，他把侵华战争从北平战场扩大到整个华北。他同时还设置特务机构，指挥河北、察哈尔、山西、绥远和山东五省拼凑伪政权。冈部还是王克敏伪中华民国临时政府的炮制者。今井武夫和冈部直三郎同是卢沟桥事变的罪魁祸首，只是他们分别扮演了"红脸"和"白脸"的不同角色：今井武夫以"和平"面目出现，而冈部直三郎则以战争面目出现。他在侵华战争中罪行累累，必须作为战犯接受审判。从 1946 年 7 月开始，冈部直三郎在上海提篮桥监狱度过了四个月提心吊胆的日子。在 1946 年 11 月底他病倒了。发病那天的情况记述如下：

1946 年 11 月 28 日下午，冈部直三郎一边在囚室内吃东西，一边与看守人员东拉西扯几句。过了一会儿，冈部忽然不讲话了，昏倒在地，知觉全无。看守马上报告上级主管，并及时打电话通知设在提篮桥监狱之内的监狱医院。

监狱医院接下处于昏迷状态中的冈部直三郎后，立即抢救，冈部病情略有好转。院方就把冈部安排在医院的二楼病房内观察治疗。当时医院护理人员较少，且又不通日语，院方生怕冈部生活上不便，经请示有关部门批准，破例叫来原冈部的部属，一起拘押在提篮桥监狱中的原驻杭州的日本宪兵队情报主任芝原平三郎等临时陪伴冈部，在生活上给予照料。同时，监狱医院及时请在上海的日本籍医生中山博士前来监狱会诊。中山博士诊断后认为，冈部直三郎患的是脑血管类疾病，又是急性突发，虽然医院抢救及时，但是毕竟脑出血过多，又因年龄偏大，恐怕性命难保，希望医院和监狱做好思想准备。

当晚6点50分，正在输液中的冈部直三郎病情突然恶化，大喘不停，大汗淋漓，中山博士亲自参加抢救，然而无济于事。7点15分，这个在侵华战争中双手沾满中国人民鲜血的日本陆军大将，双眼一闭，一命呜呼。卒年60岁。

据后来查证有关资料，冈部直三郎是在中国境内因病毙命的侵华日军最高将领。

第二天（11月29日）早晨，冈部直三郎的尸体从提篮桥监狱医院运往胶州路上海验尸所检验，并对尸体拍照存档、呈报后，由上海日本联络部领回，办理善后事宜。

1946年11月，上海《申报》《新闻报》等报纸曾对冈部直三郎的死亡作过简要报道。《申报》的标题为《穷兵黩武者之下场，敌酋冈部大将瘐死》。《新闻报》的标题为《战犯冈部直三郎脑出血病死狱中》。冈部直三郎和坂西一良都因病死而逃脱了战犯审判。

对于冈部大将之死，冈村宁次不免有兔死狐悲之感。他后来在《冈村宁次回忆录》中对此留下寥寥数语：

> 1946年11月28日，接到冈部大将在上海死于狱中的报告，不胜哀悼。

1946年4月22日，日本战犯镝木正隆五人被处以绞刑的案子，也给监狱外的今井武夫以很大的震慑。他认得这个 1945 年 3 月 1 日才晋升为陆军少将的第 34 军参谋长镝木正隆，更熟悉冈部直三郎和安藤利吉。美军这种以眼还眼、以牙还牙的做法，很是让今井武夫惊出一身冷汗。镝木正隆五人不就是把三个美军飞行员绞死了吗？美军却睚眦必报！以三换五，五个一齐绞了！

其实今井武夫与日军的其他参谋人员一样，也有带兵直接参与杀人放火的侵略战争的经历。他并不反对杀人和虐待俘虏，但他不愿意为此单独负责。

1943 年 3 月，今井武夫一度离开中国到菲律宾当日军第 141 联队联队长。被喻为豺狼的日军大本营参谋辻政信中佐胆大包天，他以大本营名义下达杀俘命令。今井武夫大佐在接到电话后觉得有疑问，放下话筒不执行，坚持要等书面命令下达才动手。果然，后来并无大本营的书面命令到来。从而今井武夫没有坑杀菲律宾战场的美军战俘。

今井武夫庆幸自己三年前的那次正确的判断。否则，这次也就难逃美军的绞刑架了。但毕竟，今井武夫因坚持按程序行动而能肤发未损地活着。

从 1946 年 4 月到 1948 年 9 月间，提篮桥监狱内的美军军事法庭审判过 47 名日本战犯。先后有 19 名日本战犯在提篮桥监狱中被处决，其中 5 人被美军宪兵队执行绞刑，军阀张宗昌的顾问伊达顺之助、杭州日本宪兵队情报主任芝原平三郎、宁波日本宪兵队分队长大场金次等 14 名战犯被中国法警在室外刑场执行枪决。上海提篮桥监狱审判、关押和处死刑的日本战犯数目远远超过东京巢鸭监狱。只是东京巢鸭监狱处理的全是甲级战犯，其审判重要性远超上海提篮桥监狱处理的成犯。

如今，提篮桥监狱依旧，绞刑房依旧，当年镝木正隆脚下的活动地板依旧。这些将与提篮桥监狱中其他关押、审判、执行处决日本战犯的场所一样被列为"上海市抗日纪念地"，并立碑存史。

我们在这里讨论了一开头发生在上海的对日本战犯的"短平快"审判。在本文末了，我们还将讨论发生在上海另一起对日本主要战犯冈村宁次的审判。不过，那是一次风格迥然不同的审判，使人疑惑，令人不满。由于时间顺序，它应该排在最后，我们到最后再谈吧。

最后一名在上海的军事法庭判处死刑并在提篮桥监狱刑场上被枪决的战犯是伊达顺之助。此人是乙级战犯，曾任奉系军阀张作霖少将顾问，也当过山东军阀张宗昌的顾问和伪满陆军上将兼伪自治联军总司令。他既是间谍、侵略军、伪军和山匪马贼，也是日本地方豪门仙台藩的继承人。他集浪人、流氓、间谍、马匪、兵痞和日本豪门世家于一身，该另设一节专门讲述。

3. 伊达顺之助

1948 年 9 月 10 日《大公报》有一则新闻如下：

> 日本战犯伊达顺之助（中文名张宗援），昨中午十二时，在提篮桥监狱刑场执行枪决。上午十一时，审判战犯军事法庭检察官施泳，偕同书记官、翻译官，签提该犯。在监狱广场设置临时公案，宣告执行。伊达顺之助头发已白，穿草绿色军服，玳瑁边眼镜，要求写遗言，并索卷烟。正午十二时，押抵刑场，一枪毙命，尸体由普善山庄收埋。

伊达顺之助是谁呢？他怎么又名张宗援呢？

我们从一个日本无赖派作家檀一雄提起。

1986 年，由日本导演深作欣二推出一部名为《火宅之人》的电影。该片随后获得日本电影金像奖七项大奖，入选 20 世纪日本百大电影。《火宅之人》就是由檀一雄自传体小说《火宅の人》改编的，片中的男主角就是作者本人。而且，凑巧的是，导演深作欣二选择著名女演员檀富美扮演片中男主角檀一雄的母亲。檀富美获得了第 17 届日本电影金像奖最佳女主角奖。她正是檀一雄的女儿。也就是说，檀富美在片中扮演自己老爸的妈妈。

当然，他们不是我们这里想讨论的人物，只是借此说明，檀一雄虽说是日本无赖派作家，但还有相当的市场。

檀一雄写有一本名为《夕日と拳銃》的书，书名翻译过来大概是

《夕日与手枪》。书中的人物就是 1948 年 9 月 9 日在上海提篮桥监狱被执行死刑的乙级日本战犯伊达顺之助。不过,书中把"伊达顺之助"改为"伊达麟之助",中间差了一个字。在檀一雄的笔下,伊达顺之助堪称是传奇英雄!其实,在许多日本人心中,"二战"时期在亚洲太平洋横行霸道的日本法西斯分子都是他们的传奇人物,甚至是英雄。只是这个伊达顺之助太变态罢了。

以伊达顺之助为题材的小说作品远不止檀一雄的《夕日と拳銃》。还有都筑七郎的《秘録夕日と馬と拳銃伊達順之助》、伊达宗义的《灼熱-実録伊達順之助-》、胡桃泽耕史的《闘神-伊達順之助伝-》及樋口明雄的《头弹》和《狼叫》。这中间,除伊达宗义外,其余均是日本著作颇丰的作家,他们铺天盖地以伊达顺之助在中国为非作歹的罪恶行径为传奇题材,足见这些作家的心态有点阴暗。那位伊达宗义或许是伊达顺之助家族的吧?据说伊达顺之助的亲祖父并不是正宗仙台藩藩主伊达庆邦,而是地位较低的宇和岛藩的藩主伊达宗城,伊达宗城把儿子过继给伊达庆邦。也就是说,伊达顺之助的父亲虽是大诸侯仙台藩继承人,但只是伊达庆邦的养子,伊达顺之助只是"养孙"。伊达宗城与《灼熱-実録伊達順之助-》的作者伊达宗义的姓名只差一个字。因此,伊达宗义可能与伊达顺之助有家族血缘关系。因此作者怎么崇拜与赞扬伊达顺之助,我们就不必评论了。

也就是说,在中国滚打爬行、为非作歹几十年,最后可耻地在中国被执行死刑的战犯,居然被大日本国的艺术明星们复活了!但在中国,却罕有人知道伊达顺之助是怎么样一个人!

伊达顺之助究竟是怎样的一个人呢?

按名字推断,伊达顺之助当然是日本人。但他自己却不肯那么说。伊达顺之助常对别人说自己是中国人。他有一个中国名,那名字就是张宗援。凭这个中国名,可能会想到山东"皇帝"张宗昌。不错,伊达顺之助与张宗昌的确有关。第一层关系是伊达顺之助是张宗昌的顾问,也就是说,他是在张宗昌帐前吃饷当差的。第二层关系是伊达顺之助要取中国姓"张",要姓张,就要找一个张姓的爸爸,此人非张宗昌莫属。于是伊达顺之助就在张小帅帐前喊张宗昌为老爸,要拜张宗昌为爹。张宗昌比伊达顺之助小 17 岁，这老爸当得名不正言不顺，但伊达顺之助不觉得有何难堪。第三层关系是伊达顺之助拜见了张宗昌的妈妈张老太太，张老太太给伊达顺之助升个级，从孙子升为儿子。张老太太说，你和昌儿年龄相差无几，不如拜为兄弟吧。今后你就名为张宗援，与宗昌同辈分。既然与张小帅是拜把的兄弟，当然职务上是明明白白的顾问。既然老太太说了，这事就这么定了。有张宗昌在，张宗援是否需要中国籍就无所谓了，至于在中国娶二奶育儿生女还能有什么麻烦？当然，这样想，那就太小看张宗援的鸿鹄之志了。

以上说的是发生在 20 世纪 20 年代前后的事。当然，此时伊达顺之助的确十分感激张宗昌，他需要张宗昌的保护。而且张宗昌这人十分"上路"，而且与自己同路。

张宗昌是个胆大妄为的人。但在一点上，他是有度的，他从来不许人家当面呼他为张大帅。而且遇到这种场合，他都会谦虚地纠正说，自己只是张小帅，他不敢僭越。这事最早发生在 1925 年，那年他作上海之行去接管魔都，适逢杜月笙、张啸林为他接风洗尘。席间有人习惯性地称张啸林为张大帅，杜月笙连忙介绍张宗昌大帅，张宗昌却纠正说自己只是张小帅。对此张啸林很是得意。其实，张宗昌可不是要屈尊于小流氓张啸林，他另有原因：

军旗飘，大炮轰，中国有个张大帅。堪称张大帅的只有一个，那就是爹亲娘亲不及大帅亲的那位张作霖。张作霖简直就是一剂令张宗昌服服帖帖的药。

而令伊达顺之助如此服帖张宗昌的原因，也是大帅张作霖！

前面提过，伊达顺之助被执行死刑前，要核对身份。他就有张作霖少将顾问的头衔。其实，那时张作霖的顾问是町野与菊池两人，伊达顺之助通过町野介绍，给张作霖当安全顾问，少将衔。说是安全顾问，实际只是保镖。保镖归保镖，总是张作霖鞍前马后的人。伊达顺之助为何又舍张作霖而投到张宗昌帐下？

原来，这伊达顺之助大有前科！他在大帅张作霖帐前待不下去了。

据伊达顺之助的日本同胞称：伊达顺之助这小子从小非常顽劣，喜欢到处惹是生非。稍大一些进了学堂，就更了不得。因品行恶劣，他先后转学麻布中学、庆应普通部、立教中学等学校。最后到 1914 年，他 22 岁的时候才在旧制海城中学校毕业。其中，在立教中学就学期间，1909 年 5 月 13 日，他在东京明石町的路上因小事同不良学友发生争吵。伊达顺之助立即拔枪将同学打死。10 月 15 日，东京地方裁判所判决：伊达顺之助惩役 12 年。1910 年 6 月改判惩役 6 年。但伊达家族是诸侯仙台藩的嫡系，势力强大，他们聘侦探律师岩井三郎对受害学生的品行进行调查，出证明说伊达顺之助完全是自卫行为。大审院下令宫城上诉院判决，把徒刑改判为缓刑，将伊达顺之助释放。

毕竟是杀了人，还被判了徒刑！家族的这种庇护，难免遭平常人的白眼。想想如果继续留在日本折腾，将来也不会有多大出息。后来，伊达顺之助去殖民地朝鲜，担任平安北道国境的警备队队长。没待多久，伊达顺之助又跃跃欲试。他与北一辉、大川周明、出口王仁三郎等人交情很深，而且志同道合。伊达与他们一拍即合，决定冒险去中国折腾。北一辉、大川周明、出口王仁三郎这些都是名人了，他们都受过高等教育，北一辉、大川周明是日本法西斯的理论家，出口王仁三郎是某神秘教的教主，而伊达顺之助脾性顽劣，又没有受过良好的教育，他怎么能与北一辉、大川周明等人"志同道合"呢？原因就是一个，到中国冒险！实现日本霸占中国、称霸世界的野心。

此前，我们已经谈过北一辉这个人。1906 年北一辉在日本参加中国同盟会，从此有投身中国革命 13 年的经历。不过，北一辉同时还是日本军部的外围组织黑龙会成员，这点并没有引起中国人注意。而当同盟会内部出现对立时，北一辉总是选择站在某一边。例如，章太炎叫板孙中山时，北一辉则表明自己对孙中山持批评态度。他与黄兴、宋教仁、谭人凤、张群私下交情很深。1911 年辛亥革命发生，北一辉应宋教仁之邀，到中国上海、武昌和南京等地活动，随后长居上海。北一辉曾因自作主张要去调查宋教仁被刺案真相，卷入中国政治事务，从而被日本领事勒令返国三年。回国后他著书立说，介绍中国革命，一度主张中日结成军事同盟。但他后来发展成日本最著名的法西斯主义理论家，他崇尚暴力，鼓吹战争万能，宣扬日本对外扩张合理，他希望日本打败英、美、俄、中等国而成为庞大的世界帝国。由于思想极端，行为激进，1936 年他因

"二二六"反政府的政变而遭逮捕，后被法院判死刑而遭枪决。而另一个法西斯理论家大川周明，则继续在日本喧嚷法西斯军国主义，为日本侵华和发动太平洋战争制造舆论。在前面我们讲到东京大审判时，提及大川周明被定为甲级战犯，并被押上国际军事法庭的事。法庭上，大川周明通过装神弄鬼，伪装神经病而逃脱了正义的审判。所以，我们说，日本流氓浪人伊达顺之助与法西斯理论家北一辉、大川周明及神秘教主出口王仁三郎完全是不一样的人，说他们"志同道合"，那只是他们都主张用法西斯手段对付中国这一点上。其实，与北一辉到中国后站在黄兴、宋教仁一边完全相反，伊达顺之助中国之行的开头，是站在腐败的清王朝一边的。

战犯伊达顺之助，
又名张宗援。

辛亥革命后，肃亲王善耆、避居青岛的恭亲王溥伟，组织"宗社党"，并勾结蒙独分子巴布扎布搞复辟活动。日本黑势力"黑龙会"的川岛浪速和佃信夫等在日本政府支持下乘机兴风作浪，与他们结成同盟，试图推动"满蒙独立运动"，分裂中华。他们还秘密拼凑了一支1500人的"勤王复国军"，进行武装叛乱。这些得到日本参谋本部、关东都督府等机关的援助。此时伊达顺之助正依靠张作霖顾问町野的掩护，作为定时炸弹埋在张作霖身边。袁世凯死后，日本政府认为"满独"、"蒙独"均为乌合之众必败，不愿卷入，但日本军部却要继续蛮干。驻东北的日军满铁联队长土井市之进少将与川岛浪速"黑龙会"及"宗社党"等发现张作霖是他们制造"满蒙独立"的绊脚石，于是把攻击目标指向张作霖，企图实施暗杀，以便乘乱夺取沈阳城，使东北成为宗社党的天下。为此伊达顺之助参加了土井、川岛等组织的"日本满蒙决死团"。在此时，肃亲王善耆、川岛浪速、日本军部的土井市之进少将和伊达顺之助已经联系在一起了。

1916年5月下旬，日军满铁联队长土井接到上司除掉张作霖的密令，便马上来到沈阳满铁附属的秘密地点，召集日方军职人员，密商暗杀张作霖的计划。张作霖的顾问町野和安全顾问伊达也参加了会议。他们决定由伊达、三村预备少尉等组成"满蒙决死团"，刺探消息，以便伺机执行伏杀张作霖的任务。这"满铁"是日本占领中国东北铁路的一个机构。因为日俄战争中日本人战胜了沙俄，于是，他们乘机夺取了中国东北的铁道支配大权，在中国东北建立国中国的"满铁"机构。"满铁"是建立在中国境内的日本军政谍商合一的殖民主义机构。

5月27日，机会来了。这一天，日本天皇之弟闲院宫载仁亲王从俄国返回日本经过沈阳。张作霖要到沈阳车站去迎送。他特率部下汤玉麟等乘5辆豪华俄式马车，在骑兵卫队的护卫下，大张旗鼓地赶往车站。"满蒙决死团"侦知张作霖的行程后，决定在张作霖的回程中伺机下手截杀。狙杀行动第一波在小西边门。张作霖在归途路过此地时，突然遭到炸弹袭击。炸弹是从道边的一层楼的窗口里投掷出来的。但是，执行任务的日本刺客三村丰不认识张作霖，看到汤玉麟煊赫的气派，以为就是目标，就把炸弹扔过去。刹那间，小西门大街硝烟弥漫，乱作一团。慌乱中的三村丰投弹不准，汤玉麟等人只受了轻伤，在后边护卫的卫队士兵被炸死了五六人。从而，坐在后边马车里的张作霖有惊无险。自然这是由于汤玉麟习惯要派头，喧宾夺主，而分散了日本刺客的注意力。惊魂甫定的张作霖见状，立即扔掉披风，拿过卫兵的军帽戴在自己头上，然后猛地跳出马车，骑马奔向总司令部。没料到他中途经过沈阳图书馆时又遇袭。只见一个人突然从图书馆大门跳出，手执炸弹向张作霖的坐骑扔去。多亏张大帅本是马匪出身，骑术高超，他的坐骑飞越炸弹，炸弹在马屁股爆炸。爆发的冲击波掀飞了张作霖头顶上没戴牢的卫兵帽。张作霖无恙，倒是四向飞溅的弹片击中了刺客的致命处。刺客砰然倒下，在大街上翻滚几下断了气。

此时已近黄昏，夕阳照在旁边大楼的玻璃上发出强烈的反光。此时张作霖保镖伊达顺之助没有乘马车与张作霖同行，而装做若无其事地在总司令部门口与传达室副官聊天。他远远见几个骑兵狼狈不堪地奔来，还以为大事已成。但他马上感到不妙。他认出领头没戴帽子的骑手，不是别人，正是张大帅时，心中不禁一惊。按本能，他应该快速拔出手枪向前补上几枪。再说，伊达顺之助从小就是挥枪杀人的好手。但伊达顺之助没有那样做，他发现总司令部的警卫也已经动起来了。警卫们上前牵过张大帅的马，那马已经浑身是汗，后腿鲜血淋漓，马肚子被弹片刮伤。张作霖连声要门卫好生照料这匹伤马，然后在卫队的前呼后拥下入内。总司令部也就在刹那间戒备起来，各要害处均架起了机枪，如临大敌。

带伤的汤玉麟随后赶回，见人就问：

"七爷回来了吗？伤着没有？"

不久，警卫向张作霖通报：

"日本铁道守备队长陪同日本领事来访。"

寒暄之后，日本客人表示深切慰问。而张作霖打着哼哼：

"哼，有人打我张作霖主意，没那么容易！"

警卫仔细查看刺客尸体，发现他脚上有日本人特征：穿惯木屐拖板鞋留的痕迹。他们断定凶手是日本人。而且刺客对张作霖出行时间和路线如此熟悉，这必有在张作霖身边的日本人参与预谋。但事后，张作霖佯装不知，照样信任町野顾问和菊池顾问，对安全顾问伊达和"蒙独"分子巴布扎布也未作追究。日本派给张作霖的顾问很多，如本庄繁、大迫通贞等，土肥原贤二是唯一被他拒绝的。本庄繁、土肥原、大迫等都是大战犯。虽然张作霖对"五二七"暗杀的事，故作镇静，但伊达顺之助心里有鬼，这安全顾问还是不当为妙，于是引咎辞职。张作霖也挽留不迭并赐重金。此后，伊达顺之助一度流浪于东三省，从而有了日本浪人的身份。

本来，伊达顺之助与张作霖手下的狗肉将军张宗昌熟悉。张宗昌常受张作霖派遣入关到南方作战。伊达顺之助于是提出跟张宗昌一道随军作战。伊达顺之助在张宗昌那里，也混了个顾问当当，关系倒也融洽。再后来就是我们开头所说的那段：伊达顺之助摇身一变，成了张宗昌的拜把兄弟张宗援。

1925年7月，张作霖从段祺瑞手里讨了一块山东省的大地面交给张宗昌，从而张宗昌当上了山东土皇帝，有了自己的地盘。伊达顺之助与张宗昌手下的褚玉璞、程国瑞、毕庶澄及毕庶澄手下的团长李寿山等人交上了朋友，同时也就有了张老太太认伊达顺之助为子的事。变成张宗援的伊达顺之助，也就不用再介意张作霖了。此后，我们使用张宗援这名字来称呼他。

不久，北伐战争发生。张宗昌不久就吃败仗，五万兵马在胶东被白崇禧包围，走投无路的张宗昌感到大势已去，化装后从一条小巷逃出，找到一条小渔船，从滦州口逃往大连，再经张宗援的协助，东渡日本找到临时落脚点。张宗昌的残部五万人被白崇禧全部收编。

张宗援却在中国留了下来。据说 1931 年的时候，张宗援确实归化中国，有了中国国籍。

1931 年"九一八"事变发生，张宗援突然兴奋起来。他按日本国的号令"闯关东"到东三省地面，只是此时，从日本参谋本部出来的小矶国昭、多田骏、板垣征四郎、土肥原贤二、本庄繁、东条英机等已经后来居上在东北成了大局面，张宗援已无多大气候。但张宗援不气馁，他也服气：就暗杀张作霖的事来说，后来制造皇姑屯事件的河本大作不但运气好，而且能力也显然比自己强多了。河本大作之后又出了一个河本，他叫河本末守。这个小河本策动了"九一八"柳条湖事变，改变了中国东北三省的版图。这些日本人令张宗援佩服得五体投地。他决定"白手起家"，在东北从头干起，也要造出一个局面来。他与原本熟识的营口人王殿忠一起到沈阳招募伪军，又碰上了张宗昌的旧部李寿山。李寿山原是毕庶澄手下的团长，毕庶澄因上海兵败，被张宗昌枪毙了。李寿山逃到沈阳，在南站开旅馆为生，现碰上张宗援，两人一拍即合，决定招募土匪，从各系军阀的游兵散勇中拉出一支伪军。同时，张宗昌旧部程国瑞、张海鹏也蠢蠢欲动。于是张宗援出面与日本关东军联络，从日军处谋到一个安奉地区警备司令部的番号，还弄来长枪大炮，让李寿山当司令，他自己当副司令。司令部下面编了三个步兵营及骑兵连、机枪连、迫击炮连、山炮连、大刀队各一部，驻扎在营口外的大石桥到安东一带。

另一支以王殿忠为司令的日伪军驻营口。营口人王殿忠本是马匪出身。

这两支日伪军队，活动在辽东半岛，频繁地与东北抗联作战，其为害抗日将士及平民百姓的手段异常残忍。在此，我们要提到一个名叫佐佐木到一的人。佐佐木到一与日军大头目山下奉文、冈部直三郎、阿南惟几是日本陆军士官学校第 18 期同学。他介于板垣征四郎与土肥原之间当过日本驻北平的武官。佐佐木还是孙中山和蒋介石的军事顾问。而在佐佐木任蒋介石顾问时，冈村宁次是孙传芳的军事顾问。1934 年 12 月，佐佐木到一继多田骏和板垣征四郎之后以陆军大佐衔任伪满军政部最高顾问，负责整编伪满军。他把此前不服帖的大批伪军统统赶上战场，让他们与中国军队互相屠杀，使这些张宗昌旧部及安国军自我完蛋。这批伪军是：李际春的建国军、程国瑞军、张海鹏的部队、川岛芳子的安国军、刘桂堂的部队、李守信的部队，其中只有刘桂堂带残部逃到山东。佐佐木留下了张宗援等以日本人为领导核心的伪军。他将伪满划分为五个军管区，任命于琛澄为伪第一军管区司令官。张宗援这支伪军划归于琛澄指挥，其番号改为第三混成旅，正副旅长为李寿山与张宗援。佐佐木到一自己一心想当灭亡中国的新吴三桂，但毕竟是日本人，于是把希望寄托在自己训练的伪满军身上。几年的精心培植，佐佐木培育出了一支颇具规模和质量的伪满军，从而他取得伪"满军之父"的赞誉。1933年，佐佐木按日本关东军指令，派伪满军入关，企图重温当年清兵入关灭亡中国的美梦，用中国人代替日军侵略中国。其中伪满军靖安军和伪第五教导队等部共 7000 余人组成热河支队，烧杀劫掠一直到北平附近，这是想象中的"新吴三桂部队"。伪第三混成旅旅长李寿山与张宗援编成伪满洲国派遣军李支队，潜入山东东部，配合日军侵略捣乱山东地面，这是一支新的孔有德、耿仲明和尚可喜"汉八旗"部队。结果"新吴三桂热河支队"在长城抗战中被傅作义和汤恩伯消灭，"新吴三桂"折戟草原。但李支队后来进入山东成了为非作歹的"汉八旗"。此时原伪满军刘桂棠部也混在山东，称为土匪刘黑七。1938 年 2 月，土匪刘黑七部归李寿山与张宗援指挥，山东地面也真的冒出了新的孔有德、耿仲明和尚可喜"汉人旗兵"。随着日军第 14 师团第 28 旅团旅团长酒井隆率部侵入山东之后，李寿山与张宗援配合日军占领了日照城、涛雒等地。但他们也并非像做梦一样便当，涛雒一战被万毅的国军部队击退。进入山东的张宗援为了增加欺骗性，就脱离了伪满编制，打出伪山东省自治军的旗号，李寿山、张宗援分别任伪山东省自治军正副总司令。同时他们还借用张宗昌的影响，招纳土匪，扩大势力。加上土匪张步云、刘黑七（即刘桂棠）等部，张宗援旗下形成一支虽庞杂但规模相当大的军队。这是一支以中国人名义建立的日本伪军，他们公然进行分裂中国主权的活动。

但好景不长，1938 年 11 月，伪李支队的主力赵保原部，在遭受抗日武装打击的情况下，另谋出路，在昌邑接受山东省国民党第八专区专员兼保安司令厉文礼收编，脱离伪军，改编为山东省第八专区保安第三旅。这致使张宗援打通山东交通线的计划泡汤。气急败坏之下，张宗援将责任推给李寿山，结果李寿山被日本人判了五年徒刑。张宗援独揽伪山东省自治军大权，自封上将总司令。他继续率伪军在山东掖县、招远、黄县一带活动，残害中国抗日军民。

1939 年 1 月 16 日，张宗援率伪军 1300 人，伙同刘桂棠部 700~800 人，由平度侵入大军阀张宗昌的家乡掖县。此时张宗昌已被仇家杀死多年了。那是在 1932 年 9 月 3 日，张宗昌被韩复榘从北平骗到济南，仇家之子郑继成事先等在济南车站，张宗昌一露面就遭枪杀。张宗昌与郑继成之仇是在 1927 年冬结下的。当时，张宗昌在济南杀了郑继成之父郑金声。而这次郑继成借力韩复榘杀张宗昌于济南，算是子报父仇，彼此扯平了。当张宗援到山东之际，郑继成正在日伪军张岚峰部当参议，彼此同属伪军行列，张宗援对他也就无可奈何。这次，张宗援是以替张宗昌扫墓为借口进入掖县的。张宗援进掖县，制造了一起大屠杀事件。

从入城当天开始，张宗援就大肆在城内搜捕抗日军民并在城外四处"清乡"。在后来的四五天里，他们秘密残杀我抗日人员、家属、积极分子和无辜百姓四百余人，制造了空前的惨案。

在进攻掖城的当天，张宗援就派便衣特务事先潜入城内，在东门里逮捕了八路军战士和抗日人士。入城后张宗援驻掖城大十口路西的"大洪昌"钱庄，土匪刘桂棠驻南门里李宝昌家。匪徒们一落脚，当夜就对城内外商号、民户大肆抢劫，并传令四关四隅各村，所有民户夜间不得关门，以便随时搜查，如有违抗，以"窝匪通匪"论处。进城三四天，张宗援在原国民党县党部旧址召开"黄道会"，与会者多是地方上"三番子"、"在家里"等地痞流氓。"三番

张宗援的伪军

子"、"在家里"就是"黄道会"的会众。掖城"三番子"头子王光裕被奉为上宾，五六百流氓地痞开了四五天的会，天天大吃大喝。吃喝之间，"三番子"替张宗援到处摸底捉人。"黄道会"是个汉奸性质的会道门，从全国范围来说，"黄道会"的大头子就是臭名昭著的大汉奸常玉清。后来，常玉清与张宗援是一起在上海提篮桥监狱被判处死刑枪毙的。

召集"黄道会"的同时，张宗援部队在东北隅开始大批捉人。张宗援捉人多半是出动便衣，有时派伪军配合。他们强迫村民到县立第一小学开会，在会上要老百姓检举揭发：

私通和窝藏八路的，格杀勿论！发现八路忠实报告的，皇军有赏！

这就是我们在电影里常见到的日军大"扫荡"后，抓抗日战士的镜头。

匪特见群众不说话，恶狠狠地点名留下十来个人。其中有卖火食的刘宝元、开饭馆的李文晋，还有当间长的徐凤昌等人，都是普通老百姓。

散会后，张宗援的便衣又在村里捉人，拿着名单挨个打听。16岁的张福来正在街上玩耍，不明不白地被绑起来捉走。还抓了八路军第5支队某部秘书彭金阙的父亲和妻子孔玉恒，当时她正怀孕，怀中还抱着孩子。

张宗援惟独不抓"黄道会"成员。目的就是以恐怖手段，迫使市民参加"黄道会"。

掖城当地建立了伪县政府。张宗援任命张起陆为伪县长。张起陆是他从东北带来的马崽。他还任命下属的参谋长赵焕祥为伪自卫团团长、他的少校副官程金龙为副团长。伪自卫团约两百人，维持"治安"。

张宗援把捉来的人关押在司令部后院和副官部临时监狱。

土匪刘桂棠也大肆抓人。他因得不到张宗援的足够接济，便下乡抢劫、捉人，借以补充军费。他捉的人，多数被关在南关路东地主家房子里，不往城里送。

被张宗援、刘桂棠抓去的人常不加审问，随即杀害。有的关押数日，遭受刑讯。审讯中使用酷刑，酷刑的名目繁多，不一而足。其中有一样是用烧红的铁铲子烫人。

张宗援又搬出孝悌之道收买人心，以便于招兵买马。他大肆宣扬自己是张宗昌的兄弟，积极筹备祭奠张宗昌的活动。其实，连张宗昌的家人都远远地避开张宗援。于是，他把张宗昌遗孀的姐夫请到城里，强作笑脸表示亲热。他在东门外用赁铺的席子圈出十来亩地，费了半个月时间，强迫城内外的扎纸铺二百多名工匠为张宗昌扎阴宅，限期完工。

张宗援祭奠张宗昌的丑剧演完，成批地秘密屠杀也开始了。他们在掖城的秘密大屠杀共计四次：

第一次是 1 月 25 日（腊月初六）夜里，在县政府西院，杀 34 人，其中有 4 个女的。

第二次是 1 月 27 日（腊月初八）夜里，在原省立第九中学的校院，又杀抗日军民 120 多人。八路军第 5 支队的军属孔玉恒由于梳着厚大的发髻，刀伤没有致命，半夜苏醒后逃了出来。

第三次杀人是 1 月 28 日（腊月初九）夜里，在九中南操场。

第四次是在旧公安局西院。后两次杀害 250 多人。杀人场地多在抗战开始后，居民挖的防空洞附近，尸体全被扔到防空洞里。转年春天，尸臭满城，红十字会雇人搬运掩埋。

此后张宗援的伪军在抗日武装一再打击下，逐渐解体。其内部也发生火并，一度来合伙的土匪刘黑七和张步云都领兵他去，失去军事实力的张宗援渐渐失去日本军事当局的信任。

当年，张宗援残部被日本军事当局强制解散。张宗援隐居青岛，以日本海军高级顾问的身份从事着特务老本行。不过，曾受他指使支配的李寿山、赵保原、王殿忠等匪徒则继续为非作歹，横行东北、华北。直到八年抗战胜利和三年内战结束之后，这批兵匪才陆续被收拾。

日本投降后，张宗援于 1945 年 11 月 17 日被青岛警察局逮捕。可能因张宗援在山东还有一定的情报资源吧，其一度又被国民党收容，经中统局批准，调由鲁东区情报室留用。不过好景不长，在被榨干利用价值后，张宗援，也就是伊达顺之助最后还是作为战犯被辗转押解到上海提篮桥监狱，最后经历了关押、审判、死刑的程序化过程。

4.《何梅协定》炮制者酒井隆

南京是国内对日本战犯进行审判的重要城市。1946 年 2 月 15 日，国防部直属的南京审判战争罪犯军事法庭成立。南京军事法庭统一审判由中国驻日代表团引渡和从全国各地法庭移交的日本战犯。

庭长：石美瑜。

主任检察官：王家楣。

审判官：陆起、李元庆、林建鹏、叶在增、孙建中、龙钟煌、张体坤、宋书同等。

检察官：李波、徐乃堃、高硕仁、施泳等。

后来，该军事法庭开庭审理时，发现首都地方法院首席检察官陈光虞和同院的民事庭庭长丁承纲等人常担纲检察长或主任检察官。检察官陈光虞既参与对战犯的起诉，又当审判汉奸法庭的检察官。他是这场国内的大审判中出色的检察官之一。

为了处理汉奸，国民政府在 1945 年 11 月 23 日和 12 月 6 日，正式颁布《处理汉奸案件条例》11 条和《惩治汉奸条例》16 条，作为肃奸的法理依据。

审判汉奸是在国家常设的法院进行的。拘押在南京和上海地区的汉奸先由设在苏州的江苏高等法院和上海的高等法院开审。北平和广州等地的高院也对拘押当地的汉奸进行审判。

1946 年 5 月，新成立的南京军事法庭着手审判从各地集中到南京的日本战犯。

前文已经简要叙述到，为《何梅协定》耍尽阴谋诡计的日军战犯酒井隆已经在 1945 年 9 月被中国政府逮捕。酒井隆作恶多端，他甚至直接欺骗了蒋介石、侮辱过何应钦。他不仅在中国大陆血债累累，在香港的暴行更是令人发指。日军侵占香港后，港英总督杨慕琦和他手下的重要官员成了日军的俘虏，被酒井隆关进集中营，受到百般凌辱和虐待。他们无不对酒井隆恨之入骨。为此，英国政府多次向中国提出交涉，要把酒井隆引渡给英国军事法庭予以严惩。但中国政府婉拒英国的引渡要求。中国的理由很充足：

酒井隆固然在香港作恶多端，但他在中国大陆犯的罪行更是十分严重，而且他还与甲级战犯板垣征四郎和土肥原贤二交叉互为上下级长官，他们之间有共犯的罪行。审判酒井隆可以为东京国际军事法庭提供大量

酒井隆在香港巡城的照片

证据。所以坚持应由中国南京军事法庭来审判酒井隆。这样做，既为全体中国人伸张正义，也一定能替香港同胞、港英当局和被害的英国人士讨回公道。

英国政府要求引渡酒井隆被拒绝，又退一步要求派法官参加审判，国民党政府仍然严词拒绝，这另有道理在其中：中英两国的法律不同，审判程序也不同。英国人派法官参加审判，不又会出现历史上的"上海会审公廨"中英法官同堂共审的乱局？中国人不愿意重演"上海会审公廨"那种乱象，因而决定审判酒井隆由中国单独进行，并告诉英国人：

中国法庭一定会替香港同胞向日本战犯讨回公道。

1945 年 11 月 6 日，为贯彻《波茨坦公告》，惩处"二战"中的日本战争罪犯，中国在南京设立"战争罪犯处理委员会"，中央军事委员会的军令部次长秦德纯为主任委员。战犯处理委员会是处理战犯的最高权力机构。

以秦德纯为首的"战争罪犯处理委员会"负责收集整理了日本战犯的罪证。秦德纯原是冯玉祥的部下，与第 29 军的宋哲元一起负责华北地区的防卫。他们都受国民政府军事委员会北平分会委员长何应钦的领导。前文提到的《塘沽条约》、《何梅协定》、《秦土协定》及卢沟桥事变等，他都是知情者和参加者，而且是《秦德纯—土肥原协定》（即《秦土协定》）的签字人。他对日本的侵略阴谋和罪行十分清楚，特别是土肥原、梅津美治郎、板垣征四郎、酒井隆、高桥坦、矶谷廉介等战犯都曾经是与他面对面打过交道的冤家对头。由于土肥原、梅津美治郎、板垣征四郎是甲级战犯，由东京国际军事法庭审判，所以秦德纯负责的"战争罪犯处理委员会"第一个把酒井隆首先提交南京军事法庭审理。虽然，战犯委员会提供的土肥原、梅津美治郎、板垣征四郎、松井石根等甲级战犯材料，按英美法体系的观点来看不尽如人意，但他们提供的酒井隆、高桥坦、矶谷廉介等战犯在中国的罪行证据却是十分充分的。这是因为酒井隆这些人在中国的罪行一桩桩一件件都是在光天化日之下发生的，人证物证样样俱全。而且酒井隆的丑行让蒋介石、何应钦恨得咬牙切齿，也是秦德纯的切肤之痛。英国政府方面也为酒井隆在香港的罪行提供了大量证据。于是1946年5月，国防部南京军事法庭首先受理了战争罪犯酒井隆的案子。

审理此案的审判长由石美瑜担任，江苏省首都地方法院的民事庭庭长丁承纲任检察官，审判地点是南京中山东路的励志社礼堂。审判按中国法律程序进行，法官、检察官允许讨论和交换意见，无需互相制约。这场审判的检察官丁承纲是首都（按：南京）地方法院的民事庭庭长兼任江苏省保安处军法处长。说起来也巧，丁承纲的公子丁祖诒也是如今的名人，他是西安翻译学院的院长，著名民办教育家。而审判长石美瑜则是大名人。前文已经提及，石美瑜是陆军司

南京军事法庭庭长石美瑜

令部审判战犯法庭庭长并授少将军衔。当时，选拔刚成立的军事法庭庭长是有明确条件的：1. 从全国司法界中现任高等法院庭长一职的司法官员中选拔；2. 40岁以下，任推事10年以上。这些条件是国民政府前司法部长谢冠生和陆军总司令何应钦提议的。石美瑜时年37岁，又任江苏高等法院的庭长，符合条件。加上石美瑜在1932年司法考试中名列榜首，从而这位福建籍的法官优先中选。

后来陆军司令部审判战犯法庭改名为国防部南京军事法庭，石美瑜继续被任命为庭长。东京国际军事法庭派来中国的监审官美军少校赫伯特、美国法官阿尔达克和霍西关注了南京和上海两军事法庭对引渡来华的日本战犯审判的全过程。

战犯嫌疑人酒井隆的罪行从1928年1月1日开始计算，这正符合东

京国际军事法庭规定 1928 年 1 月 1 日为对日本战犯起诉的起始日期。正是由于我国检察官向哲浚的据理力争，东京国际军事法庭才正式采纳这个起始日的。向哲浚的建议可能就是以酒井隆的犯罪日期为依据的。在中国，抗日战争可以从 1928 年日军制造皇姑屯事件暗杀张作霖算起，也可以从日军侵略山东制造"济南惨案"算起。这些事件都发生在 1928 年。酒井隆正是日军侵略山东和制造"济南惨案"的罪魁祸首。酒井隆生于 1887 年，曾任日本驻中国公使馆副武官、驻济南武官、参谋本部作战部中国课课长、驻天津日军参谋长、参谋本部部附、第 14 师团第 28 旅团长、张家口特务机关长。太平洋战争发生时为第 23 军司令官，代理香港总督。日本投降后，酒井隆作为战犯嫌疑拘押于南京。其落网过程前文已作详细叙述。

1946 年 5 月 27 日，南京军事法庭接受对酒井隆的起诉。5 月 31 日，南京军事法庭开始对酒井隆进行公开审判，酒井隆出庭接受初审。

审理按案情的时间顺序进行。公诉人首先指控酒井隆早年参与制造济南惨案的罪行。

1928 年，蒋介石发起第二期北伐。4 月底，北伐军进入山东省。眼看中国北伐战争的胜利势不可当，中国统一即将实现。这是日本人最不愿意看到的局面。因为一个分裂的中国，对日本侵略占领中国最为有利。于是，为破坏中国统一，日本必须破坏北伐。

当时任日本驻济南武官的酒井隆少佐，正是日本派遣在中国的大特务，他的任务就是寻找机会，引导日本增兵山东，扩大侵略。

1928 年 4 月 16 日中午，酒井隆向日本陆军参谋总长铃木庄六发电称：

> 鲁军主力部队（按：张宗昌部）虽于 13 日放弃临城，正向界河一线撤退，但能否在该地附近停止撤退，存在疑问。目下，北军形势正日益变得不利，加之南军第二纵队中含有共产系第四军，据此，鄙职认为帝国决心出兵的时机已经成熟。

日本田中内阁会议根据酒井隆的请求，通过了日本第二次出兵山东的决定。1928 年 4 月 19 日上午 11 时，日本政府正式宣布出兵山东，当日下午 1 时 50 分，日军参谋总长铃木庄六即向近卫师团长谷川直敏中将、第 6 师团长福田彦助中将及中国驻屯军司令官新井龟太郎中将，发布了关于派遣第 6 师团及临时驻济南派遣队的第一号命令和对第 6 师团及中国驻屯军司令官的第一号指示。明确授权第 6 师团长和驻屯军司令官可以使用武力。

4 月 25 日，日军第 6 师团长福田彦助中将率 5000 余人入侵青岛，先下手为强地使用武力进攻中国军队，而无论是南军还是北军，应酒井隆的要求，师团长福田彦助均以欺骗手段麻痹住山东军阀张宗昌，然后率军方便地进入济南。这日军第 6 师团就是后来制造南京大屠杀的罪魁祸首。冈村宁次大佐作为下属，参与了此次济南事件。

在促成日军进入济南，制造事端，达到干扰北伐的人当中，我们还要提到一个人，那人就是佐佐木到一。佐佐木到一曾在 1922 年被参谋本部以武官身份派遣到广州，接替了原武官矶谷廉介。日本武官矶谷和佐佐木当然都是军事间谍。孙中山不辨，他俩均被聘为军事顾问，并与在孙中山身边任参谋处长的蒋介石认识。矶谷廉介后来是日军驻香港伪总督，我们下一节再谈他的事。佐佐木得到孙中山的全面信任，他握有孙中山手签的大本营特别出入证，不必向门卫说明，就可径直而入。在此期间，佐佐木向日军参谋本部提交很多报告。这些文件为后来日军沿长江发动侵略战争提供了范例。佐佐木还搞到 200 多张十万分之一的两广地图，成为日军占领华南的军用地图。佐佐木还测绘了香港背面地图，也成为日军 1941 年进攻香港的依据。为此他受到参谋本部次长武藤信义的表扬。佐佐木还吹嘘，中山装也是他在沙面一家日式西服店为孙中山设计的。1924 年 8 月上旬他奉调回国，孙中山还亲自欢送。佐佐木之后，1925～1927 年矶谷廉介出任驻广州的武官，他也吹嘘自己是孙中山的"粉丝"。后面，我们将会介绍这位矶谷廉介接受中国军事法庭审判的事。1927 年，蒋介石北伐到上海，佐佐木到一又以顾问的身份跟随北伐军。由于佐佐木到一意识到蒋介石北伐军的反帝主张，必定要把日本当作帝国主义的一员，而且北伐军必定要进入东北接管张作霖的奉系军阀地盘，结果将危害日本利益，所以北伐军一进山东，佐佐木到一就赞成日本出兵山东"惩罚中国方面的不法行为"。北伐军攻占兖州时，听到日本出兵山东的消息，蒋介石大为震怒。佐佐木到一当着蒋介石的面百般巧辩。他胡说，如果中国方面想要逃避"非法行为"的责任，日本只能诉诸武力给予严惩，除此之外别无他法。佐佐木到一就这样干扰北伐的部署。

5月1日，蒋介石率北伐军进入济南，与日本侵略军第6师团形成对峙局面。为化解对立情绪，蒋介石被迫请日本浪人佃信夫与日军交涉。

酒井隆知道后，通过佃信夫向蒋介石提出：

以中国负担日方军费为条件，侵略济南的日军撤回青岛。

暗中，酒井隆和福田师团长密谋先麻痹中国军队后，再发动进攻。

经过日方的密谋，为欺骗蒋介石，5月3日早上8时，福田彦助派酒井隆等三人拜会蒋介石，赞扬中国军队进入济南，军纪风纪都很好，很守秩序。因此，日军今天就要撤离济南，特来辞行。蒋介石信以为真。

酒井隆见此行目的达到，回去后就下令日军向北伐军发起突然进攻。

上午9时许，北伐军一名徒手士兵经过日军警戒区时，被无故射杀；北伐军一部移往基督医院时，日军又突然开枪，与此同时又向北伐军第40军第3师第7团的两个营发起攻击，北伐军损失惨重。

北伐军第92、93师奋起还击，立即制止住日寇的嚣张气焰。日军指挥官福田彦助见大势不好，急忙通过蒋介石军事顾问佐佐木到一传话给蒋介石，以"如不停火，中日将全面开战"相威胁。

蒋介石看到：如果北伐军因日军的挑衅而停在山东济南与日本人混战一团的话，北伐事业必定功败垂成。被迫无奈，他准备对日妥协。于是蒋介石以革命军不进济南商埠为条件，要佐佐木到一去和口军交涉。

蒋介石传令，对日军停止还击。

酒井隆与佐佐木到一再次密谋对策。鉴于日本侵略济南兵力不足，酒井隆当天给陆军省和参谋本部拍发电报称：

第6师团正在进行紧急部署，冲突事件正在交涉之中，请求采取断然措施，快快增兵。

东京本部派日军第3师团到山东增援作战。日军第3师团长是安满钦一中将，参谋长就是后来南京大屠杀的主犯谷寿夫。有关谷寿夫的事，我们到后面再提。

趁北伐军停火之际，日军指挥官福田彦助借两名日本兵被流弹击毙的事件，重新向中国军队驻地大举进攻。此时，日本侵略军凶焰万丈，不论官兵，见人就杀，一时尸体遍街，血流成河。但蒋介石依然不准许反击，造成7000名士兵被缴械。北伐军外交部长黄郛（注意与南京中央政府外交部长王正廷的区别）出面交涉，结果遭搜查缴械后，被驱逐。与日军继续交涉的战地外交处主任蔡公时和交涉署全部人员被日军捆绑。日军用刺刀对蔡公时和张麟书施行割耳、切鼻的残酷虐待，他们

蔡公时

顿时鲜血喷流，血肉模糊。张麟书的耳鼻被割后，又被砍断腿臂，血肉狼藉，不成人形！最后，全部人员被拽出屋外挨个枪杀。仅勤务兵张汉儒乘枪声响时，应声倒地，然后找机会死里逃生。他作为现场见证人，写下了《蔡公时殉难始末记》，揭露了日寇犯下的滔天罪行！日寇屠杀了蔡公时和交涉署人员后，听说北伐军蒋总司令仍在济南城内，于是派兵又包围了北伐军总部办公楼。外交部长黄郛再次遭到日军的侮辱，又被扣押一天。

事情闹到这种地步，北伐军官兵认清这佐佐木到一顾问是日本派到北伐军内部的奸细。方振武将军的部下把佐佐木绑了起来，准备推出去枪毙。只是此时，枪毙佐佐木到一已为时过晚，再说，那还会增加日本人的口实。所以他又被释放。1929年佐佐木到一回日本。1932年他又到上海，在日军上海派遣军司令官白川义则大将帐前充当参谋，参与策划1932年的"一·二八"事变以扩大侵略上海。白川义则被中韩两国爱国人士王亚樵和尹奉吉杀死之后，佐佐木到一又出现在东北，任关东军司令部部附，兼任伪满洲国最高军事顾问，替伪满傀儡政权组织了一支几万人的伪军。经佐佐木到一训练的张宗援、李寿山、刘黑七等伪满军人

关，把华北、山东一带搅得乌烟瘴气！

佐佐木到一的故事到此还刚开个头。到后来南京大屠杀发生时，我们还要继续讲他如何在南京下关屠杀我数万市民和军人的事。现继续回头讲酒井隆制造的济南惨案。

5月4日，13名走私鸦片的日本流氓在济南被中方依法处决。酒井隆以此为借口，向日本陆军省汇报情况时竟造谣说：

济南有300多名日本侨民遭杀害。

日本陆军省发布新闻时又故意将被杀日本人数扩大了23倍，去欺骗舆论。连日本外务省也认为酒井隆的报告不正确。但日军制造的屠杀一直进行到5月11日。

日军大量屠杀中国军民，造成济南惨案。
图中可见街道边到处都是
被屠杀的中国军民尸体。

此时，蒋介石已全军退出济南，绕道北伐，一直攻向北平。

酒井隆蓄意挑起济南惨案，导致中国军民死亡6123人，伤1700多人，财产损失达2957万元。酒井隆的罪行引起法庭听众的强烈愤慨！

酒井隆在法庭上却百般抵赖自己的罪行。

中国公诉人在法庭上出示一本记载着酒井隆在济南惨案中所起作用的日本文件，然后当庭宣读：（济南惨案）一说系由酒井隆武官密令特务机关之一员，在中日两军之间向双方射击而引起。

这文件很明显地指出，酒井隆为破坏停火，派人故意在中日两军之间向双方射击，给日本侵略军扩大事态制造借口。这使得酒井隆哑口无言。

全中国人都关注着对酒井隆的审判。其中有两位特别重要的人，那就是国民政府主席蒋介石先生和中国陆军总司令何应钦将军。他们都没有直接插手该案，更没有到法庭作证。但他们都遭到过酒井隆的暗算。1928年，蒋总司令为了摆脱这批日本武装流氓的纠缠，不得不退出济南城，绕道北伐。这不能不说是奇耻大辱！而陆军总司令何应钦与酒井隆却因另外一桩公案而没齿难忘。

酒井隆面临的第二起指控是炮制并逼签《何梅协定》等一系列协定，企图掠夺中国主权，扩大侵略中国华北。《何梅协定》就是《何应钦—梅津美治郎协定》。这件事全是酒井隆一手操纵的。何应钦忘不了流氓酒井隆的丑恶行径。

1935年，何应钦在北平任中央军事委员会北平分会委员长。那时，占领东北三省后的日本侵略军正虎视眈眈，想扩大侵略中国华北，不断挑衅和制造事端。当时中国军力软弱，无法制止日本人一步步军事进逼。

《何梅协定》就是在那种情况下，何应钦为息事宁人而签订的。《何梅协定》前后，还有《塘沽协定》和《秦土协定》等。这些同样是何应钦任华北地区最高军事长官时签署的。由于这些条约，牵涉一批"二战"中罪恶的日本战犯，他们是梅津美治郎、酒井隆、土肥原贤二和冈村宁次。

《塘沽协定》是这些条约中的第一个。

1931年"九一八"事变后，日本侵略军占领了中国东北，并继续向关内扩大侵略。1933年3月，日军继续南下侵占热河省，并进攻到长城各关口。冈村宁次作为日本关东军副参谋长参与这次侵略战争。对此，宋哲元指挥的国民革命军第29军奋力抵抗，但日军仍然攻破冷口、古北口进入关内。中国华北危急！

此时日本的侵略行径遭到全世界鄙视，国联开除了日本。那时的国联有点像如今的联合国。日本侵略军为巩固对东北的占领及外交的需要，出面与黄郛秘密交涉。1933年5月31日，由何应钦的全权代表熊斌中将和冈村宁次在塘沽签署了《塘沽协定》。《塘沽协定》成为"九一八"事变的停战协定。中国等于默认了日本占领东三省和热河，还丧失了部分华北主权。

中国军队按条约在6月上旬完全撤出了协定规定的防线。但日军借口"监察中国军队"，将骑兵师团留驻玉田、铃木旅团留驻密云。这为日本人后来发动"七七"事变插进楔子。

日本人习惯的做法就是不断地凭借武力，制造事端，挑起冲突。他们在达到侵略占领别人国土的初步目的后，就讲"和平"，要订条约，巩固占领，并在条约中埋伏下挑起下一次事端的陷阱。即使这种预设陷阱一时没起作用，在他们认为时机到了时，也会故意挑起别的事端，找到新的侵略借口。

果然，没过多久，日本人又肇事了。而且，在他们肇事的基础上，又变本加厉地践踏中国的领土主权。这次制造事端的祸首又是济南惨案的策划者酒井隆。在1934年8月，酒井隆调任日本天津驻屯军参谋长。上任后，酒井隆积极参与策划了侵略中国华北的种种阴谋活动。那个年代，一些无耻的中国文人出卖灵魂，当日本侵略者的喉舌，因而受到中国平民百姓鄙视是常有的事。天津日租界就有为虎作伥充当日本侵略军喉舌的汉奸报刊《国权报》和《振报》。《国权报》是日本陆军特务机关资助的，而《振报》社长则是伪"满洲国中央通讯社"的记者。

1935年5月2日深夜，《国权报》社长胡恩溥，在日租界北洋饭店遭枪击，身中4弹，被送往医院抢救，于次日早晨毙命。5月3日凌晨4时左右，《振报》社长白逾桓也在日租界自己私宅内被枪杀。而事实上，此事出于酒井隆的策划。

这点可以在南京军事法庭1946年8月对酒井隆的审讯中发现。酒井隆不断地抵赖检察官指控他的许多罪行，但他还是承认了当年胡恩溥与白逾桓之死出于他的策划。

法庭调查表明：

酒井隆利用胡、白的被杀事件制造新的事端。他与侵华关东军驻山海关特务机关长仪峨诚也、日本驻华公使馆副武官高桥坦秘密碰头，要利用此事来实现侵略华北的阴谋。

接着，在1935年5月15日，日本侵略军追击我热河省南部的抗日义勇军孙永勤部，并将其逼入长城以南的"非武装区"。对孙部，河北省遵化县县长提供了食物和医药援助。

5月20日，侵华的日本关东军以此为借口，不顾《塘沽协定》的约定而越过长城。日本人颠倒过来诬蔑中方破坏《塘沽协定》。5月29日，酒井隆按照梅津美治郎的命令，发表通告，宣称由于上述事件，日军有必要再次越过长城一线，而且要把北平、天津包括在停战地区内。同一天，酒井隆和高桥坦还面见了何应钦，进行战争威胁。6月8日，酒井隆在天津主持会议，讨论《华北交涉问题处理纲要》。他在会上，主张以武力相逼，以达到侵占平津一带军事要地的目的。6月9日，酒井隆向何应钦开列了一系列要求。

国民政府不想与日方发生冲突，因而不断地妥协退让，最终决定接受日方的要求。6月10日，国民党政府代表何应钦按国民党中央的训令，全部接受了日方要求。

但日本方面并未就此罢休。6月11日，酒井隆将一份由日本华北驻屯军司令官梅津美治郎签署的"备忘录"送到中国军事委员会北平军分会何应钦面前，要求中国方面照抄一份，并由何应钦签章后送交梅津美治郎。何应钦不肯，酒井隆就使出流氓无赖的手段：他把鞋子脱掉，放到谈判桌上，然后盘腿坐在椅子上，并不时地用佩刀敲打桌子，还把刀架在何应钦的脖子上面，逼何应钦立即签字。面对如此无礼行径，何应钦离开。酒井隆竟大发脾气，骂骂咧咧地出了门，没走几步，即解开裤带，不避周围众人，当院小便起来。

最后，何应钦以给天津驻屯军司令官梅津美治郎复信的方式，表示愿意接受日方的各项要求：

> 6月9日酒井隆参谋长所提各事项均承诺之，并自主地期其遂行。特此通知。

这就是酒井隆炮制《何梅协定》的过程。

《何梅协定》的主要内容是：取消国民党在河北及平津的党部；撤退驻河北的东北军、中央军和宪兵第三团；撤换国民党河北省主席及平津两市市长；取缔河北省的反日团体和反日活动等。

在这同一时间，另一起侵略华北的大阴谋正在策划中。

1935年6月5日，四名无护照日本军人闯进中国国土，由多伦往张家口。他们途经张北县时被当地驻军第 29 军第 132 师赵登禹部守卫官兵拦住检查，因无证件而属于非法入境，被送师部军法处拘留。8 小时后，察哈尔省主席宋哲元深知日本军方的流氓本性，为避免日本军方无理纠缠，本着息事宁人的态度，下令师长赵登禹予以释放。但日方不但不领情，不处理己方违法士兵，反而以受到"恐吓"为借口，要求中方"惩办直接负责人"。这就是日本人再次挑起的"张北事件"。

当月 18 日，以汪精卫为首的国民政府行政院会议免去宋哲元察哈尔省主席之职，由秦德纯代理。何应钦指令秦德纯代表自己与日本人处理所谓的"张北事件"。

6 月 27 日，秦德纯与日方代表土肥原贤二谈判。这土肥原贤二就是此后侵略中国扮演重要角色的那位战犯。秦德纯与土肥原贤二在北平又签订了屈辱的《秦土协定》。其主要内容：

按日本的意见调走驻在中国领土昌平和延庆一线的中国宋哲元部队；诽谤中国爱国组织是排日机构，要解散；反咬一口把负责执法检查的中国官兵污蔑为"张北事件负责人"，要进行处罚；不许中国山东移民通过中国的察哈尔省；华北中国军队必须从日本招聘军事及政治顾问；还要中方援助日本特务机关的活动及允许日本建立军事设施等。

土肥原贤二显然是要通过条约把华北变为日本殖民地。

这些协定实际上放弃了华北主权，为两年后日本发动全面侵华战争埋下了更大的隐患。最终导致 1937 年的"七七"事变，日军挑起全面的侵华战争。

酒井隆在《何梅协定》事件上是作恶多端，罪恶累累。那是他与高桥坦合伙同谋的罪行。同时，也与甲级战犯土肥原和梅津美治郎的罪行连在一起。

通过迫使中国签署《何梅协定》，酒井隆提出的侵略华北的要求全部得以实现。酒井隆因此被提升为土肥原贤二的第 14 师团下属的第 28 旅团少将旅团长。"七七"事变后他率军入侵中国，参加了兰封会战等。在河北、山西、河南烧杀抢掠，无所不为。

1938 年 6 月，酒井隆被任命为张家口特务机关长，他在张家口组织伪政府。1939 年 3 月，酒井隆晋升为陆军中将，他被日本内阁中专门处理中国问题的兴亚院任命为蒙疆联络部长官。他竭尽全力为日本夺取内蒙古出谋划策，企图把内蒙古变成第二个"满洲国"。

酒井隆大量收集网罗内蒙古、察哈尔、北平、绥远、山西等地的汉奸，拼凑了"蒙疆联合自治政府"，以云王为主席，德王为副主席，李守信为伪蒙古军总司令。酒井隆指挥伪蒙军队向国民党军队进攻，他为伪蒙军打气说：

"假若察蒙军队打了败仗，我就说服天津驻屯军田代司令官，调日本皇军参战，如若食言，叫我将来被支那军事法庭枪毙！"

酒井隆鼓动伪察蒙军在红格尔图、百灵庙等地与中国军队作战，结果伪察蒙军队被国军傅作义部队打得落花流水。

酒井隆一面派侵华日军向绥远增兵，一面成立"北支那开发株式会社"、"蒙疆电业株式会社"、"蒙疆电器通信设备株式会社"、"国际运输公司"、"东亚烟草公司"、"蒙疆造纸公司"、"蒙疆不动产株式会社"、"蒙疆兴业株式会社"等经济侵略机构，陆续强占了龙烟铁矿、大同煤矿、下花园煤矿，垄断了华北金融、烟草、电力、食盐等的开发、出售，进行殖民地剥削，用刺刀尖掠夺华北财富，用以支持日本的侵华战争。1940 年 6 月，酒井隆奉调回国，任留守近卫师团中将师团长。

他的经历和职务本身，就是他企图分裂中国、侵略中国和经济上掠夺中国的证明。而且其他人证物证一应俱全。

对酒井隆的最后一项指控，是他在广东和香港制造大屠杀，纵容惨无人道地强奸、残害妇女，虐待、虐杀战俘等罪行。在香港、广东的问题上，检察官丁承纲以"唆纵部属违反人道以及违反国际条约与惯例实施种种暴行"等罪状，对酒井隆进行起诉。

法庭揭露的事实触目惊心！

1941 年 11 月，酒井隆再次来到中国，出任驻广州的侵华第 23 军司令官。

这年 12 月 7 日，太平洋战争爆发，酒井隆准备发起对香港和九龙的进攻。在进攻之前，他放纵士兵先在广东大开杀戒，怂恿部下毒打孕妇，轮奸妇女，然后用刺刀挑开中国少女腹部，用少女的鲜血喂酒井隆豢养的狼犬。

12月8日凌晨4时，酒井隆命令日本航空兵消灭在香港的英国空军，夺取香港的制空权，然后令步兵占领广州沙面英租界，再令日军第38师团从正面进攻香港。

中国将军陈策率部协助英军抵抗酒井隆的进攻，由于英军毫无斗志，日军于12月13日占领九龙半岛。酒井隆对固守香港的英军两次提出逼降，又发出最后通牒，遭英军拒绝。从12月18日夜间开始，酒井隆命日军第51师团和第66联队在舰队和飞机、大炮的支援下，向香港发动猛攻。酒井隆命日本飞机轰炸香港启德机场，强行在香港登陆，经7天激战，香港总督杨慕琦12月25日宣布投降，英军被击毙1500余人，15000余人被俘。

12月25日下午，香港总督杨慕琦在香港半岛酒店向酒井隆献上降书。12月26日上午，酒井隆骑着高头大马在皇后大道举行入城式。在日本任命的香港"总督"矶谷廉介抵港赴任前，酒井隆作为"代理总督"，对香港进行了两个月的血腥大屠杀。

为报复香港的中国人和英军对日军的抵抗，酒井隆命令日军官兵以搜捕反日分子为名，疯狂地进行大屠杀：凡是日本侵略者认为可疑的人，都开枪射杀；见妇女就强奸，遇财物就抢劫，很快便使香港九龙尸体遍地，血流成河。日军根本不去掩埋，一任横尸通衢。

酒井隆的部队还肆意虐杀、侮辱俘虏。

检察官丁承纲问酒井隆：

"攻香港时，众多中英人民被杀害，你知道吗？"

酒井隆甚至都没有犹豫，他信口回答：

"据我所知，绝对没有这样的事。被炮火误伤大概会有的。我一贯要求部属在作战中不可伤害民众。"

针对酒井隆"一贯要求部属在作战中不可伤害民众"的狡辩，检察官出示日军攻进香港第一天酒井隆宣布日军"大放假"的命令。

加拿大陆军随军牧师巴莱特在法庭上作证时回忆，英军一投降，酒井隆就指挥日本兽兵到斯坦利堡围墙外的圣斯蒂芬学院，极其残暴地杀死了在那里的170名伤员及手无寸铁的俘虏，并奸杀了七名女护士。巴莱特牧师说：

"酒井隆命令将俘虏当作人质，两三人一批推到室外，砍去他们的手指，割掉耳朵、鼻子和舌头，挖出眼珠。酒井隆故意放掉几个，让他们去英军阵地述说目睹的惨状，进行恐吓。四名中国女护士与三名英国女护士均遭强奸，其中一名英国女护士被绑在尸体上遭轮奸。最后她们也全部死于刺刀下。"

在香港，所有抗日人员都被当成练刺杀的活靶子。国民党交通部驻港官员全部遇难。陈立夫内侄孙伯年因汉奸出卖被俘，日军逼他投降遭拒绝，于是被割去舌头。为了继续折磨他，日军又给孙伯年打了一剂毒针，使他全身浮肿而死。

深水埗元洲街一位妇女背着小儿子上街买菜，回来时遇到戒严，面对自己的家门不敢过街回家。她的另一个儿子从家门口喊着妈妈奔来，枪声顿起，母子三人当即倒在血泊之中。这种事情在香港随时随地都在发生。

公诉人在法庭宣读英国、加拿大转来的控诉材料，指控日军官兵将英军炮手麦当诺、加拿大枪手麦克等俘虏，丧心病狂地挖眼睛，割舌头，凌迟致死，特别控诉书提到：

> 倒卧的红十字医院病榻疗伤之英籍病俘，悉遭刺杀或枭首，刀剑砰轰与呻吟哀号齐鸣。红十字会英籍女护士戈登等并遭轮奸。

享受"大放假"待遇的日本兵三五成群地寻找"花姑娘"。深更半夜，这群浑身散发着酒气的日本兵晃动着手电筒，沿街敲门怪叫。大街小巷上、民宅里和楼梯上，到处可见到赤身裸体、血肉模糊的女尸。影星梅绮和林妹妹的悲惨遭遇足以传达出当时的恐怖气氛。"大放假"当天，以饰演影片《驸马艳史》驰名的梅绮正好与"华南影帝"张瑛喜结连理。日本兵用刺刀挑开了她的衣裤，在新郎眼前强奸了她，受辱的阴影从此断送了他们的爱情与幸福。另一位擅演反派角色的影星林妹妹为了躲避日本兵的奸淫，带着一群年轻姑娘藏在地下室，不料被发现，她挺身而出与兽兵周旋，掩护姑娘们逃走，自己惨遭厄运。

法庭庭长石美瑜出示伪香港副总督日本人平野茂的证词，并让公诉人当庭宣读。平原茂称：

> 香港居民通过日中、日俄之战以及这次香港之战的亲身体会，充分了解日本军队是极其无人道的野蛮、残忍的军队。占领香港初期，家家紧闭双扉，一连多天路无行人。妇女害怕被强奸，雉发改扮男装以避凶险，许多妇女为了逃避被奸辱的厄运，穿上普通老百姓的衣服，加上补丁，脸上用墨或用泥涂黑，在天明前或深夜逃过日本警备部队的警戒线，陆续潜往广东腹地或向桂林、上海逃亡。逃亡的数字很大，我记得那时有名的中国女电影明星胡蝶就是逃出香港的。

来自香港的证明材料还控诉酒井隆在九龙兽性大发，看见一对年轻夫妇在街上相偎而行，他抽出军刀在这对夫妻身上各刺一刀，又不将其杀死，眼睁睁地看着这对恩爱夫妻在马路上痛苦挣扎，哀号而死。他却在一旁哈哈大笑，以此取乐。

香港自沦陷后，人口从 160 多万锐减为 1945 年的 60 万！

面对指控，酒井隆从"绝对没有这样的事"转到把罪行都说成是部下所为，与他无关，他只是"实属督查不严"而已，想通过抵赖和狡辩来推脱罪责。但铁证如山，血洗香港的刽子手酒井隆的抵赖毫无用处。

经过四个多月的审讯，到 8 月 27 日宣判。宣判地点在南京中山东路北方的励志社礼堂。知道要判死刑，酒井隆不服，并说：

"证据不充足。对判决不满意。"

审判长石美瑜驳斥道：

"本案审讯已历四个月，调查翔实，证据充分。被告虽谓'证据不合，再行调查'，今天仍要宣判。"

酒井隆听此，略显紧张，于是说：

"对判决之事实并无意见，惟请求宣判后，准许本人发言。"

至此，审判长起立宣布审判结果：

"酒井隆处死刑！"

接着宣读《事实与理由》，宣读时间长达 15 分钟。读毕，审判长又说：

"本案待呈报最高统帅核准后始能执行。"

宣读时，酒井隆始终肃立谛听。翻译官向他口译全部判决书内容时，酒井隆作了一些笔记摘要，时时面露苦笑。

根据英国方面的要求，对酒井隆判决书的副本传送给英国。

不久，军事法庭奉到国民政府主席蒋介石电令：

"指覆照准，希即遵照，克日执行具报。"

军事法庭于1946年9月13日下午将酒井隆提解到庭，验明正身，押赴南京雨花台山冈中段东侧一山谷间的刑场，下午15时，由陆军少将周文执行酒井隆的死刑。酒井隆两枪毙命。

枪声响后，万名观众掌声雷动，口号声响彻山谷，正义终于得到伸张！

日本驻香港第一任伪总督矶谷廉介于1946年在南京军事法庭受审。

矶谷廉介出身于日本陆军士官学校第16期，与板垣征四郎、土肥原贤二为同期同学，还与冈村宁次、松井石根和梅津美治郎等是"巴登巴登十一羽鸟"联盟的成员。于是，矶谷廉介按照和冈村宁次的约定，开始走向"支那通"之路。1908年矶谷廉介奉军部的命令，到上海访问孙中山。矶谷廉介自称对孙中山持有全部敬爱之心，视孙中山为老师。因此与孙中山会见后，决定在孙中山手下工作。1920～1922年，他到广州以协助孙中山工作为借口，从事间谍活动，企图左右中国的政治动向。孙中山顾问佐佐木到一离开广州后，矶谷廉介于1924～1926年又出任驻广州武官，继续想干预中国政治。孙中山逝世后，矶谷廉介以拥护孙中山为名反对蒋介石。他说孙中山是为中国国民献身，而蒋介石是为自身和宋家的利益接近英美，共同采取抗日、排满政策。这造成矶谷"一生都没有从心里信赖"蒋介石。但实际上，矶谷廉介是以"拥孙倒蒋"的旗号，来公然干涉中国内政。事实上，矶谷廉介所谓的对"孙中山持有全部敬爱之心"和"一生都没有从心里信赖蒋介石"这些话都是他从监狱出来之后粉饰自己的鬼话、假话。他的真实目的，就是搞垮中国、征服中国。不信，可以看他在1935年发表的《武官声明》。

1935年11月8日，中国政府发布币制改革公告四天后，日本驻中国

大使馆武官矶谷公开发表声明，反对中国的币制改革。声明全文如下：

> 作为派出军部，断然反对国民政府此次的币制改革。这是因为币制改革实际上只能给支那四亿民众带来毁灭。

日本驻中国大使馆武官矶谷廉介明目张胆地干涉中国内政，还居然是"中国四亿民众"的代表！是保护神！矶谷廉介的《武官声明》不愧是一篇大奇文！

中国政府的币制改革，必须由日本驻华武官矶谷廉介来决定命运！可谓荒唐至极。

如此想处处充当"支那四亿民众"保护人的矶谷廉介却不遗余力地侵略中国。他在台儿庄，是李宗仁的手下败将，在中国东北边境，又是苏军朱可夫元帅的手下败将，但他对手无寸铁的中国人民却是十分凶残的。这些，我们让法庭公诉人出来说话。

公诉人指控矶谷廉介与土肥原贤二、板垣征四郎勾结，从军事、政治和经济全面侵略中国华北。他们策动"冀察政务委员会"，以华北"自治"活动来分裂中国。接着又是他们策划建立以汉奸王克敏为首的伪华北傀儡政权，矶谷廉介进而配合土肥原贤二的"南唐北吴"计划（南面策反唐绍仪，北面策反吴佩孚），企图策反曹锟、吴佩孚出山充当傀儡，以分裂中国。

矶谷廉介还以日军为后盾组织日本浪人挤走中国缉私队，使日本各种商品通过走私潮水般涌进中国华北。他还指使日本浪人在天津的日本租界开办毒品工厂，制造吗啡、鸦片，通过日本流氓和汉奸的毒品销售渠道销往中国各地，毒害中国人。然后把这些走私商品和毒品换成白银私运回日本，破坏中国经济。

酒井隆侵占香港后，矶谷廉介出任香港"总督"。矶谷廉介特别制定《军法会议法令》，这是放纵部下对中国人民进行惨无人道的屠杀的法令，致使香港在日军攻占后很长时间内尸骸遍地。以后他还经常纵容日军屠杀无辜，使整个香港陷入极度恐怖之中。

他大肆掠夺香港的物资和财富。当时香港巨大的贸易仓库，集中了中国、澳大利亚和东南亚运来的大量商品、物资、器材。矶谷廉介通过制定仓库法，实施侵占。日本人的伪香港财务部长中村惊喜地说：

"香港仓库区长达两公里，比东京—横滨间的仓库量还多 5 倍，物资数量多得惊人，非两年半时间不能整理清楚。"

香港的财富全部被矶谷廉介掠夺。而且他还把香港平民私有财产当作"敌产"任意没收。

南京军事法庭判矶谷廉介死刑。

对矶谷廉介的审判，也使土肥原贤二、板垣征四郎的许多罪证得到确认，为东京国际法庭对甲级战犯审判提供了法律支持。但在矶谷廉介的量刑问题上发生了一些幕后的争议。国际法庭派来的监审官美军少校赫伯特、阿尔达克法官和霍西助理检察官旁听了石美瑜对战犯的审判。虽然，审判过程的正义性、公正性毋庸置疑，但由于法律体系的差异，以及文化观念的不同，在量刑方面，这三位美国人对一些侵害美军较少的日本战犯，往往有从轻发落的倾向。而他们对上海提篮桥监狱法庭对日本战犯审判却几乎没有异议，只因为上海审理的日本战犯多是侵害美国飞行员的。这说明他们的量刑标准还是优先考虑自己国家的利益的。同样石美瑜也不会拿国家神圣的法律去进行妥协，从而，这几位国际监审官抱怨无法开展工作。最后东京国际法庭与南京军事法庭协议，1947年判决矶谷廉介无期徒刑。对高桥坦的审判则因他中间病故而中止。

第四章 汉奸的最后一幕

1. "小道士" 缪斌之死

出于中国各界人士的想象之外，东京国际军事法庭对日本战犯的审判处于辩控双方唇枪舌剑交战的胶着状态。日本战犯方面的美国律师，绝不因战犯的丑恶而丝毫放弃法律程序给予他们的权利。这些美国律师对同盟国的公诉人的指控进行反驳，对中国方面的证人进行指责。前文提到的中国国防部副部长秦德纯的遭遇就十分典型。这给缺乏充分思想准备的中国代表造成很大的压力：担心日本战犯最终会因此逃脱正义的惩罚。

于是他们从国内招募精兵强将补充力量，检察官队伍最终达到十几人的规模。同时，也多次回国，到各处寻找证人、证物，为指控提供坚实的基础。

1946 年初，向哲浚检察官和秘书裘劭恒与远东法庭检察官托马斯·H·莫罗（Thomas H. Morrow）上校赴中国调查日军生物战（细菌战）、化学战（毒气战）的罪证，得到了第一手的资料。

向哲浚陪同国际检察局局长兼首席检察官约瑟夫·基南来到中国南京察看南京大屠杀的现场罪证。这些现场挖掘的证据触目惊心，可谓铁证如山！从而，基南决定把"南京大屠杀"立为专项，对日本战犯进行审判。

中国检察官首席顾问倪征燠亲自登上审判甲级战犯土肥原贤二与板垣征四郎的法庭与战犯及他们的辩护律师对阵。

土肥原贤二与板垣征四郎两战犯对中国人来说，可谓血债累累，如果他们得不到法律的严惩，倪先生说：

"我们无颜回国见江东父老！"

为充实对战犯土肥原贤二及板垣征四郎在中国所犯罪行的指控材料，向哲浚组织人员广泛调查取证，甚至找到吴佩孚的遗孀张夫人。她详细地讲述了那个下午，日本军医以治牙为借口，用一针毒剂害死吴佩孚的经过。后来这成为土肥原和板垣制造"南唐北吴"伪政权以分裂中国阴谋的罪证。

但东京大审判的进程依然十分缓慢。

同时，由于国际检察局局长兼首席检察官约瑟夫·基南接受向哲浚的意见，决定将"南京大屠杀"作为东京国际军事法庭的专项案件，本书就把南京军事法庭对谷寿夫及一批南京大屠杀刽子手的审判与东京大审判中对甲级战犯松井石根审判放在后面一并介绍。

这样一来，本书对南京军事法庭对日本战犯谷寿夫及田中军吉、野田岩、向井敏明等杀人刽子手进行审判的介绍，将推迟到与介绍东京国际军事法庭的审判一并进行。我们把那一章定名为《南京大屠杀》。

这样，我们先把审判汉奸的过程集中在此介绍。

抗日战争时期，在中国，从事卖国的汉奸集团分为三股势力：

一是在东北卖身投靠日本侵略军拼凑伪满洲国的溥仪、熙洽和荣臻等一批民族败类。这批人被苏军俘获，此时不在国内。

二是原北洋军阀中的一部分堕落分子，他们是北平以王克敏为首的伪"中华民国临时政府"和南京以梁鸿志为首的伪"中华民国维新政府"。还有冯玉祥旧部的石友三、孙良诚、庞炳勋、吴化文、张岚峰、孙殿英、刘郁芬、郝鹏举、张维玺、程希贤等大批伪军。冯玉祥将军爱国抗日，他身边也有许多抗日名将，但手下分化严重，这些军人丧失良心当伪军，实是国家民族的不幸。

三是汪精卫、陈公博、周佛海汉奸集团。这个集团通谋敌国、危害本国，建立伪政权，反对中国人民的抗日战争。他们阴险狡诈，诡计多端，存心险恶，而且数量众多，对中华民族的危害最大。

因此，我们对审判汉奸的过程的介绍主要集中在第三部分。

虽然，对汉奸的审判是按人定罪逐个进行的，但汉奸集团的犯罪行为却是团伙性的。所以我们在介绍个案之前，有必要把他们共同犯罪部分作一下简略介绍。

当汪精卫与刚登上中国政治舞台的陈公博、周佛海结合成独树一帜的政治势力时，他们在很长一段时间内被看成是中国的左派力量。陈公博与周佛海及罗君强都是脱党的中共党员，甚至陈公博与周佛海还是中共一大的代表。在1926年北伐前，陈公博和周佛海还有褚民谊、陶希圣、顾孟余等就是拥护汪精卫和蒋介石的国民党左派。后来，因汪精卫和蒋介石闹对立，遭打击而失意的汪精卫逃亡法国。陈公博等聚集在武汉站在汪精卫一边，在苏联顾问鲍罗廷的指挥下反击蒋介石，剥夺蒋介石的党中央主席、军委主席甚至是组织部长、军人部长等一系列职务，甚至开除并通缉蒋介石。虽然这种笔墨官司没整倒蒋介石，但总算替汪精卫出了一口恶气，从而他们成了武汉左派政府的中坚力量。汪精卫于1927年2月下旬离开法国，乘火车经苏联归国。途经莫斯科时，斯大林专门接见了这位国民党左派领袖。斯大林语重心长地希望汪精卫回国后重用陈公博等左派人士，并让汪劝诚蒋介石：不要驱逐苏联顾问鲍罗廷。汪精卫回国后虽然也对鲍罗廷投石下井，但重用了陈公博、周佛海、罗君强、陶希圣、顾孟余等左派人士，这方面他并没有让斯大林失望。后来宁汉合流，汪领袖与蒋介石又坐在同一条板凳上，但彼此面和心不和。汪精卫与陈公博、周佛海、褚民谊、陶希圣、顾孟余等结为心腹，组成了历史上的国民党"改组派"和伪南京政府，与蒋介石争斗了18年。这中间，因蒋介石挖汪精卫墙脚，周佛海一度投靠蒋介石而被重用，他与蒋的亲信CC派和解，成了国民党中央宣传部次长代部长。但抗日战争一爆发，他们又组成一团，继续主张对日让步，反对抗日政策。他们在南京西流湾8号周佛海家聚会，批评抗日政策，组成了一个政治派别，取名为"低调俱乐部"，以区别于其他人。他们认为，支持抗战和在前方抗战的人都只是些唱抗战高调的人，至少属于"必将误国"的一类。周佛海、顾祝同、熊式辉、梅思平、陶希圣、胡适、高宗武等人都是"低调俱乐部"的成员，主张对日和平让步而救国，依赖日本来保存自己。汪精卫则成了"低调俱乐部"的政治后台和精神领袖。自然，陈公博、顾孟余等也被看成是"低调俱乐部"后面的人。诚然，人们对国家政策抱不同态度，本是无可非议的。当时政府并没有对这个"低调俱乐部"采取任何手段，而是随其自生自灭。到后来，顾祝同、熊式辉和胡适回到抗日的立场，而周佛海、梅思平、罗君强、陶希圣、高宗武则逐渐走远。

自清以来，中国人始终处于俄日两国狭缝中艰难生存。这就产生了一批这样的人，他们错误地以为中国的生存希望必须在"非俄即日"之中寻求。汪精卫、陈公博、周佛海等正是遇俄拜俄见倭媚倭的典型。他们后来是缩回向俄国致意的左手而伸出右手去抱日本人的大腿，最终一头栽进了日本人的怀抱。

这些左派向汉奸进行过渡的过程发生在上海、南京相继沦陷之后。汪精卫、周佛海、梅思平、陶希圣、高宗武等感到中国抗日的希望越来越渺茫。周佛海就企图通过与日本人私下联系来为自己找出路。1938年武汉沦陷前，他就以收集日本情报为名，报请蒋介石同意派高宗武去香港活动，蒋介石同意了，并答应提供经费，但言明不许去上海和东京。同去香港的还有梅思平。他们在"艺文研究会"下设立国际问题研究所，以收集日本情报为名，暗中进行勾结日本的活动。林柏生任国际问题研究所主任，梅思平任副主任兼干事，手下一批活动分子樊仲云、张百高、朱朴、连士升、李圣五、高宗武、龙大均、胡兰成等分别为干事或研究员。不过，不久之后，蒋介石停止了他们的经费。因为老蒋对这些人的行动有所怀疑，而且特别不满高宗武不请示汇报自行其是的作风。在蒋介石"断粮"之后，周佛海从自己主管的中宣部拨款给高宗武继续与日本勾结。高宗武甚至不顾外交部长王宠惠的警告，让亚洲司第一科科长董道宁先行探路，然后只身到日本东京，深入联络日本高层。两三天以后，蒋介石得到情报，就叫来了秘书陈布雷怒责：

1938年11月15日，潜赴上海的高宗武（左二）、梅思平（左三）等与日本高级特务今井武夫商谈汪精卫集团投敌事宜

"高宗武是个混蛋。谁叫他到日本去的？"

高宗武、梅思平果然与日本间谍机构接上了头。与他谈判的是日特机关"满铁"的西义显、伊藤芳男，同盟通讯社的松本重治及日本军部参谋影佐祯昭、今井武夫，国会议员犬养健等一批间谍和政客。高、梅先与松本重治在香港进行多次密谈，初步获悉了日方的某些条件。

10 月 21 日广州失陷。当天梅思平回重庆向周佛海等人汇报密谈情况。汪精卫得到高、梅初步消息后马上回应，他对路透社记者发表公开谈话说：

> 如日本提出议和条件，不妨害中国国家之生存，吾人可接受之，为讨论之基础，否则无调停余地。一切视日方所提出之条件而定。

汪精卫、周佛海、梅思平密商多日，终于下定决心，要梅思平和高宗武到上海与日方继续进行谈判。

11 月 3 日，日本近卫文麿发表了声明，企图逼迫中国取消抗日立场。

11 月 13 日，蒋介石针锋相对地在重庆国民党纪念周集会上发表演说，表明了抗战决心：

> 中国抗战的前途愈现光明。各战线的中国军队已退入山地，能够阻止日军的进攻，形势更于我方有利。要之，抗战已使全国统一，国民团结，任何强敌均不足惧。

汪精卫集团叛国投敌

蒋介石的这一演说无疑是对近卫声明的答复，同时也是对汪精卫的"和平"劝告的答复。汪副总裁被激怒了，16 日他和蒋介石两人吃饭时，当面毫不客气地责问蒋介石：

"使国家民族濒于灭亡是

国民党的责任，我等应迅速联袂辞职，以谢天下。"

蒋介石反驳说：

"我们如果辞职，到底由谁负起政治的责任？"

两人争论得面红耳赤，几乎到了动手打架的地步。停一会儿，蒋介石把汪精卫弃置不顾，回到卧室里去了。

至此，汪副总裁觉得除了离开蒋介石之外已无路可走，下决心按照梅思平等预先所设想的日华会谈的路线行动。他们终于和蒋介石永久决裂了。其时，汪精卫的代表与日本特务的秘密会谈正在紧锣密鼓地进行。最初，日本陆军参谋本部中国课课长今井武夫负责和高、梅进行谈判。由于高宗武生病，谈判就由梅思平出面，主要是商定汪精卫能够接受的"和平"五条件，并安排汪如何逃出重庆的详细方法。所谓的"和平"五条件就是出卖东北、华北的五点"协议"：

1.承认伪满。2.平等互惠，开发华北。3.防共区域划定。4.撤废日本在华领判及租界权。5.中日互不赔款。

这就是《重光堂秘密协定草案》。

这次谈判，梅思平一个人先到上海。当晚，今井武夫第一次在六三亭花园日本酒馆邀请梅思平。那是按日本人习惯所设的私宴。日本人习惯于席地跪坐，所以地上均铺设日本席子，人们是脱鞋入席的。但梅思平不顾场合，也不事先咨询，竟穿着皮鞋阔步走到铺席之上，坐到壁龛里去。这使今井武夫不知如何是好。梅思平解释说这是他第一次同日本人畅谈，也是第一次吃日本餐。

席间，梅思平苦笑地用筷子夹起生鱼片说：

"从此我也要被叫作汉奸啦。"

他似乎对一切都看得开，一副在任何情况下都有决心当汉奸的样子。

但是，今井武夫对梅思平的好感程度胜过高宗武。他曾对影佐祯昭说：

"这一运动（指所谓的'和平运动'）由于有态度认真的梅思平在，可以安心进行协商，假如只有高宗武一个人，我一开始就要避免同他发生联系。"

11月15日，今井武夫匆忙回国，向陆军省和参谋本部递交了在重光堂预备会议中高、梅所达成的秘密协定草案。

1938年11月20日晚，在上海东体育会路七号的重光堂，臭名昭著的《日华协议记录》和《日华协议记录谅解事项》由高宗武、梅思平与日本的影佐祯昭、今井武夫签字了。周隆庠作为翻译也在场。日本的国会议员犬养健也参加了仪式。1938年11月22日，影佐祯昭与今井武夫回日本后，陆军大臣板垣征四郎带他们两人前往首相官邸，征求有关阁僚的意见。

而在11月27日，梅思平将"密约"缝在西装马甲里面到重庆向汪精卫、周佛海汇报。

1940年1月23日，汪精卫（中）与王克敏（左）、梁鸿志（右）在青岛举行汉奸大聚会，商议筹组伪"中央政府"

"密约"的核心是要在汪精卫等人承认日本霸占东北三省和分裂华北的条件下，日本支持汪精卫搞"和平运动"。而所谓的"和平运动"就是在日本的支持下，汪精卫把云南、四川、贵州、广东甚至包括广西在内的大西南从蒋介石的控制下分裂出去，发表声明，不再抗日而是与日本人亲善搞"和平"。最后目的，当然是联合起来击垮蒋介石的抗战政权。

为实施这一方针，他们还制定了"和平行动"的路线图，安排汪精卫脱离蒋介石的控制，逃向云南，甚至是越南河内，然后在与日本政府的一勾一搭中，拉出龙云、余汉谋等建立亲日政府，矛头直指抗日政府。

按"和平行动"的路线图，汪精卫、周佛海、陶希圣、曾仲鸣、陈公博等人从此开始了叛国总动员。

12月1日，梅思平带着汪精卫的答复到香港向日本人汇报。汪精卫的答复要点为：1.承认上海重光堂会谈的日华协议记录；2.要求日本近卫文麿在12月12日左右发表近卫声明，表示不进行经济垄断和干涉内政；3.汪精卫预订12月8日从重庆出发，经过成都，于12月10日到达昆明，此时有特别保守秘密的必要；4.汪在昆明、河内或香港中之任何一地宣布下野搞"和平运动"。

对此，日本政府表示无异议。

12月5日，陈璧君的侄儿陈春圃把汪精卫、陈璧君一家子女亲戚先行送到昆明，周佛海以视察宣传工作为由，先飞抵昆明。与所有企图策划惊天动地大阴谋的罪犯一样，首先胆战心惊的是他们自己。周佛海也不例外，他预感生命末日的降临：

> 别矣，重庆！国家存亡，个人成败，在此一行！惟因早下牺牲决心，故不辞冒险一行也。岂飞机离地之刹那，即余政治生命断绝之时欤？

到昆明后，周佛海更是被一种不祥之兆笼罩着：

> 默念前途茫茫，国运、己运，均难逆料是吉是凶也。

12月7日，蒋介石突然从抗战前线返回重庆。周佛海大为惊骇：

> 是则预定计划，将受绝大影响矣！其殆国运耶？焦灼万分。大小事只能尽人事，成败惟听天命，但余个人亡命，则早决心矣。

蒋介石此举，打乱汪精卫出逃重庆的计划。周佛海忧心忡忡：

> 事情是否已经暴露？万事休矣！！惊骇之至。但要紧的是汪未飞昆明来。汪从重庆出奔的情况究竟怎么样？简直令人坐卧不安，焦虑万分。

他疑心阴谋已经暴露：

> 担心我们的计划大概被蒋介石晓得了。否则，五日我从重庆出

来，第二天蒋介石就回去，会有这样的巧合吗？

12月8日，他更是：

> 午睡不能成寐，苦心焦思，为平生所未有。其立即脱离现状欤？其返渝暂观形势欤？

但，心怀鬼胎的汪精卫、陈璧君还是逃出去了。

周佛海、梅思平、陶希圣、高宗武按计划逃往香港。陈公博犹豫一阵后也逃出国门。1938年12月29日，他们在林柏生控制的香港《南华日报》上发表了臭名昭著的《艳电》。至此，汪精卫集团就已经无可挽救了。只有顾孟余在大是大非的关键时刻，挥刀斩断与汪精卫集团的关系。

为响应汪精卫的叛国行动，日本首相近卫文麿在12月22日发表了第三次对华声明，一唱一和与之呼应。但声明遭到重庆的反驳。蒋介石还通过翻译端纳通知英美大使馆，宣称汪精卫无权和任何人谈判，中国绝无与日本言和之心，且准备大规模的抵抗。并在12月26日总理纪念周上，蒋介石发表了《揭发帝国阴谋阐明抗战国策》，驳斥了《近卫声明》。

日汪的计划不可谓不毒辣。但百密一疏，逃到河内的汪精卫失算了。他的卖国投降行径遭到举国一致的声讨，抗日阵营没有因汪精卫集团的叛国而分裂。于是，这帮汉奸继续选择卖身投靠日本人的出路，建立伪政权当儿皇帝。后来，高宗武、陶希圣因揭露汪伪与日本签订卖国条约而迷途知返，汪精卫卖国求荣的面目因而原形毕露。令人困惑的是，就在汪精卫处于内外交困之际，原本与汪精卫卖国行径保持一定距离的陈公博却逆潮流而动，投身于汪伪的卖国事业。

1944年底，汪精卫死于日本医院后，陈公博接替了汪精卫的位子，他与周佛海一道成了汉奸集团新的首犯。

如今，陈公博、周佛海一干人犯已处于全面控制中，通过法庭审判伸张正义的时候到了。

不过，第一个作为汉奸送上法庭，并被判处死刑执行枪毙的，却既不是陈公博，也不是周佛海，而是另有其人，此人便是"小道士"缪斌。

缪斌原本与汪精卫集团没有关系，更不曾与北洋政府有瓜葛。他是另一条道路上的人。严格地说，他曾是蒋介石、何应钦的亲信。缪斌1921年在上海考入南洋大学电气科，随后加入国民党。1923年，黄埔军官学校开办，他就是黄埔军校教授部的电讯教官和政治教官。也就是说，他就在军校校长蒋介石、总教官何应钦面前与他们一道工作。1925年2月，军校教导第1团成立，何应钦任团长，缪斌任党代表，参加第一次东征，并在攻打陈炯明时任敢死队队长，率部攻入淡水城。可见他们之间关系之密切。同年4月，缪斌成为军校孙文主义学会的发起人之一。这孙文主义学会是右派组织，是左派汪精卫和陈公博的对头。缪斌是中国国民党第二届候补中央执行委员。国民党第二届五中全会补选为国民党中央执行委员。

北伐时缪斌担任第1军副党代表，第1军军长先是由北伐军总司令蒋介石兼任，后来改由何应钦当。1927年4月，他升任国民革命军总司令部军需局中将局长。缪斌是蒋总司令的人。1928年，他26岁时出任江苏省政府委员兼民政厅长。别以为这省民政厅长不是省级的长官，其实民国时期，省主席是党政军的第一号长官，省民政厅长是仅次于省主席的行政长官，也就是省长，是仅次于省主席的二号长官。但他因贪污渎职被国民党元老吴稚晖发觉，吴稚晖一怒之下，将他弹劾去职。从此缪斌声名狼藉。

抗日战争爆发后，缪斌卖身投靠日本人，跑到华北与汉奸王揖唐沆瀣一气，王揖唐与他分任伪"华北新民会"的正、副会长。汪精卫伪政府成立后，由于历史上彼此之间有过隙，汪精卫只让他出任无权无利的立法院副院长。缪斌与汪精卫不同心，加上战事对日本人不利，为了给自己留退路，小道士缪斌一方面仍充当日本人傀儡，另一方面又与重庆方面的老关系何应钦、戴笠搭上关系，脚踩两只船，以观事态发展。

1944年夏，缪斌捎给国民政府军政部长何应钦的信件被汪精卫的76号特务机关发现，遭软禁。但1944年10月初，今井武夫就任驻华日军副总参谋长，此时他正急于找关系与重庆方面联系，于是特准缪斌保留与重庆方面联系的无线电台，并为他说情。汪伪将缪斌左迁至伪考试院副院长。

1945 年 2 月，美、英、苏三国首脑在雅尔塔会面中，美、英避开中国与苏联进行交易。中国驻美国大使魏道明，探知苏联在外蒙古和东北有巨大的利益要求，而英、美默许。于是他把得到的情报向民国政府主席蒋介石汇报。

　　情报表明：

　　美、英、苏三巨头雅尔塔会议，在决定对德国问题处理的同时，达成了下列有关对日作战的协定。但其中有损害中国主权的秘密：

　　　　在德国投降及欧洲战争结束后两个月或三个月内，美、英要求苏联参加同盟国方面对日作战。为此，苏联提出的条件为：

　　　　（一）外蒙古的现状（按：指脱离中国）须予维持。

　　　　（二）由于日本一九〇四年（按：指日俄在中国东北的战争，本条意指苏联要恢复沙皇尼古拉二世时在东北的特权）背信弃义进攻所破坏的俄国以前权益须予恢复，即：

　　　　甲、库页岛南部及邻近一切岛屿须交还苏联；

　　　　乙、大连商港须国际化，苏联在该港的优越权益须予保证，苏联之租用旅顺港为海军基地须予恢复；

　　　　丙、对担任通往大连之出路的中东铁路和南满铁路应设立一苏中合办的公司以共同经营之；经谅解，苏联的优越权益须予保证而中国须保持在满洲的全部主权。

　　　　（三）千岛群岛须交予苏联。

　　　　经谅解，有关外蒙古及上述港口铁路的协定尚须征得蒋介石委员长的同意。根据斯大林元帅的提议，美总统将采取步骤以取得该项同意（按：指美国应向蒋施加压力以确保苏联利益）。

　　蒋介石于是对美、英也心存芥蒂，担心美、英、苏三国会继续出卖中国的利益对日讲和。

　　此时，戴笠的军统机构掌握了日本急于从中国退兵保守日本本土而迫切对华求和的情报，这批特务个个都想建奇功。军统方面决定让缪斌放手去干。

　　中国方面提出的与日本单独签署和平条约条件是：

日本从中国全面撤军，解散南京伪政府和取消伪满洲国国号。

缪斌深知此事绝非儿戏，因此要求负责和他联系的戴笠提供保证。戴笠向蒋介石请示，蒋介石给戴笠下了一个手令：

特派缪斌为代表同日本政府协商和谈。

而此时，日军情报机关为了与重庆方面沟通，由驻上海的日本记者田村出面，把缪斌介绍给日本内阁情报局总裁绪方竹虎，绪方又将他介绍给了日本首相小矶国昭。

小矶国昭对中国的方案很感兴趣，有意接受中国的条件。当时日本正准备进行本土决战，如果能和平体面地解决中国问题，把百万大军撤回日本，可以有效地解决兵员不足的问题。此外，和中国单独讲和还有助于瓦解同盟国阵营，在外交上也是一大胜利。

小矶国昭遂派遣士官学校同期同学山县初男大佐到上海会晤缪斌，双方商定了"和平方案"的初步框架。1945年3月，小矶通知缪斌携带无线电台及随从七人乘军用飞机前往东京，让他直接在东京与重庆通讯，以便确认蒋介石方面的决心。

但是，侵华日军总司令部反对缪斌的工作，他们坚持要保留南京的伪政权。侵华日军总司令部副总参谋长今井武夫就说缪斌的代表资格有问题，他不会得到蒋介石信任：

"缪斌是因腐败被撤职的，而且抗战以来已经七年任伪职。"

在当地日军阻挠下，缪斌化名为"佐藤"，孤身一人于3月16日乘飞机抵达东京。缪斌抵达东京后，当晚向绪方竹虎出示了蒋介石给他的电文及其他证据，表示：

"来日之事，蒋委员长也知道。我接受的内部命令是，中日和平交涉的最后限期是三月底以前，而且中日和平从根本上说要以日美和平为前提。"

缪斌与日本防卫总司令官
东久迩宫大将会面

缪斌带来了他的《中日全面和平实行案》，其核心是停战、撤军和取消汪派政权。具体内容：

一、满洲问题单独协商；

二、日本完全从中国撤兵；

三、取消南京政府，设置留守政府，重庆政府三个月内迁都南京；

四、留守政府由重庆方面的重要人物组织；

五、南京政府的要人在东京由日本政府收容；

六、日本与英美讲和。

缪斌要求绪方竹虎安排他首先与东久迩宫稔彦会晤。

抵日的第二天，缪斌前去拜访防卫总司令官东久迩宫稔彦亲王，亲王属于日本皇室有影响力的成员。

东久迩宫稔彦与缪斌会谈时试探地问：

"重庆将承认天皇吗？"

"是的。"

"重庆为何愿与日本谋和？"

缪斌自作聪明地说：

"我方不愿看到日本完全被摧毁，因为日本是中国的防浪堤。如果现在缔结和平，我们也能阻止苏联出兵。"

东久迩宫：

"有个问题，既然你是由小矶首相接来日本的，为何你首先与我会晤？"

"在日本除了天皇外，没有人可以信赖。我不可能见到天皇本人，所以请求你将我的口信转达给天皇陛下。"

缪斌又说：

"美军在占领菲律宾之后将登陆冲绳。到了决定性的时候，苏联将侵入满洲，而重庆方面愿意日本保留天皇制。"

会面后，东久迩宫觉得缪斌看上去并非江湖术士，他还觉得，以前中日双方和平交涉的彻底失败出于日本想要分离重庆与美国，使和平工作成了日本想当然的阴谋。而缪斌工作正相反，目的在于取得日美间的和平。

但缪斌的活动在日本高层引起争议。当东久迩宫将缪斌所言通告给参谋总长梅津美治郎后，梅津的回答是：

"中国人讲的话哪能当回事！"

在缪斌赴日前后，蒋介石通过使者又向在上海的日本最高将领冈村宁次传了话：

"中国与美国不可能分离，但中日两国提携对东亚非常重要。所以，我有意在适当的时候为日本讲话。能拯救日本的只有我。"

东久迩宫稔彦亲王

冈村宁次并没有理睬蒋介石的话。

小矶内阁与缪斌的秘密交易遭到日本军方和外交部的强烈反对。

外务省则以汪伪政权已得到"国际承认"为借口，反对缪斌所带来的取消汪氏傀儡政权的提案。重光葵外相正在全力以赴地请苏联出面议和，对其他的渠道不予重视。

日本陆军、海军认为，联合国军队方面将取得胜利，蒋介石没有理由与日本进行和谈。军方和外相都根据今井武夫的判断而怀疑缪斌是否与重庆有联系，指责缪斌没有委任状。加上缪斌有个"小道士"的绰号，怀疑他是个江湖骗子或掮客。

3月21日，日本最高战争指导会议召开，主题便是讨论缪斌带来的"和平方案"。外相重光葵公开指责首相撇开外相直接从事外交活动，是侵犯了外相的权力。还说，如果首相违背他的意见一意孤行的话，那倒阁也在所不惜。会议没有结论，40分钟就散会了。

4月3日是日本的神武天皇节，理应是休假日。但这天，日本内阁的陆军大臣杉山元、海军大臣米内光政和外务大臣重光葵三大臣进宫朝见日本裕仁天皇。

内阁会议协商无果的小矶国昭无奈也只好单独觐见裕仁天皇，但他来迟了，天皇显然先听从了陆军、海军和外务三大臣的意见，而表示反对小矶国昭的计划。

第二天天皇下令：

"尽早将缪斌遣返回国！"

小矶国昭内阁不得已在4月5日提出总辞职，小矶首相垮台。东条英机成了战时内阁的末代首相，也就是投降内阁首相。

随着内阁的总辞职，一直被隆重款待于迎宾馆中的缪斌也立即被清房外宿，仅同意他留下观赏日本樱花。一个月后缪斌就回上海，他吹嘘自己受到了日本政府的殷勤招待，不忘把他和东久迩宫及其他政府高级官员并肩合影的照片放大后，自我炫耀。

1945年5月25日，重庆方面的电报指示他停止关于所谓和平撤兵谈判。缪斌的活动就此告终。

回国后，缪斌把他的日本之行视为国民政府对他的信任，并一直引以为荣。抗战胜利后，国民党政府一度没有抓捕缪斌。据说到1946年2月还给他颁发了一笔不菲的奖金。缪斌大喜过望，即日在上海绍兴路的家中举行欢宴。但是好景不长，就在这个2月，缪斌就被逮捕了。不过，缪斌不紧张，他从容与家人告别：

"你们只管放心，我是不会死的。"

南京市宁海路25号已经住满了拘捕待审的汉奸。由广州押解来的陈璧君、褚民谊，以及陈璧君的亲属，包括一个两岁的小外孙女何冰冰在内，占了25号内一座较小的后院。而此前提到的陈公博一行和梅思平、岑德广、袁愈佺以及由华北解来的王荫泰等人都住在25号的前院。

在缪斌从上海被押到南京之前一天，前院3楼完全腾空。看守人员说将有一个特别重要的人物来住。大家都很奇怪，陈公博、梅思平、陈璧君都在这里，还有什么特别重要的人物？等犯人押到一看，竟是缪斌！

刚押到时，缪斌的气派与风度一点也不像是个落魄的汉奸。他穿着笔挺的西装、披着呢大衣、头上一顶丝绒礼帽。他还拎着一只鼓鼓囊囊的大皮包。据他自称，里面塞满了他奉令与日本人打交道的证据。在25号，缪斌是最受优待的人物，他不但独占25号前院的第3层楼，而且一日三餐由何应钦的陆军总司令部指定一家餐馆供应伙食，标准是四盘四碗一火锅。这是知情的老朋友给缪斌送行的礼遇，但缪斌却以为是福气！他一直很乐观，坚信自己一定会在短期内被释放。缪斌在狱中写下《我的对日工作》试图辩明自己。他相信，《惩治汉奸条例》虽已修正公布，但政府一定会给他一条好出路。他一点也不知道，缪斌唯一的下场只能是作为汉奸被执行死刑，除此而外，已经没有人可救他了。

原来，美国驻日本占领军接收日本战时内阁档案，以从中收集审判战争罪犯的证据。凑巧发现了日本内阁讨论缪斌活动的档案及《缪斌与东久迩宫和平会谈的记录》。在东京审判时，日本方面为战犯辩护而拿出来作证的资料中有一份"木户日记"，其中也有缪斌工作的记录，此事立即引起各方面的关注。

在盟国的对日理事会上，苏联指责：

重庆政府联络美国派遣缪斌到日本，策划对日妥协。

当然，那时的苏联是没有资格指责别人的，因为他们还保持着日苏条约，不但与日本保持外交关系，而且是世界上除德意日轴心国团体外唯一承认伪满洲国的国家。也就是说，苏联与日本法西斯没划清界限。但此事提出来，对蒋介石压力很大。

而当时国共两党已经处于内战一触即发的紧急状态，中共严厉批评"蒋介石利用缪斌，策划投降"。麦克阿瑟也对蒋介石不满：

为什么瞒着美国与日本单独媾和？

《开罗宣言》时中美英缔结同盟关系，已经明文约定，不得单独对敌谈判。

蒋介石不愿意承认自己有违约的行为，便复电麦克阿瑟表示绝无此事。他对内立即下令逮捕了缪斌，并指示及早将其处决。

2月的一个深夜，缪斌从宁海路25号被押往苏州监狱，由设在苏州的江苏省高等法院审判。

4月3日下午开庭审判。法院内外的戒备格外森严，大门前有两个武装法警把守，法庭门口另有4名武装法警及两个徒手法警严守，庭内还有一拨武装与徒手法警待命。

江苏高等法院刑事第一庭庭长石美瑜任审判长，李曙东检察官为公诉人。前面提到，石美瑜于1946年2月已经被任命为国防部南京军事法庭庭长了，但由于石美瑜仍然是江苏高法刑事第一庭庭长，所以他除主审日本战犯外，仍然继续参加对汉奸的审判。只是他要在南京苏州之间奔波了。不过，在4月1日，南京朝天宫成立了以赵琛为审判长、陈光虞为代理首席检察官的首都高等法院后，就承担了对余下的汉奸的审判。石美瑜才全心全意地转向对战犯的审判。

旁听席上坐满了记者及各方人士。

肥胖的"小道士"缪斌秃着脑袋，上身着酱色条哗叽夹袍，下穿藏青色华达呢夹裤，干干净净地立于被告席上。

检察官李曙东宣读起诉书，列举缪斌勾结日本侵略者、通谋敌国、为害本国、担任日军特工和伪府要职达8年之久等一系列罪行。缪斌站在被告席上目不斜视，脸孔时而流露出不服与讥诮的神情。

当石美瑜讯问他叛国附逆的罪行时，缪斌不慌不忙地解开一个纸包，取出准备好的材料，为自己辩护说：

"蒋委员长曾说过，抗战有种种途径，除战场外，策反也是重要的工作。本人虽然出任伪职，但身在曹营心在汉，曾与中央军统局暗通消息，为了救国搞软性抗战，做策反工作，谋求以敌制敌，促进敌人自己溃散。"

缪斌一边出示有关电报等证件，一边口称"敬之兄"，述说着他与何应钦等书信来往的密情。

检察官李曙东从缪斌一开头的叙述，就感到情况不妙，当庭加以驳斥，并一再声明不要他陈述这些"无关案情事"，只要求他供述在日伪政府任职期间犯下的罪行。

但缪斌仍坚持要按自己的思路说下去，看样子非要把与日本秘密谈判的事摊出来不可。于是李曙东不断压住他的话头，力陈他的罪行，指责缪斌所辩无非是砌词狡辩，殊无足采。

石美瑜见状也不得不匆匆终止审讯，宣布辩论结束，8日下午2：00判决。

缪斌被押回牢房，突然间产生了不祥之感，但他又把那预感压了下去，最终还是侥幸的心理占了上风：

"我给老蒋办过大事，不能说有功劳，也应该说有苦劳吧。再说，大哥何总司令总不至于要坑害自己吧。"

就这样，他在狱中苦熬过了 5 天等待最终判决。

但 4 月 8 日的宣判对于缪斌来说的确是个晴天霹雳！石美瑜问过他的姓名、年龄等之后，当庭宣读判决书：

"被告缪斌通谋敌国，图谋反抗本国，处死刑，褫夺公权终身……"

缪斌大吼：

"判决完全与事实不符，一定要申请复判！"

石美瑜说：

"被告可于 10 日内向最高法院申请复判。"

此后，缪斌的秘书许庆圻和家属向国民党要员贿赂求情，甚至把缪斌的保险汽车送给了何应钦，但一切努力都回天无力了。

5 月 21 日中午，缪斌接到最高法院复判的"特种刑事判决"。他浑身战栗，对天长叹：

"老天啊，为什么一定要置我于死地！"

4 个小时后，即下午 5：50，这个绰号为"小道士"的缪斌在苏州监狱被执行死刑。他成了第一个在大审判中被处决的汉奸。

2. 陈公博的下场

1946 年 2 月 18 日上午 9：00，由南京开出的特快列车上，有陈公博、陈璧君、褚民谊三人及陈璧君女仆一人，他们在一名排长率领的武装士兵押送下，转移到苏州。他们这三人的汉奸案要由江苏省高等法院审理。而江苏省高等法院设在苏州道前街 170 号，所以他们必须被押到苏州。

江苏高等法院接到电令后，派出大客车及大卡车各一辆，由荷枪实弹的一队军统队伍及一批法警随车押解到火车站。下午 2：10，南京特快列车进站。

2 月的天气还十分阴冷，身穿棉袍的陈公博额外添了一件青布罩衫。他头戴一顶乌绒和尚帽，显得面容憔悴，精神委靡。褚民谊也外加一件青布罩衫，戴栗壳色呢帽，脸颊上的短须显然未加修刮。他下车后，四面张望，想看清是到了何处。

陈璧君披着黑色斗篷，斗篷的暖帽包着头发。她此时态度镇静，缓步走向月台。其女仆三十多岁，卷发穿黑大衣，戴白边眼镜，脸色清秀，紧随陈璧君。高院的军警早已封锁了月台，他们与南京来押送的士兵交接后，即将人犯押出站台，带入汽车，直驶苏州道前街170号的江苏高等法院候审室。

此时已近下午4：00，法庭院里除了新闻记者外，闲人都被挡于门外。审讯查验身份完毕即由高院用法庭第5号公用车将各犯押送到苏州狮子口监狱收禁。

陈公博离开南京宁海路25号监狱前，还与同监的汉奸嫌疑犯们一一告别：

"我看来是难免一死，你们最多只会关几年，没有关系。"

陈公博到苏州去以后，据说倒还始终保持镇静，在苏州狮子口监狱内，他写完了《八年来的回忆》，准备作为他的辩词使用。

1946年3月18日，首席检察官韩焘向江苏高等法院提交了对陈公博的起诉书。

4月6日下午2：00，江苏高等法院刑事第一庭开庭审理陈公博汉奸案。

法庭审判长推事：孙鸿霖 本庭法官

　　　　推事：石美瑜 本庭法官

　　　　推事：陆家瑞 本庭法官

　　　　公诉人：韩焘 本庭首席检察官

　　　　被告：陈公博

　　指定辩护人：高榕律师 江苏吴县人

本庭审判长孙鸿霖就是江苏高等法院院长。他是1912年加入的同盟会员，山东大学毕业。八年抗战，他在大后方任四川高等法院院长。

本庭公诉人韩焘检察官是江苏海安人，这年已经58岁了。他早年在两江师范求学，长期从事法律工作，1927年南京国民政府刚成立，他就是最高法院的推事和庭长。1939年在苏北国统区任江苏高等法院首席检察官，在苏北敌后坚持工作岗位达 6 年。抗战胜利后，韩焘奉命到苏州接收汪伪江苏省高等法院，仍担任首席检察官一职。

这天，被告席上的陈公博身穿深灰色布面夹衫，灰色呢西装裤，头戴黑呢船形帽，脚蹬一双黑皮鞋。他手持两本卷宗，见记者前来拍照，连忙强打精神，故作镇定。

审判长宣布开庭后，由公诉人韩焘检察官宣读起诉书。

法院检察处通过详细调查取证，掌握了陈公博大量的犯罪事实。今天由公诉人把陈公博的犯罪事实一件件一桩桩列出来。法庭上检察官韩焘声音洪亮，正义凛然。他念道：

> 被告陈公博，男，55 岁，广东南海人，住南京北平路 64 号，伪南京政府主席。
>
> 关于右列被告的民国三十五年度侦字第五三一号陈公博汉奸一案业经侦察终结，认为应行提请公诉。兹将该被告犯罪事实暨所犯法条开列于后……

韩焘把陈公博的犯罪事实归结为十大罪状：

（一）缔结密约，丧权辱国。
（二）搜索物资，供给敌人。
（三）发行伪币，扰乱金融。
（四）认贼作父，宣言参战。
（五）抽集壮丁，为敌服务。
（六）公卖鸦片，毒害人民。
（七）改编教材，实施奴化教育。
（八）托词清乡，残害志士。
（九）官场贪污，政以贿成。
（十）收编伪军，祸国殃民。

陈公博听完起诉书后，显得十分不服气。法官孙鸿霖提醒他现在可以自我辩护。陈公博问法官能不能当庭宣读他在看守所写好的《八年来的回忆》。审判长同意了他的要求。陈连忙打开卷宗，取出他在监狱中写的三万多字的自白书——《八年来的回忆》朗读起来。

审判陈公博的法庭（法官席左二孙鸿霖，左三石美瑜。被告席站立者为陈公博）

在这份自白书里，陈极力为汪精卫的叛国行为辩护，为自己当汉奸推卸罪责。最后，陈对起诉书提出了抗辩理由，即所谓的"沦陷区人民创痛巨深，经汪陈政府予以'抢救'，国家元气得以保存；日本投降后，本人维护南京治安以待国军接收"等等。

1个小时55分钟，陈才把这份自白书读完。

法庭事先把起诉状送达陈公博手里，允许陈公博进行事先准备，以便当庭充分为自己辩护。显然，陈公博的自我辩护无法抵赖所有的指控，而且他的自我辩护是互相矛盾的。

例如，陈公博显然知道《重光堂密约》及制造分裂的严重性，他表示自己与高宗武、梅思平跟日本特务今井武夫和影佐祯昭签订的《重光堂密约》无关，而且一开头也不赞成汪精卫、周佛海叛逃外国从事分裂活动。但他一旦发现汪精卫、周佛海叛逃了，他也跟着走。而且正是他把汪精卫臭名昭著的《艳电》拿到香港发布在林柏生的《南华日报》上。正是因为《艳电》的发表，汪精卫集团才被开除出国民党，并遭到全国通牒追捕。还比如，汪精卫、周佛海在日本侵略军庇护下成立伪国民党中央，陈公博也留在香港不参与。他还口口声声维护蒋介石是唯一领袖，国民党是一个统一的党。可是，当高宗武和陶希圣对汪精卫、周佛海反戈一击，返回抗日阵营，表示不当汉奸时，陈公博却反其道而行之，反而明确投奔汪精卫。陈公博口口声声说自己"爱国"，却与日本海军秘密谈判，签字把海南岛割给日本，换取日本驻沪海军同意让他当伪上海市长。

陈公博还表白自己认为日本人靠不住，可正是他在 1943 年，作为汪伪政权的访日特使访问日本。他一到日本东京，就向天皇献宠：

> 深愿竭其人力、物力贡献于"大东亚战争"，但求能与贵国携手迈进，并肩作战，无论任何牺牲所不能辞。

日本裕仁天皇奖给陈公博一枚"一级旭日大勋章"。陈公博为之感恩戴德，完全是一副奴颜婢膝之相。他把天皇的"一级旭日大勋章"视为至宝，珍存留念。

陈公博口口声声不与重庆国民政府对抗，他手下的特务却大量屠杀爱国抗日志士。而且正是他宣布向美、英、加、澳等中国的同盟国宣战。

因而，从一开头陈公博便与已叛国投敌的汪精卫、周佛海狼狈为奸。

1940 年 3 月，汪伪政权"还都"南京。陈公博充任伪国民党中央执行委员会常务委员、伪立法院长，参与和策划了汪伪政府的重大决策，成为汪伪政府的第二号人物。

1940 年 11 月，陈公博以伪立法院长的身份主持签订了《日汪基本关系条约》。这是一份地地道道、彻头彻尾的卖国条约。

1944 年 3 月，汪精卫因病赴日就医。根据汪的提议，陈公博代行伪国民政府主席之职。伪最高国防会议、伪中央政治执行委员会会议、伪军事委员会常务会议等伪机构，也都由陈公博主持，可谓集大权于一身。

同年 11 月，汪精卫病死。陈公博继承汪氏身前之职。在就职训词中，他极力鼓吹两个"凡是"：凡是汪主席手定之政策，皆为公博奉行之政策；凡是汪主席生前之设施，皆为公博现在之设施。

汪精卫病死后，1944 年 12 月，陈公博代理汪伪政权主席、伪军事委员会委员长、伪行政院院长等重要职务，集大权于一身，成为汪精卫后事实上的第一号汉奸。

对陈公博的抗辩理由，法庭一一予以驳斥。

法庭公诉人对他的指控及陈公博自我辩护都指向同一结论：陈公博的罪证样样是事实。陈公博也自知他的自我辩解无济于事。他承认他的案件：

"说复杂是太复杂了，说简单也太简单了。因此请法庭随便怎么判，我决定不再申辩了、不再上诉了。"

退庭时，已是晚上 8：20。

1946 年 4 月 12 日，江苏省高等法院院长兼本庭审判长推事孙鸿霖宣读对陈公博的宣判。判决书的主文部分：

江苏省高等法院刑事判决

民国三十五年度特字三七五号

（1946 年 4 月 12 日）

公诉人：本院检察官

被告：陈公博，男，55 岁，广东南海人，住南京北平路 64 号

指定辩护人；高榕，吴县，公设辩护人

右被告因汉奸案件，经本院检察官起诉，本院判决如左：

主文

陈公博通谋敌国，图谋危害本国，处死刑，褫夺公权终身。全部财产除酌留家属生活必需外没收。

事实

（略）

本案经本院检察官韩焘莅庭执行职务。

中华民国三十五年四月十二日

江苏高等法院刑事第一庭

审判长推事：孙鸿霖

推事：石美瑜

推事：陆家瑞

进苏州高院受审之时，陈公博已自忖必死。因此，此时听到审判长孙鸿霖宣判他死刑时，陈公博勉强笑道：

"本人上次早经声明，绝不再事上诉，此刻欲说者，即余之自白书，蒙庭长准许公开发表，余实心满意足，愿在此表示感谢，法院之所以判我死罪，是为了我的地位关系，也是审判长的责任关系，我对此毫无怨意，并表谅解。本来，我回国受审，就是要表示出我束身以为伏法的范则。"

但是，陈公博的老婆李励庄不甘心，她充分利用法律给予的权利，向南京最高法院递交了《申请复判状》，请求重审重判。最高法院特种刑事法庭很快驳回了李励庄的上诉，核准了江苏高等法院对陈公博的死刑判决。6月1日，司法行政部也核准了对陈公博的死刑判决。

6月2日，陈公博被移往苏州狮子口江苏第三监狱，等待执行死刑。这天，他先写了对家属遗书，然后表示再写一封致蒋介石的信。但写了一半，便搁笔微叹，自嘲：

"当局自有成竹在胸，将死之人，说了也未必有用，不如不写吧。"

6月3日上午6：30，最高法院派人从南京赶到苏州，送来了对陈公博立即执行死刑的各种文书。法院院长孙鸿霖立刻通知典狱长迅速安排临时法庭，布置刑场、警备等。

那天是端午，上午8点多钟，几名法警来到牢房提人。此时，陈公博应典狱长之请，在写一副对联，快写完时，发现身后站着几名法警。陈公博知道末日已到。

"是不是要执行了？"

"是。"

"那么，请劳驾等几分钟，让我把对联写完。"

陈公博写完最后三个字，题了上下款。他写的对联是：

> 大海有真能容之量；
> 明月以不常满为心。

在临时法庭，法官再次宣读死刑审判词。宣读完毕，法官问：

陈公博

"陈公博，你有什么话要说？"

"我给蒋主席的信，只写了三分之一。"

"可否在1小时内续成？"

"不必了！"

"你还有什么要求？"

"我有茶杯一只，是兆铭兄所赠；有一枚'一等旭日大绶章'，是日本天皇所赠。此两物都在我床上，要求随葬……"

陈公博要求回囚室收拾衣物，穿上一件蓝布大褂，提出要求和汪精卫的老婆陈璧君及褚民谊诀别。法警带着陈来到褚民谊处，两人紧握双手，默默无语。陈公博又至陈璧君处，他把自己用的茶壶送给她留作纪念并说：

"我随汪先生去了。"

陈璧君掩面痛哭：

"我们曾经共患难，岂知你先我而去。"

陈公博然后转身面对监刑法官说：

"快到中午了，我不能耽误你们用膳的时间，我死后，遗书请代交家属，现在就去吧。"

说完，陈公博与监刑官、书记官道别。

随后，陈公博向刑场走去。走着，走着，他忽然停住了脚步，回头对行刑的法警说：

"请多帮忙，为我做干净点。"

陈走到指定的位置上，面东而立，双手整理了一下蓝色的士林布长衫，然后左转面北，双手插入裤袋内，紧闭双目，连声叫道：

"快开枪！快开枪！"

这天上午9：00，陈公博之子陈干偕汪精卫之女来到苏州，此时，死刑刚执行完毕。他们没有到刑场，只是嘱托将陈尸体送到苏州殡仪馆入殓。随后，将陈公博葬至上海公墓，没立墓碑。

陈公博审判后，他的《八年来的回忆》被登上报纸，许多人买报读到全文。但他写的回忆其实只表达了自己对汪精卫的忠心耿耿：

他心甘情愿地做汪精卫的替罪羊，置生死于不顾。

其实，陈公博这样表白，是做给另一个人看的，那人是蒋介石。要注意，以下这句话才是他唯一要表达的：

> 我对于汪先生的心事还了，责任已完。现在此间，正候蒋先生的指示办法。

但是，为时太晚了。如果陈公博在太平洋战争没发生之前就这么说，而且还有行动去实践，那情形或许就大不一样了。陈公博把时间算得太抠门了，太不愿意冒风险了，结果没留丝毫余地，从而不可能出现任何刀下留人的声音。

3. 陈璧君与她的妹夫褚民谊

汉奸首犯汪精卫于 1944 年底死在日本。由于作为肃奸依据的《处理汉奸案件条例》十一条和《惩治汉奸条例》十六条分别是国民政府在 1945 年 11 月 23 日和 12 月 6 日才正式颁布的，所以在此之前已经死亡的汪精卫不属于本次惩办范围。但这次苏州审判的对象除了陈公博、缪斌之外，还有两个人，那就是陈璧君和褚民谊。大家知道，陈璧君是汪精卫的老婆，而褚民谊是汪精卫的连襟，也就是说，这三者是一家亲。把陈璧君和褚民谊当作汉奸审判，难道仅仅是因为亲人、亲戚关系才株连受罪吗？绝非如此。其实，他们是各人各有自己的一份罪行，审判他们理所当然。

褚民谊怎么攀上汪精卫、陈璧君这门亲戚倒与他是否准备当汉奸没有必然的关系。但褚民谊落入汉奸的泥坑，却与他是陈璧君妹夫有很大的关联。

与陈璧君、汪精卫不一样，褚民谊不是广东人而是浙江湖州人。湖州在辛亥革命中出过杰出人物，比如张静江、陈士英等皆是。褚民谊开头也不含糊。他1903年留学日本，1906年在新加坡参加中国同盟会。通过同乡张静江，他在辛亥革命中认识了孙中山。1912年，孙中山让他在上海重建同盟会领导机构，褚民谊还当了同盟会本部驻沪机关部总务长（又说是同盟会总干事长）。后经黄兴介绍，褚民谊又认识了汪精卫。此时汪精卫肩负重任，与陈陶遗一道力劝孙中山退位，由袁世凯当正式大总统。这本是南北会谈达成的协议，陈陶遗是同盟会领导兼中华民国临时参议院副议长，代表南方履行义务。不过，汪精卫虽也是同盟会员，但他的真实身份是北方代表，也就是代表袁世凯来劝退的。汪精卫成为袁世凯代表的原因很简单，他出狱后就长住在袁世凯家，并与袁大公子磕头结拜金兰，然后由袁世凯提名当了清廷的北方和谈代表，随唐绍仪南下武汉、南京。也就是说，此时汪精卫是朝廷的人！

孙文退位，袁世凯兴致勃勃地当上中华民国大总统。他要论功行赏。由于许多同盟会员随孙文下野，不在袁世凯的朝中当官，汪精卫也不便出现在朝中。于是袁大总统赐银五万，送汪精卫、陈璧君去巴黎成婚度蜜月。褚民谊也随张静江去法国留学，与汪精卫、陈璧君成了同学。不过，此后的褚民谊有更多的机会与吴稚晖、李石曾、张静江、蔡元培一道，搞留法勤工俭学运动。1920年，他与吴稚晖、李石曾在法国创办里昂中法大学，并任副校长。如果褚民谊能长期坚持与吴稚晖、李石曾、张静江、蔡元培打成一片，那就好了。可是，褚民谊做不到。他发觉汪精卫、陈璧君更讲实惠，更关心人。而吴稚晖那群后来被称为"民国四老"的人比起汪精卫、陈璧君来，就有些不近情理。比如那个吴稚晖，脾气古怪，非得逼女儿断绝洋人男朋友，结果气得女儿终身不嫁，还多管闲事，弄得老大的儿子不结婚。与吴稚晖那四个古板的老学究不同，汪精卫、陈璧君就善解人意多了，也更能体贴关心人。陈璧君还亲自做大媒，把自己同父异母的妹妹陈舜贞介绍给褚民谊为妻。从此褚民谊成了陈璧君的妹夫。又有一说，陈舜贞是陈璧君的母亲卫月朗的养女，这并不矛盾。卫月朗收养别的妻妾之女，没有不妥之处。陈舜贞比褚民谊小19岁。此后，比褚民谊小7岁的陈璧君常拿出大姐的架势，教育开导褚民谊。褚民谊常受到这位"雌老虎大姐"的呵斥。不过，他发现那是一种对自己的体贴与关怀，自己也的确有诸多不开窍之处，于是心甘情愿。

1924 年，褚民谊拿到法国的药学学士和医学博士双重学位。回国后，褚民谊在广东大学（中山大学）当教授，代理中山大学校长。由于老同盟会员的资格，他也是国民党中央执行委员。1926 年底，褚民谊曾受蒋总司令派遣，拿总司令亲笔信去找李石曾，要一同到苏联驻北平大使馆，交涉驱逐鲍罗廷顾问的问题。他为此胆战心惊了好一阵。1932 年，蒋、汪重新拥抱，汪精卫出任南京政府行政院院长。汪精卫不忘提携"妹夫"一把，提名褚民谊当行政院秘书长。行政院秘书长实际上掌管行政院日常事务，管的事比一个部长还多。褚民谊托"姐姐"、"姐夫"的福，享受了一次做大官的乐趣。不过，换届之后，也就是抗日战争前夕，褚民谊依托吴稚晖、李石曾的关系，在上海亚尔培路（今陕西南路）当中法国立工学院院长和中法技术学校医学研究部主任。如果褚民谊从此收心敛志，太太平平地在这种教育与卫生的岗位上干下去就好了，也不失为他最光明的出路。"八一三"抗战后，上海沦陷。由于国民政府想依赖英、美、法租界造成一种上海还控制在中国政府手中的假象，许多银行、学校、机构都留在租界，不撤退到大后方。还派军政要员蒋伯诚、吴开先、吴绍澍等继续在上海履职，形成了"孤岛"现象。褚民谊因中法工学院院长和中法技术学校医学研究部主任的身份而留在上海。

褚民谊这几年来，由于少涉及政治，又处于上海法租界的"孤岛"中，与汪精卫、陈璧君、陈公博、周佛海等及低调俱乐部联系甚少，甚至不知道这帮人马的活动。

1938 年 12 月，汪精卫在河内发表《艳电》，公开叛国投敌。汪精卫集团受到国民党与国民政府的"双开"，并遭全国通缉。

那时，汪精卫来不及重视这位连襟褚民谊，除由陈璧君寄了一份铅印的《艳电》原文给褚民谊外，未附有片纸只字，之间没有其他联系。褚民谊甚至连汪精卫、陈璧君、周佛海的下落，如何联系都不知道。汪精卫、周佛海这次行动内幕究竟怎样？褚民谊如丈二和尚摸不着头脑。

随后，河内发生了刺杀汪精卫未遂事件及曾仲鸣被杀事件，这把褚民谊吓破了胆。他更不敢与汪精卫联系了，生怕自己因与汪精卫、陈璧君的关系受连累。

为了撇清自己与汪精卫、陈璧君的关系，避免被人误会而遭到不测，褚民谊连连在上海各报遍登启事，声明汪精卫的一切，他并不与闻。褚民谊看不见汪精卫，而汪精卫却能看到褚民谊划清界限的启事。为此，汪精卫对褚民谊十分不满：

"自己落难，褚民谊竟然如此薄情寡义！"

但褚民谊受过汪精卫夫妻的诸多恩惠。他也是个利欲熏心的人，不想从此与汪精卫一刀两断。此时，正好上海有另一个汉奸特务集团要从事政治投机，想与汪精卫集团拉关系。

这个汉奸特务集团以特务头子丁默邨、李士群、苏成德、胡钧鹤等人为首，他们都是从 CC 系的中统特务转变成为日伪特工总部的匪首。日伪特工总部就是俗称的"76 号"魔窟。而且丁默邨、李士群、苏成德、胡钧鹤最早都是 20 世纪 20 年代中共的可耻叛徒。胡钧鹤还是共青团中央书记。这集团中有个名叫汪曼云的人认识褚民谊，汪曼云要通过褚民谊联络汪精卫。

于是，褚民谊把香港《南华日报》林柏生的地址交给汪曼云。林柏生是汪精卫的原秘书，《艳电》就是在林柏生主持的《南华日报》上发表的。褚民谊于是写了两封信交给 76 号的骨干分子汪曼云，一封信给林柏生，另一封给陈公博。这两封信作为日伪特工总部与汪集团勾结的引路。经褚民谊的穿针引线，汪曼云虽然没有联系到林柏生或陈公博，但与周佛海和梅思平接上了头，这样一来，76 号敌伪特务集团与汪精卫汉奸集团这两伙势力便勾结上了。

1939 年汪精卫一伙到达上海。为摆脱日本宪兵的"保护"，摆脱依靠日本刺刀来维持"和平运动"的形象，汪精卫、陈璧君决定放弃前嫌找在上海的褚民谊协助。他们秘密召见褚民谊，要他参加"和平运动"，并让他代替自己出面在上海拉帮结派，组织汉奸团伙。不过事前，陈璧君还是冷言冷语地讽刺了褚民谊几句。褚民谊听后，连忙辩白，马上就"改过自新"表示紧随汪精卫、陈璧君搞"和平运动"。褚民谊下这决心，与"陈大姐"雌老虎的威风对他的威慑力不无关系。究竟是亲戚一家人，而且还是"同志加兄弟"，褚民谊、汪精卫一拍即合。经褚民谊的欺骗煽动，国民党上海市党部纷纷瓦解，变成了汪记党部，汪精卫于是在上海站住了脚，褚民谊也成为汪精卫汉奸集团的核心人物之一。他是伪国民党"六大"的中央委员会秘书长，还兼伪行政院副院长和伪外交部长、伪广东省长等，是汉奸集团的核心人物。汪伪政权的全部卖国行动，都有他的一份罪责。

1946年3月17日，检察官同时向江苏高等法院以汉奸罪起诉褚民谊。

当天，江苏高等法院检察官王文俊传讯了褚民谊。以下是部分侦查笔录：

江苏高等法院检察官侦查笔录

（1946年3月17日）

中华民国三十五年侦字五三五号，褚民谊汉奸一案，于三十五年三月十七日上午九时零五分在江苏高等法院看守所侦查。出席职员如左：

检察官王文俊

书记官王雄亚

？姓名？

：褚民谊。

？你在什么时候就参加国民党的？

：一千九百零六年在新加坡……

？同日本订有密约么？

：民国二十九年十一月三十日订有《中日基本条约》。日本由阿部，中国由汪精卫签字的。

？基本条约内容如何？

：外交部有卷可查。

？以后订有条约么？

：三十二年十月三十日订有《中日同盟条约》，汪先生同谷正之订的。三十二年一月九日同重光葵发表声明，对美英宣战，宣言同生共死，保卫大东亚共荣圈。三十二年十一月五日在东京开大东亚会议，我与周佛海同汪先生去的。

？中日满三国还有共同宣言么？

：那是基本条约同时的。

？大东亚主要目的，会议内容？

：维护广大东亚和平，政治独立，经济提携，文化沟通，军事协助。

？汪精卫何时去日本医病？

：……

这就是褚民谊作为伪外交部长，承认参与签订卖国的《中日同盟条约》，向同盟国宣战，这就是与本国为敌的铁证，也证明褚民谊承认了伪满洲国。

1946年4月15日，江苏高等法院审判褚民谊一案首次开庭。中午12：00刚过，苏州市万民空巷，在苏州司前街看守所通往观前街江苏高等法院的马路两旁站满了市民，争相一睹褚民谊的模样。褚民谊坐在一辆破旧的马车里被法警押送到法庭。下午2：20，法庭按时开庭，审判长、检察官、书记官按序入座。

被告：褚民谊

指定辩护人：高榕

审判长推事：孙鸿霖

推事：石美瑜

推事：陆家瑞

检察官：韩焘

书记官：秦道立

审判长孙鸿霖问过被告姓名、年龄、籍贯后，首席检察官韩焘宣读起诉书。起诉书列举了褚民谊5大罪状：

1. 追随汪精卫叛国投敌，谋组伪府，担任伪职；2. 参与签订卖国条约；3. 实行对盟国宣战；4. 允许日本在占领区设立公司，统治行政、交通、粮食、矿产，供敌军用；5. 主政广东期间，征收关税，补助日军费用。

起诉书长达万言，列举了褚民谊卖国投敌的种种罪状。随后，法官宣布由被告辩护。

褚民谊拿出事先拟好的自辩书，开始为自己的汉奸行为辩解。

褚民谊先是吹捧汪精卫的叛国行为。他说：

国难当头，战事颓败之时，幸有汪先生其人者，为人克勤克俭，为党国竭尽忠诚，不顾一己之安危，抱吾人不入地狱谁入地狱之宏愿，根据我党二十七年汉口临时代表大会之宣言，响应近卫声明而发《艳电》，始而复党，继而组和平政府，鞠躬尽瘁，死而后已。实在是一个"仁人君子"。

接着，他恬不知耻地宣扬汉奸的叛国投敌论：

抗战是救国，和平（按：投降）也是救国，故南京和平年号不改，国旗、党旗不变。和平政府成立之后，不仅土地、主权不受损害，又使国人减少受日人直接统治，免除诸多痛苦，实为挽救党国于万一，庶不致一蹶而亡国亡种，保持了国家民族元气。

褚民谊还把自己打扮成报效国家的英雄：

本人在担任外交部部长任内，曾着力收回租界。本人从事社会公益事业，为民兴利，还主持修葺过总理陵园，又曾在沦陷区恢复党部，宣扬总理遗教，检察官指控我通谋敌国，实是为党为国效忠。

褚民谊还为自己的汉奸排位进行狡辩：

检察官要判处我为叛国元凶，事实上我是南京政府里的第十二名，前有各院院长五人，副院长五人，内政部长，以后才是我外交部长。

还说：

我从事和平运动时，即有电给蒋委员长，是否收到不清楚，后来在胜利时，接到蒋委员长电报，谓汝追随总理十余年，在广东维持治安有功，可从轻发落。

褚民谊的无耻之言，激起了旁听席的愤慨，在他答辩过程中，不时响起嘘声和斥责声，褚民谊不得不时而中断答辩。

褚民谊答辩完后，法官宣布休庭到5：25再开庭。

公诉人出示了各种证据，如委任状、文告、照片、会议记录、录音讲话等。这些铁一般的证据，揭露、证实了褚民谊出卖国家的罪行，批驳了他的狡辩与抵赖。

褚民谊知道自己罪大难逃一死。他却故作轻松地说：

> 我早已置死生于度外，以前曾数次求死不成，如今和平运动已完成，可以一死，正好追汪先生于九泉。再说无期徒刑要吃囚粮，穿囚衣，太不经济。

褚民谊还故作姿态为其他小一点的汉奸请命：

> 参加和平政府者中，众多只是为生活计，对他们应减轻罪名，不必以汉奸论罪。

晚上7：15，审判长宣布辩论结束，一周后开庭宣判。

褚民谊家属知道褚罪不容赦，已开始着手为他准备棺木和衣服。

4月22日下午2：45，法警将褚民谊带至法庭，先入候审室等候。

褚民谊知道今天是宣判日，是死是活，马上见分晓，他神情紧张而呆滞，两眼直直地盯着墙壁。法警见状，递过来一杯开水，想缓和一下他的情绪，他都木然未知。

开庭后，法官让法警带上褚民谊，然后开始宣判：

> 被告因汉奸案件，经本院检察官起诉，本院判决如下：
>
> 褚民谊通谋敌国，图谋反抗本国，处死刑，褫夺公权终身，全部财产，除酌留家属必需生活费外，没收。

此前，也许褚民谊尚存一丝活的希望。当法官"判处死刑"的话音刚落，他浑身一颤，面孔突然变色，全没有第一次出庭时的那般气色。

过了好一阵，褚民谊才恢复常态。

读完判决书，法官问：

"被告还有什么话要说？如对本判决不服，可提起上诉。"

褚恢复了常态，表示对判决没有异议。不过下庭后，他却让法官转告妻子陈舜贞出面，向最高法院提起上诉，申请复判。

陈舜贞上诉的理由是：

褚民谊投敌，是以和平方式救国，任"外交部长"，不过虚名，所有订立中日各种条约及对英美宣战，并未签字。日宣布投降，即在广东保境安民，使粤省完璧归还中央，等等。

陈舜贞于5月3日上诉，三个星期后被驳回。

5月24日，最高法院驳回上诉，维持原判。

陈舜贞不甘，回去找理由再次向高等法院申请复判。这次找到的理由是褚民谊提供的，说他曾经保护国父灵脏及文献立有大功，足可抵罪。

这是穷途末路之际想到的歪门邪道。褚民谊保护国父灵脏及文献的事是这样的：

孙中山先生患肝癌病逝后，遗体送往北京协和医院，取出内脏，然后遗体作防腐处理。

后来，中山先生的灵柩被移往南京，其肝脏仍存放在协和医院，供医疗研究之用。太平洋战争爆发，美国和日本互为宣战国。协和医院为美国人开办，此时被日本人接收。中山先生的肝脏就落到了日本人手里。当时，在汪伪政权里任"外交部长"的褚民谊，认为这是一次作秀的机会。于是在1942年3月底，他专程去北平，从日本人手里将孙中山的肝脏接收过来，护送至南京，交中山陵保管。

从北平到南京一路上，褚民谊大事张扬，沿途请大大小小的记者，一路追踪报道。还拍摄了一组国父灵脏奉安照片，供登报宣传。随后，褚民谊去上海孙中山故居，把《孙文学说》原稿，孙中山《建国大纲》和《中国之革命》手迹，以及中山先生生前的佩剑等物，一并收集到南京保存。

陈舜贞这次复判请求，还真的成了一阵小气候。

就在人们等着褚民谊的死讯时，江苏高等法院发表了裁定书，认定褚上诉属实，保护国父灵脏及遗著"不能谓无功"，有再审的理由，获准再审。

这时候的传媒也详细介绍了褚民谊如何与日本人交涉，如何获得中山先生的肝脏及文献，好像褚民谊确实有功。

身在狱中的褚民谊知道这些消息后，不免暗自得意，以为获生有望。于是他在狱中，每天坚持打太极拳，做晨操，还开门授徒，让关押在一起的汉奸跟着打拳。

但，江苏高等法院再审的裁定书引发舆论不满，议论纷纷。

原承办该案的检察官李曙东等人，向最高法院提出了抗诉。

抗诉书称：

> 效忠国父，不在灵脏之奉安，而在遗嘱之遵守；不在著作之保存，而在遗教之奉行。褚民谊与汪逆通谋敌国，组织伪政府，反抗本国，沦我民族于万劫不复之地，与国父遗嘱有违，不忠莫大。其领还灵脏、手迹等行，不过藉以笼络民心，达破坏抗战、反抗本国之企图，奸贼之惯伎，古今中外不乏。原确定判处死刑不错，申请再审完全无理由。

法院不得不重新考虑再审的理由是否充分。

褚民谊在狱中感到不妙，他决定作最后一搏，让老婆陈舜贞，直接面见蒋介石。

在褚民谊以前国民党中老朋友的帮助下，蒋介石同意召见陈舜贞。

陈舜贞如约来到总统府，一见蒋介石，便在蒋面前长跪不起：

"多谢委员长救救民谊！救民谊的只有委员长您了！"

蒋介石见状一声不吭，良久，才说：

"不用再说了，我都知道了。"

说完，扯过一张纸条，用铅笔写下了"拟可从轻议处"六个字，递给陈舜贞说：

"去吧，交江苏高等法院，不能告诉外边任何人。"

陈舜贞接过纸条，千恩万谢地离开了主席办公室。

据说陈舜贞拿到蒋介石的手令后，交给女儿赶快送往苏州。

褚小姐坐上火车去苏州，那张救命的手令就装在她的手提袋里。她时时抓着手袋，一刻也不敢马虎。

苏州渐渐近了，火车减速开始进站，她紧张的情绪逐渐松弛下来，她略放松活动一下手指。随后，又习惯性地要将手袋提到手上。没想手一抓却落了空，低头一看，刚才放在座位上的手袋转眼间就没了。褚的女儿顿时吓白了脸，前后左右寻找，哪里还有手袋的影子？

……

8 月 15 日，最高法院公布了裁定书，否定了江苏高等法院准予褚民谊再审申请。

褚民谊在狱中闻讯后，知道死期已近，但他仍不甘心。按陈璧君的建议，8 月 22 日晚，褚民谊连夜又写了上诉，请典狱长转交最高法院院长。

8 月 23 日晨，褚民谊起床后，忽然看到几个武装的法警进来。他凭预感问道：

"是不是提我执行？"

法警没有回答，只是摇了摇头。

褚民谊洗漱完毕，又开始了老功课：打太极拳。

不过，褚民谊发现此次与以往不同，进来的法警没有离开的意思，不过像是在耐心地让褚民谊打完拳。他试探着再问一句：

"如是行刑的话，能否容我转告汪夫人？"

法警看了看表，表情严肃地说：

"褚先生有什么话要对汪夫人讲，我可以代为转告。"

褚民谊闻言，腿一软，瘫坐在床上。

陈璧君听到法警的转告，急忙写了几行字，说是褚民谊的抗告刚送出，今天的行刑应该暂停待命。请法警速交梁挹清检察官。

梁检察官接到纸条后，马上向首席检察官韩焘请示。韩回答：

"已接上峰指令，立即执行。"

法警接到命令，随即带出褚民谊。

褚民谊被押送着去狱内刑场，经过陈璧君的囚室时，陈璧君正站在铁窗前注视。

褚民谊向她行礼：

"夫人，我先去九泉之下见汪先生了，请您保重。"

陈璧君转身扑在床上号啕大哭。

到刑前临时法庭。进门后，监刑官梁挹清问褚民谊：

"你有无遗言？"

"没有。"

褚民谊的话刚出口，又改口说：

"还有几句话。我生死俱极坦然，生无所惭愧，死没有价值，希望能将遗体送医院解剖，供医学研究之用，也算是死的一点贡献吧。"

哦，褚民谊临死前才想起他是医学博士。

梁检察官不置可否。再问：

"还有什么话对家属说吗？"

"我有一婿二女三子，希望政府能妥为教育子女。至于所判没收财产，希给家属留得宽裕一点，以免我妻晚年为衣食奔走。"

"对你子女的教育，政府自会负责。还有什么要说的吗？"

褚民谊闭上眼睛，摇了摇头。

"执行！"

梁挥手下达了命令。

枪声响了，褚民谊却转了半个身子才倒地，像是做了半个太极拳的白鹤亮翅的动作。

对陈璧君的起诉和开庭审判在时间上均比褚民谊晚几天。

3月28日，江苏高等法院以"通谋敌国，图谋反抗本国"罪起诉陈璧君。

4月16日，江苏省高等法院公开审讯陈璧君。

被告：陈璧君

指定辩护人：高榕

　　公诉人：检察官韦维清

　　书记官：王步云

审判长推事：孙鸿霖

　　推事：石美瑜

　　推事：陆家瑞

　　那日法庭，旁听席上已座无虚席。当法官宣布开庭，两名法警将陈璧君带上了被告席时，法庭里顿时鸦雀无声。这天，陈璧君着意打扮了一番，她身穿黑色旗袍，架着一副细边眼镜，态度傲慢，目中无人地坐在法庭被告席上，无耻到丝毫不觉得她自己是个罪犯。

　　公诉人在法庭上指控陈璧君犯"通谋敌国，图谋反抗本国"罪。

　　在法庭上，陈璧君反攻为守，她抨击说，中国国土沦丧，是因为蒋介石抗战才弄丢了，而不是日本的侵略造成的。她老公向日本投降是有功的。当她破口大骂蒋介石时，旁听席上居然听到一片笑声，她得意了，越骂越有劲。她不断为自己的汉奸行为极力辩白，认为不是有罪，反而是立功。陈不仅不承认卖国，还把自己扮成一名爱国英雄，一名受害者。由于陈璧君在法庭上谩骂蒋介石和抗日政府，这或许在当时也是防扩散材料，或许是书记官没作记录，留下的审判记录也相应少了一些。

　　陈璧君的话还没有说完，旁听席上顿时嘘声四起，人们对陈璧君的狡辩嗤之以鼻。

　　一周以后，陈璧君被江苏高等法院判处无期徒刑。与陈公博、褚民谊、缪斌比，她的罪恶绝不逊色，只是因为她是女人。

　　陈璧君知道不死，嘴巴就硬了起来，表示强烈不服：

　　"有受死的勇气，没有坐牢的耐性。"

　　陈璧君先在苏州狮子口监狱服刑，后来被送到上海提篮桥监狱继续服刑。

　　审判陈公博、褚民谊、陈璧君的审判长孙鸿霖是中国近现代司法界名人及法学界学者，同盟会员。1914 年毕业于山东法政学堂。20 世纪 20 年代在各省各级司法单位任法官、检察官等职。抗日战争中任四川省高等法院第一分院院长。抗战胜利后，出任江苏省高等法院院长，主持对

重大汉奸案的审判。后来任上海法学院法律系教授。上海法学院是上海
财经学院前身。1958 年 3 月以历史反革命罪被判入上海提篮桥监狱，与
10 年前被他判无期徒刑的陈璧君同狱服刑。1962 年 1 月孙鸿霖死于狱中。
1987 年他被重新宣判无罪，予以平反。

就在陈璧君在苏州接受审判之际，她的侄儿陈春圃也正在上海高等
法院接受审判。

陈春圃是汪伪政府高级官员，广东新会人。1920 年起追随汪精卫，
曾任国民党中央党部宣传部秘书。1926 年初，陈春圃和林柏生由中央政
治委员会保送赴苏联莫斯科中山大学学习，并当了班长，娶了最漂亮的
女同学为妻。班级里多数是中共党员，其中有陈绍禹与秦邦宪等，只是
当时这两人还没露锋芒。次年夏初，汪精卫主持武汉国民政府，电召陈
春圃回国，先后任中国国民党中央党部组织部秘书、广州特别市党部常
务委员。1938 年底，汪精卫、陈璧君叛逃河内，就是陈春圃提前打点，
携带汪精卫、陈璧君的子女及朱执信的女儿等先行出动。1940 年后，汪
伪政权成立，陈春圃历任汪伪政权行政院秘书长、伪政府建设部部长、
伪广东省省长、汪伪国民党中央执行委员、伪中央党部组织部部长等职。

1945 年 12 月，陈春圃在上海高等法院被以汉奸罪指控，1946 年 4 月
3 日被关押到上海提篮桥监狱。随后，陈春圃被上海高等法院判处死刑。
陈春圃不服，进行上诉。为避免同狱汉奸误会自己怕死，陈春圃见到金
雄白时表白自己：

"你放心，我将来被枪毙时，不会让同志们丢脸的。"

不过，参照其他汉奸犯，上海高等法院最终判陈春圃无期徒刑。

1946 年 4 月 2 日，汪伪政府司法行政部部长吴颂皋被关押于上海提
篮桥监狱。他被上海高等法院判处无期徒刑。

此后，老汉奸原伪南京维持政府头子梁鸿志、汪伪浙江省省长傅式
说、汪伪副总警监苏成德、"黄道会"头目常玉清等多名汉奸被上海高等
法院判处死刑并执行。汪伪政府驻日本大使蔡培以汉奸罪被上海高等法
院判处无期徒刑。

这样，汪伪汉奸集团中以汪精卫、陈璧君为中心的"公馆派"汉奸
只余林柏生没有判决。

接下来要继续审判的汉奸主要是以周佛海为中心的 CC 派汉奸，主要代表人物是周佛海、丁默邨、梅思平。对与他们不同一派的林柏生的审判插在中间进行。

对他们的审判由 1946 年 4 月 1 日新成立的首都高等法院主持。

4. 首都高等法院

在南京白下路 131 号原来有一家法院称首都地方法院。它只是设在苏州的江苏高等法院下属的地区法院。首都地方法院遇有紧急事情，要向司法部请示的话，需由江苏高等法院转呈，难免延误时日，十分不便。同时因级别问题，首都地方法院不能承担对大汉奸的审判。而此时，上海和北平都设有高等法院，如果首都南京不设一家高等法院也不是办法。国民政府司法行政部鉴于以上原因，决定在 1946 年 4 月 1 日成立首都高等法院，主管首都及江宁县民刑事第二审及日伪汉奸的审判业务。首都高等法院直接隶属司法行政部，首任院长为赵琛，代理首席检察官是陈光虞，院址在南京朝天宫。有了首都高等法院，原来拘押在南京的多数汉奸改由首都高等法院审理，而不必费人力和时间把汉奸送往苏州。

院长赵琛就是审理汉奸梅思平、林柏生、周佛海等案的审判长。审判汉奸结束后，他出任国民政府司法行政部政务次长、代理部长职务。后来去台湾，历任台湾大学、陆军大学等校教授，"最高法院检察署检察长"等职。检察官陈光虞是上海法政大学毕业，原首都地方法院首席检察官。此时，他既是国防部军事法庭审理南京大屠杀案的主任检察官，又是首都高等法院审理各汉奸案的检察官。1947 年他任首都法院院长，两年后失踪。

首都高等法院正式成立后审理的第一起案件就是梅思平汉奸案。

前文提及，梅思平是汪精卫、周佛海叛国投降的马前卒或急先锋。叛国投敌后，梅思平因其"先锋"作用，被视为与汪精卫等人一样的"首义分子"，成为汪伪"最高委员会"成员。他历任汪伪国民党中央委员会常务委员兼伪中央党部组织部长、伪政府工商部长、伪实业部长、伪浙江省长等主要伪职。1940 年 11 月，梅思平参与了同日本政府签订出卖中国人民利益的《中日基本关系条约》。

汪集团公开发表叛国的《艳电》后，他们一伙受到国家的通缉。但由于 1939 年高宗武和陶希圣迷途知返，公开揭露汪集团与日本签订的卖国秘密协定，从而国民政府认为他俩有功，既往不咎，取消通缉。因而以汪精卫、周佛海叛国集团马前卒身份被审的人就是梅思平。

1945 年 9 月梅思平被拘留，虽其夫人王绥卿四处奔走试图营救，但没有作用。1946 年 4 月 27 日，检察官王鸿全以汉奸罪向首都高等法院起诉梅思平。

1945 年 5 月 3 日，首都高等法院公开审理梅思平汉奸案。

首都高等法院院长赵琛为审判长推事，葛之覃和郑礼锷为推事，检察官为李沛沅，书记官为徐军。辩护人为刘贤才。

公审当日，公诉人李沛沅检察官以"共同通谋敌国，图谋反抗本国"的罪名起诉梅思平。

当审判长赵琛询问被告的姓名、年龄、籍贯时，梅思平嘴里含糊不清地嘟囔着。审判长听不清，又重复问了一遍，要他大声回答，他仍是支吾含糊。此时人们才发现，原来他在被押上庭之前偷喝了酒，已经醉了。

但毕竟事关生死，梅思平惊醒后还是回答了法官的提问，说了他的简历和简况：他住在南京的北平路灯 2 号，毕业于北京大学，做过国民党中央政治学校教授，曾担任过江宁县县长。我们抄录部分法庭问讯记录于后。（其中："?"表示法官提问，而"："表示被告回答。）

　　……

　　? 你和高宗武什么时候去上海?

　　：二十七年十一月中旬。

　　? 去上海什么事?

　　：高宗武去上海探测日本的真意。

　　? 在上海和什么人接头?

：高在上海和日本参谋本部影佐祯昭和今井武夫两人接头。

？你们谈的内容怎样？

：据高谈，日方意见五点：1. 承认伪满。2. 平等互惠，开发华北。3. 防共区域划定。4. 撤废日本在华领判及租界权。5. 中日互不赔款。

？你看这些谈判内容对我们国家是否有利？

：现实情况下不便表示意见。

……

从问答中，梅思平虽推卸责任，但还是坦白了一些真相。由于怕被判死刑，对指控他的"通谋敌国，图谋反抗本国"一项罪名总是百般辩解力图开脱自己。比如，日本逼他"承认伪满"那五个条件，本来就是他代替高宗武与日本人谈成并定稿，并独自一人到重庆向汪精卫汇报的，但他还是尽量往高宗武身上推。因为他知道高宗武在美国不会来作证，而且不论问题严重不严重高宗武都已得到赦免。

针对梅思平的辩解，检察官举证驳斥。

接着审判长让辩护律师发言。

辩护律师刘贤才说梅思平与日方密商是奉国民党副总裁汪精卫之命，而且"完全为高宗武工作"；任伪政府要职系汪的指派，乃身不由己。对于检察官所说的发行伪币、公卖鸦片、资敌军粮，辩护律师一概加以否认，反而说梅思平是为国家保存物资和实力。

按律师的辩护，梅思平俨然成了一个被迫下水、又做好事的人。辩护人刘贤才凭自己的叙述要求法庭对梅思平从宽量刑。11：45，审判长赵琛宣布本案辩论终结，定期 5 月 9 日上午 10：00 宣判。犯人梅思平被押回监禁。

1946 年 5 月 9 日，首都高等法院宣判梅思平"共同通谋敌国，图谋反抗本国"，处死刑，褫夺公权终身，全部财产除酌留家属必需生活费外没收。

梅思平不服，提出上诉。其兄弟梅仲协上庐山向李济深求援，冀幸免一死。8 月 26 日，高院特种刑事法庭驳回梅思平之上诉，批准原死刑的判决。

1946 年 9 月 14 日，梅思平被执行死刑。这位曾经的北大"五四"精英就这样终结了一生。

林柏生与梅思平的开庭时间仅相差 10 天。

5 月 13 日，公诉人陈绳祖检察官向首都高等法院刑事庭对林柏生提起公诉，要求依法审判林柏生。

林柏生 1902 年出生于广东信宜，曾担任过汪精卫的秘书。1925年，林柏生及妻子在汪精卫的支持下，与陈春圃一道赴莫斯科中山大学留学。1926 年 9 月，他回国后任黄埔军校政治教官。由于林柏生长期追随汪精卫，遂成为他的亲信。1938 年初，以周佛海为首的"低调俱乐部"，在汉口成立了以宣传"对日和平"为宗旨的"艺文研究会"。林柏生不顾骂名，在汪精卫的授意下，立即于香港成立了"国际编译社"和蔚蓝书店，与周佛海遥相呼应。同年 12 月，汪精卫由重庆逃到河内，为响应日本近卫首相招降声明，他草就了臭名昭著的《艳电》。《艳电》稿由陈公博等带往香港。12 月 29 日，林柏生以醒目的标题，在《南华日报》上刊载了《艳电》全文，成了汪精卫投敌叛国的公开宣言。《艳电》刊出后，全国上下一片哗然，谴责之声此起彼伏。但林柏生仍恬不知耻，他开动了其所有的宣传工具，通过在《南华日报》上发表社论等形式，鼓吹对日投降，为汪精卫集团的"和平运动"摇旗呐喊。不久，汪精卫在河内论功行赏，陈璧君、陈公博、周佛海、陶希圣、梅思平、高宗武、曾仲鸣、林柏生八人被封为"首义分子"，并每人发给安家费港币 5 万元。

1939 年 1 月 17 日，为警告蠢蠢欲动的汪精卫集团不要在投敌叛国的路上越走越远，义士刘方雄当街用斧子猛击气焰嚣张的林柏生，林柏生重伤住院急救，但正义的警告没有让林柏生回头。1939 年 8 月，在汪伪国民党"六大"上，林柏生被汪指定为伪中央常务委员兼中央宣传部副部长、伪行政院宣传部长等职，成为汪伪政权中"公馆派"的核心人物。林柏生控制沦陷区的文化宣传机构充当汪伪集团的喉舌，鼓吹"战争是国家民族毁灭的死路"，"强化中日和平轴心"，"创造建设东亚新秩序，确立永久和平"等汉奸舆论。汪伪覆灭前夕，他到蚌埠当伪安徽省省长兼伪蚌埠绥靖公署主任。

1945 年 8 月 25 日，林柏生随陈公博逃往日本，企图逃避正义的惩罚。同年 10 月 3 日，林柏生作为逃犯被抓回拘留在南京宁海路 25 号，后关押于南京老虎桥监狱。

1946 年 5 月 25 日，首都高等法院开庭公开审理林柏生。

首都高等法院院长赵琛为审判长推事，葛之覃和金世鼎为推事，检察官为李沛沆，书记官为林塑振。

面对检察官的起诉，林柏生深知自己罪孽深重，定然难逃国民政府的惩处，于是他面对起诉书所列罪行采取了避重就轻、推脱抵赖的手法。他在《申诉书》中，对自己的汉奸事实百般狡辩，竭尽全力推诿之能事。他把自己装扮成只是汪精卫的"追随者"，是"随员之一"。因此他只是奉命执行，虽然错误"很大很多"，但不是主要责任人，仅表示自己要深刻反省，要引以为戒。在讲到他因汉奸利益相争，采用砸毒品馆的行为以打击另一派汉奸时，竟然拿林则徐来比喻自己。

林柏生怕自己在法庭上还没说够，第二天，即 5 月 26 日，又呈送了一份 5000 余字的《补充说明》。他反问自己，有没有帮助敌人进攻国土呢？没有；有没有勾结敌人引寇深入呢？没有；有没有劫粮劫械、争城争地呢？没有……反问自己：有没有分裂国家呢？没有；有没有变更国体呢？没有；有没有把整个国家送给敌人呢？没有。企图以此把罪恶赖光。

针对林柏生的申诉，检察官当庭逐条予以驳回，并拿出林柏生在敌伪时期发表的署名文章、演讲录音带等罪证 109 件，说明伪政府所谓"救国救民"完全是无稽之谈。沦陷区人民在日伪盘剥掠夺之下生活苦不堪言，所谓"和平抗战"更属可笑。这些都是林柏生甘心附逆、参与种种背叛本国行为的确凿罪证。林柏生眼见无法抵赖，最后摆出一副超然自若的样子，几乎全部承认下来。

1945 年 5 月 31 日，首都高等法院开庭宣布对林柏生的判决。审判长赵琛宣布：

林柏生共同通谋敌国、图谋反抗本国罪名成立，着将其处以死刑，褫夺公权终身，全部财产除酌留家属必需生活费外没收。

得知丈夫被判处死刑后，林柏生的老婆徐莹依据法律给予的权利，向法院提出再审要求。她声称自己有"足以影响判决之重要证据漏未审酌，有利于被告之事实不及衡量"。8月19日，她呈上了洋洋万言的《补陈再审理由之请状》。并附有国军第十战区司令长官李品仙等所开具的证明、函电等数件。

汉奸林柏生被押上法庭

首都高等法院立即进行复核，但结果却证实徐莹所提出的再审理由以及其所谓的"新证据"，一些与量刑重轻没有关系；一些是敷衍人事，不足采信，影响不了判决结果。

鉴于此，南京高等法院最终裁定：

原判确定委无遗漏，申请意旨应认为无理由，予以驳回。

林柏生的最后一线希望也破灭了。

1946年10月8日下午2：50，检察官陈绳祖、典狱长孔祥霖、书记官王步云等率领一批法警来到老虎桥监狱后院的刑场。随后，林柏生被两名法警押来，检察官陈绳祖当面向其宣布：

"本案判你死刑，业经判决确定，经奉最高法院检察署奉司法行政部令准执行到处，今天将你提案执行死刑。"

林柏生虽然在心里已经有所准备，但临近死亡，仍浑身颤抖，语无伦次。

这样，林柏生的生命到此结束。

1946年4月1日刚成立的首都高等法院，在5月就成功地判决了梅思平、林柏生等大汉奸案。接着在6月以后，判处了老汉奸温宗尧和江亢虎等人无期徒刑。

5. 大汉奸周佛海

自 1946 年全国范围内展开对汉奸的全面审判之后，全国民众盯着汉奸榜，扳着指头数，的确，一个个汉奸罪有应得，受到了处分。但大家心中总忘不了还有那么几个人，他们是周佛海、丁默邨、罗君强和杨惺华。

前面提到，周佛海、丁默邨、罗君强和杨惺华等汉奸被戴笠软硬兼施，软禁到了重庆白公馆。白公馆这地方后来因为小说《红岩》而出名，但此时，全中国却并没有几个人知道它。包括周佛海、丁默邨、杨惺华和罗君强等人，没进去之前也是不知道世间还有这个所在，更不会料到他们是在此处关押的第一批囚犯。但在白公馆内，周佛海、丁默邨、罗君强这批囚犯除了没有自由之外，他们的日子并不苦，更没有"大刑伺候"之类的虐待。相反他们是吃好的，喝好的，吃喝之后嘴巴一抹，看书看报，下棋打麻将。他们似乎生活在世外桃源，过着养尊处优的日子。当然，他们这日子过得并不惬意。他们看书看报，收听电台广播，知道白公馆之外，全国严惩战犯汉奸的审判一个接着一个，自己熟识的汉奸同伙或被枪毙，或是无期徒刑，没有哪个能有好下场。何时轮到自己？长夜无眠，他们不得不一次又一次地问自己。

没过多久，周佛海病了，管理他们的军统特务并不怠慢，马上把他送进医院。但没料到的是：戴笠把周佛海的老婆杨淑慧和儿子周幼海也弄来了。见到妻儿，周佛海顿时目瞪口呆，沉默半晌后问：

"你们怎么来了？谁叫你们来的？"

知道是戴笠安排他们来的，周佛海十分不安地对妻子说：

"雨农不安好心，要把我们一网打尽！"

倒是杨淑慧更冷静，她定了定神说：

"戴笠在上海逼幼海走，我已猜着七八分。没有别的，要我们的钱。不怕他，我早有准备。房子搬不动，但珠宝黄货，早已进了美国银行保险箱。蒋老头子那封亲笔信，我已锁入香港汇丰银行保险库。佛海，你别怕，他戴笠是天王老子，也无办法。"

到这地步杨淑慧依然十分自信，她的确非常能干。在汉奸横行的日子里，汪伪特工总部 76 号，有个著名的"太太俱乐部"。那就有李士群的老婆叶吉卿、周佛海的老婆杨淑慧、丁默邨的老婆赵慧敏、熊剑东的老婆唐逸君、吴世宝的老婆佘爱珍等。其中，叶吉卿、佘爱珍是一伙，而杨淑慧、唐逸君又是一伙，都是十分厉害的雌老虎，而且个个善于发国难财，利用各自为非作歹的丈夫捞取不义之财。尤其是杨淑慧堪称强中强，仗着丈夫周佛海的汉奸高位侵吞"国库"。当然，起主要作用的是周佛海。就因日本投降，周佛海在不到一个月的时间内，将汪伪的半个"国库"和七成伪中储银行的财富都揽入了周家，加上八年来他的强取豪夺，周家财富不可估量。难怪杨淑慧早就提防戴笠趁机敲她家的竹杠，而向外国银行转移了财产。看来，汉奸、贪官、各种不法之徒向国外银行转移非法所得，是早有先例，晚辈跟着学而已。

周佛海和杨淑慧这对夫妻，堪称天作之合。虽然，周佛海一生色迷迷，到处欠下风流债，杨淑慧醋劲大发，不断来个抓奸成双，用毒辣手段惩罚情敌，出周佛海的洋相。但这一对不但没有闹到劳燕分飞的地步，反而始终夫唱妇随，婚姻牢不可破，这堪称奇迹。

浪漫主义的奇迹出现在 1921 年夏天，杨淑慧被父亲锁在三层阁楼里，她居然翻窗上屋顶找周佛海私奔。此时，正值周佛海和陈公博作为中共一大代表参加代表大会之际。

杨淑慧与周佛海的相识，当然不是发生在中共一大开会的那几天。早在 1919 年，有两位民国元老的夫人徐宗汉和黄梅仙与留学日本回国的李果在上海组织了"中华女界联合会"，李果任副会长。至于会长是谁，由于许多普及读物说是徐宗汉，而地方志记录是黄梅仙，这成了谜。不过，此事就随它去算了，徐宗汉与黄梅仙两位绝对不会为之争吵。"中华女界联合会"成立，自然有许多开明的新女性参与义务工作，其中不乏漂亮爽朗的女学生，这吸引了风流男士的目光。同时由于李果大姐是留日海归，所以留日进步青年多来拜访李果大姐，而顺便结识新女性。留日进步青年李达便是从"中华女界联合会"里面找到漂亮的姑娘王会悟为终身伴侣。1920 年，另一位留日进步青年周佛海因荷尔蒙洋溢，也想泡妹妹，来到这儿碰桃花运。照理，像周佛海这样一个在湖南乡下有妻有子，生活原本就拮据，身上穿着脏兮兮府绸西装的人，应该识相些才对，而周佛海偏不。也正因为周佛海的这种执着，艳遇总能轮到他身上，他认识了富家小姐杨淑慧。在杨淑慧的眼中，周佛海头发乱蓬蓬的，一套府绸白西装，背上已染上枯草般的颜色，脏得不成样子。但在又脏又乱的衣服头发之外，却有一张英俊挺秀的脸孔，令人尚不发生恶感。于是周佛海、杨淑慧四眼对上，相好起来。为与杨淑慧结婚，周佛海给乡下老婆写了休书。

1921 年夏，学校放暑假，组织中共一大会议的马林向各地的与会代表发了 100 元的差旅费。周佛海借此机会匆匆回国。与其说他是为了参加中共一大，更不如说是为了再见到杨家妹妹。不想，报刊上有人披露了周佛海休妻再娶的消息，导致杨淑慧父亲大怒，不同意女儿婚事。杨父禁止杨淑慧与周佛海会面，从而闹出杨淑慧翻窗爬屋顶私奔的一幕。

因要陪美人杨淑慧的缘故，周佛海没等参加完中共一大的会议，就称拉肚子中途早退了。中共一大与会同志不但没计较周佛海，反而高度赞扬他们追求的婚姻自由。

如果因此以为，此时周佛海是参加中共的先进分子，是向往高尚婚姻的开明人士，那就大错特错了。暑假结束，周佛海与杨淑慧私奔到日本。从那以后，周佛海事实上就脱党了。只是那时，全国中共党员才 57 名，就是到了 1924 年，也才几百名，周佛海没被除名而已。

就因周杨这次私奔的自由婚姻，使他们两家发生了变化。后来因周佛海当了大汉奸，下令屠杀上海忠于抗日政府的四大银行员工，导致戴笠把周母和杨岳丈扣为人质。而周佛海在乡下的大儿子周少海因痛恨当汉奸的周佛海，愤然参加国军上前线抗日打汉奸。而周佛海的小舅子杨惺华却跟着他一道当汉奸。这些都与周佛海、杨淑慧这次"改朝换代"婚姻有很大关系。

周佛海是中共一大代表中第一个背叛共产党投靠国民党的人。他以后依然不断地为了找新的靠山而背叛。周佛海的政治，始终是背叛的政治，周佛海的爱情，也始终是荒淫无耻的兽行。

1924 年，广东因廖仲恺事件，汪精卫与蒋介石地位飙升。而广东大学（中山大学）校长邹鲁是右派，陈公博利用汪精卫势力驱逐邹鲁，取而代之。周佛海通过留日的学长戴季陶推荐，进入广东大学当教授。此时，陈公博是他们的头儿。于是周佛海开始了与陈公博、陶希圣等人共事的历程。周佛海这时有 240 元的月薪。杨淑慧一算，如果周佛海保留中共党籍，每月要交 70 多元党费，太不值了。于是让周佛海公开声明退出共产党。中共广东省委陈延年及黄埔军校的周恩来劝说无效，将周佛海正式除名。此时，汪精卫与蒋介石是共同利益同盟，而广东大学的周佛海是在汪精卫、陈公博手下。这是周佛海第一次在汪精卫领导下工作。

1926 年，蒋介石利用中山舰事件气跑汪精卫，一度陈公博、周佛海不知所措。当年秋天，北伐军到达武汉后，头脑灵活的周佛海持着戴季陶的介绍信，前往投靠蒋介石。这时蒋介石在南昌，武汉的总政治部主任邓演达接待了周佛海，安排给他一个中校秘书的虚职，并不要求上班点名。周佛海正好顺便躲入汉口日本人开的医院中去。住院治病？的确，周佛海得了花柳病！蒋介石回武汉传见周佛海，却找不到人。在医院中的周佛海闻讯，急忙往见蒋介石，两人一谈便投机。第二天蒋介石指示邓演达重用周佛海。这次邓演达派他为新筹办的中央军事政治学校武汉分校的秘书长兼政治部主任，少将级别。在此，周佛海又与左派陶希圣、罗君强等人同事。但没多久，就在 1927 年，风云突变，武汉的邓演达与蒋介石翻脸，他与徐谦、陈公博、陈友仁等左派在鲍罗廷支持下开始反对蒋介石。武汉左派撤了蒋介石的国民党中央常委会主席和军委主席职务。撤销蒋介石亲信陈铭枢的武汉警备司令和第 11 军军长职务。周佛海有点迟疑：武汉左派有苏联顾问支持，后台硬。但蒋介石兵多将广，实力雄厚。一下子不知所措。但徐谦、陈公博、邓演达就是顶头上司，于是他站在武汉左派一边。下属向他请示舆论报纸应持何种态度时，周佛海指示说，随着潮流走好了。所谓随着潮流走，那就是唱高调批蒋。所以，在众人眼中，周佛海是左派。这点被后来在上海负责"清党"的陈群和杨虎这两个极右派记住了。

4 月，汪精卫从苏联回国经上海到武汉，成为武汉的左派领袖。周佛海是第二次在汪精卫领导下工作。但随着南京的国民政府成立，武汉被边缘化。虽说汪精卫、徐谦、陈友仁、陈公博、邓演达左派核心坚定，但武汉不论政治、经济、军事形势越来越不妙了。接着，武汉总政治部派出的各分部被蒋介石查封，人员不是被捕就是遭通缉。而国民党中常委兼中央秘书长叶楚伧等也到南京那边去了。5月，周佛海携带妻子，逃往上海，志在投奔蒋介石。在轮船上他还写好一本"反共反汪"的小册子，想作为给蒋介石的见面礼。谁知他一到上海即被杨虎、陈群捕押于龙华警备司令部。这杨虎、陈群草菅人命，在上海"四一二"事变后成了著名的"狼虎成群"，平常上街随便抓人就杀头。这样一来，著名的左派周佛海命在旦夕！杨淑慧通过吴稚晖、张治中、陈铭枢等向蒋介石求情。蒋介石也急于要瓦解武汉集团，就下令释放周佛海。但为了显示恩威并重，蒋介石把周佛海降级使用，让他当了南京中央军校政治总教官，但降级不严重。教官同事中有罗君强等人。罗君强也是变节的原中共党员，此后成了周佛海心腹。这是周佛海首次公开叛汪而再次投蒋。

周佛海投蒋介石后逐步升级，他后来成为陈果夫、陈立夫的 CC 派成员。而汪精卫、陈公博、顾孟余组织"改组派"与蒋介石对立。周佛海在 CC 派刊物上发文章说汪精卫为人是"殷殷勤勤，诚诚恳恳，敷敷衍衍，糊糊涂涂"，不甚恭敬。1931 年周佛海当上国民党补选中委，后来转正。从 1932 年起，周佛海任江苏省教育厅长多年。

1931 年发生"九一八"事变，汪精卫号召抗日，慷慨激昂。于是，蒋介石在 1932 年初与汪精卫重新合作。蒋介石对周佛海说：

"你过去骂过汪先生，现在我们和他长期共事，你要和他多谈谈，求释前嫌，并为我好好联系。"

有了蒋介石这句话，周佛海主动靠拢汪精卫而不用顾忌蒋介石。周佛海和汪精卫重续旧缘，逐渐又抱成一团。由于得到蒋、汪的共同信任，周佛海随后担任国民党中央政训处处长、代理中央宣传部长等职。周佛海也觉得与汪有共同语言，而逐渐疏远了蒋介石。周佛海说：

"自从脱离共产党后，我很不得志。我当上了国民党政训处处长，当过江苏省教育厅厅长，当了国民党宣传部副部长，与国民党中统关系也深，但始终没有什么作为。因此，我决定和汪先生一道出来，从另一条道路来解决中国问题。"

这就打下了周佛海后来当汪精卫叛国降日汉奸集团的总参谋长的

基础。

周佛海密谋与日本法西斯政权私通，最后把整个汪精卫汉奸集团拉下水的过程，前文已作详细叙述，这里就不重复了。反正，周佛海又进行了一次叛变。这次不是简单的叛蒋投汪，而是对民族与国家的大叛变，是从做人到当鬼的根本叛变。

1939 年 5 月，周佛海和汪精卫一伙到了上海，然后就公开去东京与日本谈判签订卖国投降密约，筹建汪伪政府。汪精卫内定的第二把手陈公博，一直态度暧昧，所以汪伪的实际大权就全落在周佛海手中。汪集团的财政和人事，全由周佛海一把抓。据周佛海儿子周幼海说，在周佛海当政的日子里，日本横滨正金银行的钞票，当时常一箱一箱往家里搬。

周佛海还是汪记"国民党中央特务委员会特工总部"的主管。所谓特工总部就是阴森恐怖的"76 号"魔窟。因"76 号"，其周边变成了"沪西歹土"。无论权力和金钱，周佛海都到了登峰造极的地步。

1940 年 3 月底，在日本人的羽翼下，汪伪政府成立，周佛海是伪行政院副院长、伪财政部长、伪警政部长，再加上一个伪中央储备银行行长。

汪精卫、周佛海为压制舆论，曾大肆屠杀报社知识分子和正义的法官。周佛海为推行伪币掠夺法币，曾下令屠杀上海四大银行的大批职工，制造血腥事件。

以往，国民政府不以个人当汉奸而连累家属，但在周佛海下令屠杀上海四大银行的职工后，戴笠把周佛海母亲和杨淑慧父亲扣为人质。

周佛海遭重庆国民党政府通缉，他知道，一旦日本失败，他只能面对审判而被处决。尽管他此时权势两旺，富可敌国，但总是夜夜噩梦。他对儿子周幼海吐露真心：

"汉奸这顶大帽子是戴定了，如果一旦日本失败，吾家无噍类矣！但这与你无关，我已替你备好十万美金，你到美国去读书。我可以叫司徒雷登给你护照。他每年要从北平经上海到重庆去一次。他和蒋先生关系极好，正在做中间人谈判中日和平呢。至于我自己，只有醉生梦死，醇酒美人了。希望日本不要失败，才有活路。"

到了 1941 年 12 月 8 日太平洋战争爆发以后，周佛海知道是死路一条了，他惊呼：

"日本完了！我也完了！"

他决定要在国民党和共产党之间选择出路。但由于周佛海认为蒋介石力量强大，尤其是母亲、岳父等都在蒋介石、戴笠手里，他最后选择了蒋介石。

但他依然让新四军江北领导人的代表杨宇久以亲戚的名义留在家中，让杨宇久的弟弟杨叔丹当伪警卫队长。前文在讲述周镐①大闹南京城时，周镐总队指挥部中就有杨叔丹这个人。

周佛海为了保存血脉，也意识到不能把全部鸡蛋放在同一个篮子里。他主张让儿子周幼海去美国。周幼海不去，周佛海也不反对他投奔共产党的解放区。周幼海后来果然走出一片新天地。

军统特务把手中掌握的周佛海的母亲和岳丈作筹码，派程克祥和彭寿带电台潜伏在周佛海家和周佛海的小舅子杨惺华家，作为敌后联络站。

周佛海神气活现的日子一去不复返了

1942 年初，周佛海利用程克祥的关系，把寄给蒋介石的亲笔信送到重庆去面交戴笠，再由戴笠转呈。信中表白自己"身在曹营心在汉"，愿意力保东南半壁，以赎罪过。显然，这"身在曹营心在汉"就是周佛海对汪精卫和日本人的叛变。这叛变固然有利于人民，是我们所愿意看到的。但前提是要我们打败日本人。对这个反复无常，拿投机叛变为其第一生计的周佛海，最好是因势利导加以利用，但不要轻信他。

据说，蒋介石对周佛海写了一封落款为"知名不具"的亲笔回信，希望其戴罪立功。这事被说得活灵活现，只是不见真面目。照理，新中国成立后杨淑慧被抓进监狱，家全被抄了。这"知名不具"的亲笔回信

---

① 周镐：中共地下党员，潜伏军统局中。

该见天日了。

周佛海当伪财政部长时，按照国民政府的前例，建立起装备精良、训练严格的税警团。这税警团共两个师，拥有一支两万人的精锐部队。武器精良，不仅配备日本的装备，而且有连日军都不曾有的卡宾枪和冲锋枪，还配备了小钢炮等重武器。自从周佛海和军统有联系之后，戴笠就千方百计地要控制这支部队，密令军统干将熊剑东，当了税警团副团长兼参谋长。税警团另一个副团长是周佛海的心腹罗君强。等到周佛海兼伪上海市长时，熊剑东就是保安司令。这税警团既是周佛海势力的象征，也是他的一份资本。

日本投降后，军统戴笠授意周佛海以"行动总指挥部"名义"维持秩序"。罗君强、熊剑东任副司令，其下设许多机构。周佛海身边两个军统小特务程克祥、彭寿担任正副秘书长。实际上程克祥、彭寿自称代表戴笠，架空了周佛海。

此后，周佛海和丁默邨、罗君强被戴笠软禁到重庆白公馆。

到了1946年9月，周佛海被软禁已经一年了。此时，对汉奸和战犯的审判已近尾声。杀的杀，关的关，只有这几个逍遥着未进"宫"。这残余未判的汉奸已是"山高月小，水落石出"了。中国人都在看，大家一清二楚。

一年前，戴笠对周佛海和丁默邨、罗君强等打包票说：

"有我在，你们就有前途。这是个政治问题，不是法律问题。政治上来个声明就可以了，何况你们又为党国做了不少事。放心吧，决不会判刑。"

但，1946年3月17日打包票的人死了，周佛海这"海前海后"的男性汉奸几乎都被判了死刑。从而，他有了自知之明：

"发表一个声明，作为政治问题解决"，显然不可能了。赖在白公馆，也非长久之计。软禁的日子一长本身十分难熬。照目前这样拖着，总不是办法。伸头一刀，缩头也是一刀，倒不如法律审判来得爽快。更何况《惩治汉奸条例》已经公布，这一关已经难逃。

所以，周佛海写了一封信，要求依照法律结案。

毛人风接替戴笠处理他们这些事。等毛人风来到白公馆时，周佛海当面交上信。但毛人凤不接，还煞有介事地说：

"你的问题，要等委座决定，放心吧，没有事的。"

周佛海于是转向毛人凤求情，求他放过自己的儿子。对此，毛人凤一口答应。

周佛海此时才知道儿子周幼海向往中国共产党。这次轮到周佛海后悔了：日本投降时没把中共的来人当一回事。最后，周佛海对儿子说：

"你自己去闯荡吧！"

第二天一早，软禁七个月后的周幼海获释了。

周幼海后来称心如愿地和上海滩的著名美女结了婚，还到解放区去由杨帆介绍而入了党，摆脱了汉奸父亲的阴影。但周佛海继续七上八下地等待着：释放，还是接受审判？

1946 年 7 月中旬，毛人凤跑来告诉周佛海说：

"好吧，收拾一下，到南京去司法解决。"

周佛海装着很高兴。是的，他当真以为自己替蒋介石、戴笠做过不少事，法律上至少也可将功抵过。但不知为何，去南京的事又拖了下来，直到 9 月 16 日，军统局才将周佛海、丁默邨等用飞机送到南京。

周佛海等先被关在南京宁海路 25 号军统看守所。原先关押在此处的缪斌、陈公博、褚民谊、梅思平、林柏生均已被判死刑。就在周佛海到南京前一天，老虎桥监狱刑场一声枪响，梅思平倒下。这给周佛海思想以极大的震动。虽然他在看守所的生活依旧受优待，饭菜都是酒楼送来的。但触景生情，周佛海、丁默邨们没了好胃口。9 月 23 日，周佛海被移押到老虎桥附近的法院看守所。这是一栋小洋房，内有花园，放风时还可散步。周佛海被关在"忠"字监，和丁默邨、罗君强同住。但伙食已是犯人的规格了，周佛海、丁默邨终于又尝到监狱的滋味。周佛海上次蹲过杨虎、陈群的淞沪警备司令部的监狱，丁默邨也短期待过中统在上海的拘留所。

周佛海在重庆时，就写好了很长的自白书，其内容与其说是忏悔还不如说是在表功，吹嘘自己做了多少有利于抗战的事，如何功高盖世，足可抵消一切罪行。

9 月 21 日，南京高等法院检察官陈绳祖带着书记官到宁海路 25 号提审周佛海，并作了笔录。周佛海当即交了自白书，并一口咬定他已在1942年向军统局自首，说有戴笠的信件可以作证。移押法院看守所后，9月24日、25日、26日接连提审。陈绳祖警告周佛海：

"罪行严重，抛弃幻想。"

这样一来，周佛海和丁默邨感到惴惴不安了。

他们联想到大汉奸缪斌联系日本从中国撤军的谈判问题。缪斌替蒋介石做过不少事，但在5月间第一个被枪毙了！接着，陈公博、褚民谊等接连被处决。丁默邨虽曾是"76号"的魔头之一，凶残毒辣，被他害死的人不计其数，但对外凶残却与内心懦弱相对应。丁默邨越想越害怕，于是天天向周佛海唠叨：

"老头子恐要一锅端，死定了！"

经丁默邨这一阵绝望的低语，周佛海也显得坐立不安了，但自忖还有蒋介石的亲笔信这张王牌最后可拿出来用。

但，谁说大汉奸缪斌没有蒋介石给的护身符？只是法庭上不让他拿，直接就判枪决！

周佛海茫然了，找不出答案。不说周佛海在狱中束手无策，单说办事干练凌厉的杨淑慧在监外为救夫使出浑身解数。她确信丈夫立过大功，又曾是蒋的亲信，有救出来的希望。但把希望变为现实，那最要紧的是快点用金钱铺路，打好这场官司。

杨淑慧花重金聘请章士钊、王善祥和杨家麟三位著名律师，负责辩护。

杨淑慧为了取得大量有利于周佛海的证明材料，不惜重金，到处送礼，请人写材料作证明。因此，杨淑慧为周佛海弄到的有利证明材料不下30多份，比所有的大汉奸都多。周佛海的儿子周幼海知道内情：

"在所有取得的证明中，律师认为最有力的是要以'曲线救国'为名投敌的六位将领，即庞炳勋、孙殿英、孙良诚、张岚峰、吴化文和郝鹏举所写的证言。母亲花了两根大金条，托军统特务周镐去找这六个人签名。杜月笙也写了证明。"

1946年10月21日，首都高等法院在朝天宫宽敞的大成殿内，布置法庭，公审周佛海。

一早，朝天宫内外就密布宪兵、法警，三步一岗，五步一哨，气氛紧张。尽管如此，旁听者还是来如潮涌，不到 9：00，已经挤得水泄不通，连两边窗槛及围廊里也全是人了。

上午 9：30，公审开始。

首都高等法院院长赵琛任审判长，推事为葛之覃、金世鼎，公诉人是陈绳祖检察官。这些都是司法界的名流。

辩护律师章士钊、王善祥和杨家麟，是当时全国公认的名嘴。

律师提供的有利于周佛海的证明是大量的，除上述六个伪军司令外，还有陆军总司令何应钦、第三战区司令长官顾祝同、原国民革命军总参议蒋伯诚、上海市党部前"党皇帝"吴开先、上海市党部主任吴绍澍和江苏省党部马元放等人都提供了有利于周佛海的材料。还有军统局周镐、程克祥、彭寿亲自作证。蒋伯诚、吴开先、吴绍澍是蒋介石特命留守上海的"三巨头"，蒋伯诚、吴开先都曾被"76 号"特务拘押。

军统局毛人凤本人也证明周佛海有功。但向法院发出一份公函，声称军统局对周佛海的使用，"完全是对汉奸在策略上的利用"。

审判开始。

公诉人列举证据指控周佛海"通谋敌国，图谋反抗本国"的罪行。

接着审判长讯问被告进行法庭调查。

辩护律师王善祥向法庭提供对被告有利的证据，法庭对证人证据进行法庭调查。

周镐等辩方证人出庭证明周佛海协助军统潜伏人员的工作，并接受法官的质证。

由于花费大量时间，审判长宣布：候再定日期续讯，被告周佛海还押退庭。

11 月 2 日，法庭继续调查。

然后审判长进行法庭辩论。

检察官、律师和被告，唇枪舌剑，车轮大战，拖了近五个半钟头。

辩论集中在"通谋敌国，图谋反抗本国"指控上，这是汉奸罪的第一大罪。检察官的指控就集中在这点上。周佛海说了一大段丑表功的辩词，滔滔不绝，竟达一小时之久。检察官驳斥被告，说，出卖国家主权给敌国，罪恶巨大，所谓立功，不足抵罪。

在首都高等法庭受审的周佛海

检察官以周佛海指使梅思平等与日本间谍签订了包括承认伪满洲国，承认日本占领华北等秘密协定，参与汪精卫发表叛国的《艳电》以及周佛海与汪精卫到日本去发表《中日满共同宣言》等材料，控告他"通谋敌国，图谋反抗本国"。而周佛海却狡辩："上半段为通谋敌国，图谋挽救本国。""后半段应为通谋本国，图谋反抗敌国。"吹嘘自己"与中央联络后如何营救抗战工作人员，如何刺探敌军军情"等等功劳。甚至，把"76号"魔头李士群被日本特高科毒死，也算作他的功劳。其实，李士群之死，完全是日本特高科一手策划的。因为日本破获苏联特工组织左尔格拉姆扎小组之后，他们怀疑到从苏联东方大学出来的李士群，加上李士群贪图利益，把粮食卖到江北新四军控制区的事更使日本人恼火。日本特高科明知熊剑东明是周佛海部下，暗是军统人员，但他们狡猾地把熊剑东拉去作陪。这就故意弄出假象：李士群因与军统的恩怨而死，出于汉奸内部仇杀。企图以此掩盖日本人的阴谋。而军统特务和汉奸却个个贪功，连不搭界的胡兰成、周佛海、唐生明、戴笠都莫名其妙地争夺那一份"功劳"，偏偏是与李士群"共饮"的熊剑东好像一点也不知情。当然，熊剑东知道那特高科冈村比自己狡猾得多，他只配当看客和陪吃客，李士群爱死不死的确与他关系不是太大。

但周佛海居然无耻地在法庭上说：

"戴局长有电，处死李士群。后和华中宪兵司令部科长冈村商量，予以毒毙。"

周佛海说得额头冒汗，手舞足蹈。好像狡猾无比的宪兵司令部特高科科长冈村也是由周佛海调度似的，由此可见汉奸的无耻程度。

律师章士钊作了长篇发言，并继续出示对被告有利的证据。这些辩护发言一是维护法律的公正，二是看在周佛海给的巨额报酬上，我们就不必多说了。

法庭辩论中，证人还提到周佛海被封为"上海行动总指挥"的事。

辩论就要终结了。此时已经夕阳西下，旁听席的群众也想散去吃晚饭了。检察官陈绳祖站起身发言，他手里挥着几张纸，大声宣布：

"这里有蒋委员长侍从室和军统局的公文，对周犯所称功劳及胜利时委派为上海行动总队司令一事，完全是一时利用！"

这么轻飘飘的两张信纸，就将周佛海的丑表功全部否定了。其中一份公文正是主持军统的毛森签发的。

旁听的人群不知是真是假，于是一阵骚动，审判长不断摇铃，提醒肃静。

既然杨淑慧能用金条让人开口动笔，弄出30多份证据。那就该相信，检察官陈绳祖让委员长侍从室和军统局用橡皮图章盖出两份证明文件也不难。当然，这么轻飘飘的两张信纸是真是假，是可以申请司法鉴定的，更主要的是要让辩护人和辩护律师检阅辨认。

杨嘉麟律师请阅军统局来文，当庭付阅。

周佛海也有点心慌，但他会不会心中暗想：我还有那"知名不具"的王牌呢！

审判长赵琛宣布本案辩论结束，定于11月7日上午9：00宣判。被告周佛海还押。

周佛海虽经检察官重重一击，但仍精神亢奋，陶醉于自己的表演中。

1946年11月7日，首都高等法院的《特定第三四六号特种刑事判决书》，以"共同通谋敌国，图谋反抗本国"罪，宣判周佛海死刑，褫夺公权终身，全部财产除酌留家属必需生活费外没收。这似晴天霹雳，杨淑慧一听，三魂出窍，七魄弥散，顿时目瞪口呆。

周佛海不服判决，提出上诉。但1947年1月20日被最高法院驳回，维持死刑原判。驳回之日，正好是1947年除夕。通常，上诉驳回24小时之后，死刑犯随时可以枪毙。周佛海知道大限已到。所以，每当监狱里法警走动，人声嘈杂，他就以为是来提他行刑，惊恐万状。只是，由于春节是中国大喜的日子，人们不愿意听到枪毙死囚那样不吉利的事，周佛海便没有被执行。不过，对周佛海来说，所有的法律程序都已进行完毕，要想活命，只有蒋介石的特赦令才能够救他。

当周佛海在监狱里坐以待毙之际，杨淑慧正跑遍南京城。陈果夫、陈立夫、陈布雷、顾祝同等各个菩萨，她都上门烧香求情，乞求他们多向老蒋进美言。按这三陈一顾的劝告，不许周佛海今后再提与重庆秘密联系的事，而只提周佛海在抗战胜利后，奉命维持上海秩序、阻止新四军入沪、协助重庆接收等功劳，请求蒋介石特赦周佛海。

陈果夫、陈立夫、陈布雷、顾祝同这些国民党要员，曾经是周佛海的同事与朋友，对周佛海一案十分帮忙。陈果夫、陈立夫还专门找到蒋介石通融，以周佛海在抗战胜利前后，能按政府计划暗中布置军事，不无微功，请蒋予以缓刑或减刑。

一次，杨淑慧再去求陈立夫。恰逢他卧病在床，陈立夫便要秘书代见，告诉她，周的事陈立夫已经专门呈报蒋介石，要她放心。

蒋介石秘书陈布雷与周佛海有旧交情。他给杨淑慧出主意：让杨淑慧写一呈文，向蒋介石求情，请求特赦。陈布雷答应代为转交。果然，陈布雷谒见蒋介石时，把杨淑慧的呈文递上，并与蒋介石密谋，如何将周佛海特赦。

后来，杨淑慧又找到陈布雷，她想面见蒋介石。陈布雷将此事报告给蒋介石，得到恩准。于是，经陈布雷安排，杨淑慧得到"面蒋"的恩典。

杨淑慧一见到蒋介石，就长跪在地，抽泣不止，一句话也不说。其实，要说的话老蒋都知道，一切都在不言中，这大约也是陈布雷为杨淑慧设计的。

果然，这一招起到了作用。蒋皱着眉头，思索良久，以低缓的语调对杨说：

"起来，安心回去吧，让他再在里面休息一两年，我一定会让他再归来的。"

杨淑慧得到了蒋的许诺，泪流满面，轻轻地又磕了几个头，感激而归。从头到尾，一言未发。

在家，杨淑慧不安地等着，时间是一天天过去了，周佛海既没有被枪毙，蒋介石也未见动静。杨淑慧度日如年，周佛海更是得过且过。

1947年2月23日，蒋介石才以国民政府主席的身份致电司法部，《准将周佛海之死刑减为无期徒刑令》，对周佛海进行了特赦改判。

3 月 27 日，周佛海被改判为无期徒刑，收押在老虎桥监狱。从此，周佛海就在老虎桥监狱安家落户了。

不过，周佛海本就患有胃病、心脏病多年。关押在老虎桥监狱后，胃病和心脏病时有发作，身体一天不如一天。虽然用了很多贵重药品，仍无济于事。

1948 年正月初五，周佛海在监狱里结束了他的一生，时年 52 岁。

1946 年 10 月 19 日，伪南京市市长周学昌被首都高等法院判处死刑。周学昌不服，1947 年 5 月上诉仍被维持原判，但迟迟未被执行。1949 年从南京转移到上海市提篮桥监狱关押。

周学昌这人，原本没多少内容好说，却因他的汉奸案审判过程中的一起案中案，引人注目。那起案子便是"周学昌幽会案"。因此，我们不得不分散注意力，看看究竟是怎么回事。

1945 年，日本投降后，南京市老市长马超俊重新被任命为南京市市长。马超俊旁观日本投降签字仪式后，于 9 月 12 日即令周学昌交代伪市府的财政及人事等事宜。26 日，周学昌即被宪兵拘捕，关押到宁海路 25 号军统看守所。关押周学昌的事，我们前面已说过。而"周学昌幽会案"就发生在那里。就在宣判他死刑的前一天，也就是 1946 年 10 月 18 日，首都高等法院检察官应《中央日报》记者之请，就"周学昌幽会案"的审理情况作了进一步说明，表示在国民政府的监狱内，发生如此丑闻，法院定会严加追究涉案人员的刑事责任。而这"周学昌幽会案"，在四天前，首都高等法院已经审结。这引起了南京市民的广泛关注和轰动。那么，周学昌到底和谁"幽会"？又是谁涉案其中？

我们找来 1946 年 9 月 17 日《中央日报》，在第四版上可以看到一篇题为《看守主任受贿案 高院昨开庭侦查》的报道，报道说：

> 首都高院宁海路看守所所长张滨等，于上月十四日，因受贿夜放周逆学昌之妾入所与周逆幽会一案，昨日下午三时许首次开庭调查……

原来，1946 年 8 月 14 日晚 9：00，首都高等法院来人前往看守所夜查，突然听到有年轻女子嬉笑之声，顿感困惑：

宁海路看守所以前有过女犯陈璧君，但这年春天陈已被解到苏州监狱。此时所关押的都为男性，哪里来的女声？

回顾周围陪同的看守所人员，发现面色尴尬，就知有内情。这位高院来人循声来到监狱看守俞渭堂的房间前，推门而入，就见汉奸周学昌与一女子正搂搂抱抱、衣冠不整。高等法院的来人大为震怒，令人将二人和看守所所长张滨及当时值班的看守一并扣押。

这个女人是谁？深更半夜她怎么会出现在宁海路25号？

原来，这个女子是周学昌当汉奸后娶的妾，名叫杨曦晨。周学昌1917年19岁时就结婚了，大老婆叫房金栋。1935年，房金栋去世，周学昌的续弦是颜仲鲁。1940年，周学昌投靠汪精卫当汉奸，身在重庆的颜仲鲁登报与他脱离关系。周学昌就在南京娶了名交际花杨曦晨。颜仲鲁虽登报与周学昌脱离关系，但无法办离婚手续，所以杨曦晨只能算是妾。杨曦晨在南京赫赫有名，人长得漂亮又会打扮，圈内人称她为"杨贵妃"。她嫁给周学昌后，倒是真的从良了，先后生了一子三女四个孩子。周学昌被抓后，她有着身孕，就搬到上海，但时常来探监。这次"杨贵妃"因幽会案被抓，最小的女儿刚六个多月。

1946年9月17日，位于朝天宫的首都高等法院开庭调查。这个案子顿时传遍了南京的大街小巷。平头百姓听到大汉奸周学昌在监狱里竟然和小妾鬼混时，都觉得匪夷所思。虽然按惯例，此案拒绝旁听，但仍有许多百姓围在法院窗户门口，一睹"杨贵妃"风采。

这个案子自然把宁海路25号的看守所所长张滨牵涉进去了。没他，谁敢如此胆大妄为？法庭检察官在调查的时候，发现张滨有一笔400万元法币的不明钱款进账。张所长是个处级官员，任上每月薪水是8万元法币。这笔不明来源的进账，相当于他四年的薪水！《中央日报》的报道指出，这笔款子汇自上海。张滨辩解说，这笔款项，是其姐姐在当年1月交给他带到南京，2月，其兄来南京后，他便将钱交给了兄长使用。4月，在自己当上了看守所所长之后，他就从兄长那里将钱要回作为活动费用。5月，他写信给一位朋友打听，问要不要借钱，6月初朋友回信说需要，他再写信打听利息如何，7月3日回信得其答复，因此，7月22日他便去了上海将此款寄出，24日返回南京。这说得弯弯绕绕，显然没有说服力。

法官马上提出疑问：1.为何要到上海汇出此款？而不在南京汇？2.法庭调查时，发现张滨的朋友刚开始否认此事，并已将信件烧掉，为何要对方保守秘密将信烧去？3.张滨的姐姐生活环境一般，哪里来的400万元巨款？面对法官的追问，张滨均无法自圆其说。但他保证，这笔款绝非贿赂款，假若真有此事，他马上可以自杀。

而"杨贵妃"也否认了行贿一说。她在接受调查时说，丈夫周学昌自从被关入看守所以来，自己每月从上海来探监一次，带些必需的生活物品，但总是没有见到一面。8月14日下午3：00，她又从上海来南京探监仍见不到人，十分灰心。出监狱门的时候，看守主任陈培桃从门洞里问她：

"你要看周先生？晚上9点钟来找俞太太。"

当晚8：50，杨曦晨就到看守所门口等俞太太，当时大门已关。她便找到值班班长谭忠义，由他带往俞渭堂的房间见俞太太。不久周学昌与俞渭堂就来了，她和周学昌在一起约一刻钟，就被高等法院的人发现了。杨曦晨反复强调，以前不认识看守所所长，对行贿400万元之事无从说起。她说：

"以目前情形而论，要以400万元钱换得一刻钟的幽会，那太不近情理了。"

然而，法庭经过后来的缜密调查发现，这笔来自上海的汇款出自杨曦晨之手。双方确实存在金钱交易，张滨受贿确有其事。

案子经过近四个月的调查审理，终于有了结果。据1946年12月8日《中央日报》报道，幽会案的女主角杨曦晨被判刑1年，看守所所长张滨被判刑10年，陈培桃、俞渭堂、谭忠义各被判刑5年。事后，杨曦晨不服，上诉认为自己和周学昌的幽会是人之常情。而张滨上诉也认为判罚过重。最后，杨曦晨、张滨的上诉均被驳回，维持原判。

周学昌的原配颜仲鲁听闻了此案后，坚决要求法院判决二人离婚，最后如愿以偿。

这汉奸案带出了一起司法腐败案。当然，"杨贵妃"没弄懂，判她的那1年徒刑绝非风流罪，而是行贿罪，但倘若真的怀孕在身，大概可以保释。

讲完这插曲，再回到汉奸案上面来。

1946年10月23日，周佛海的贴身心腹罗君强在首都高等法院接受审判。1947年3月6日，法院以"共同通谋敌国，图谋反抗本国"罪，判罗君强无期徒刑。罗君强后来被转移到上海提篮桥监狱，服刑终身。

接着就是丁默邨。丁默邨原是中统特务，为人阴险毒辣、心狠手辣，他率先投靠日本特务头子土肥原后，就疯狂地进行特务恐怖活动，与国民政府大打"特工战"，杀了不少地下抗日特工和爱国民众。他与汪精卫实现"谍伪合流"后，曾任伪社会部部长、伪特务委员会主任兼特工总部（76号）主任、伪交通部长、伪浙江省长。他罪大恶极，已为大家知道，我们不必重复叙述。

首都高等法院在1946年11月19日开庭审理丁默邨汉奸案。由金世昌任审判长，检察官陈绳祖是公诉人。为企图逃脱死刑的惩罚，丁默邨花重金聘请名律师薛诵齐和王龙为辩护人。经1946年11月19日和1947年2月1日的两场法庭调查和辩论，1947年2月8日首都高院判决丁默邨共同通谋敌国，图谋反抗本国，处死刑，剥夺公权终身，全部财产除酌留家属必需生活费外，全部没收。

丁默邨不服，通过陈立夫的关系，案子移到最高法院审理。1947年5月1日，最高法院特种刑事法庭以审判长孙祖贤为首，赵曙岚、何定宇、林岳、李翼凤等法官出面对丁默邨进行审判。最后审判长孙祖贤宣判：

> 原判决撤销。
>
> 丁默邨通谋敌国，图谋反抗本国处死刑，褫夺公权终身，全部财产除酌留家属必需生活费外没收。

我们注意，其他汉奸也有对高等法院判决不服的情形，但多数是以"驳回上诉维持原判"为答复的。像丁默邨，让最高法院特种刑事法庭对他重新审判，是第一例。可见，罪大恶极的丁默邨要手段要到了极点。首都高等法院的死刑判决的确被撤销了，但最高法院的新判决结论与高院的判决少了"共同"两字，严格来说，是罪责更重，这有道理。前面罗君强、褚民谊、梅思平、林柏生等均是汪精卫叛国活动的参与者，是共同犯罪人。但丁默邨与土肥原贤二"谈判建立日本人的汉奸特务机构"则是独立于汪精卫的另一起与日本人勾结危害中国的卖国卖身行为。

至此，丁默邨依然心存不甘。他为了成为周佛海第二，就给蒋介石写了一封信，盼望特赦。据说，蒋介石看了信，就问陈布雷：

"你说说，留不留他？"

陈布雷回答：

"此人心术诡秘，反复无常！"

蒋介石点了点头。

1947 年 7 月 5 日下午 2：00，老虎桥监狱刑场，首都高等法院检察官在执行丁默邨死刑前，进行最后一次审讯。

现场公务员有：检察官陈绳祖，典狱长孔祥霖，书记官薛福成。

检察官命提丁默邨至刑场。

问：姓名，年龄，籍贯，住址？

答：丁默邨，45 岁，湖南常德县人，上海愚园路 101 号。

问：因何案被押？

答：因汉奸案被押。

检察官陈绳祖谕知，本案判你死刑，业经判决确定，经奉高等法院检察署转奉司法行政部令，准执行死刑到本处，今天将你亲提到案，执行死刑。据当时报刊记载：丁默邨听说要被执行时，顿时吓得浑身发抖，站立不住，原本苍白的脸色，更白得可怕。检察官作最后询问时，他已陷于休克的状态，只能机械地发出"没有"这样简单的词语，因而无只字遗言。

问：你今天有何遗言给你家属及朋友？

答：没有。

问：你最后对家属有无遗言？

答：没有。

检察官命令刑警执行枪决，子弹由脑后进，由面孔左眉边穿出，当即毙命，经督同地方检察官验明，填具验断书附卷，尸身由家属领回。

汉奸丁默邨被判处死刑

丁默邨的罪恶一生到此结束。

至今，社会犹有人以为，丁默邨之死，是因为郑苹如被害死。其实丁默邨最大的罪状是"通谋敌国，图谋反抗本国"。丁默邨害死郑苹如的罪状，对他来说已是可有可无的了。由于郑苹如被抓后，郑苹如的直接中统上司嵇希宗和陈宝骅都被"76号"顺藤摸到瓜。丁默邨知道嵇希宗和陈宝骅是陈立夫的亲戚本家。为留后路，丁默邨不但马上释放，还百般讨好并将嵇希宗安排在伪上海警察局，给予伪警的身份进行庇护和照顾。抗战胜利后，这两人为回报丁默邨，也相应地提供掩护。一是出于对丁默邨心存感激，二是怕丁默邨说出他们如何从"76号"的狗洞里出来后，受丁默邨保护的糗事。所以抗战后，嵇希宗和陈宝骅一直为丁默邨说好话，甚至通过否认郑苹如的中统身份来为丁默邨减轻罪责。这也使得郑苹如的真实身份变得扑朔迷离。

丁默邨案子拖延那么长时间，陈立夫以下的原中统班子是费了不少精力的。只是丁默邨罪孽深重，怎么救，都是枉然。

本书把对周佛海、丁默邨、罗君强三个汉奸的审判摆在一道讲述的原因：一是主持审判的法庭和审判时间上相同。他们都是1946年下半年到1947年上半年之间由首都高等法院判决。二是他们在汪伪内部同是与陈璧君、褚民谊、林柏生的"公馆派"闹对立的CC派。三是周佛海、丁默邨、罗君强三人的性质和经历相同。周佛海、丁默邨、罗君强三人都是中共叛徒，叛变时间都是1923年到1924年期间，而且叛变之后，他们都是CC分子。在抗日战争一发生，又几乎同时叛国投敌当汉奸。太平洋战争爆发后，因担心日本这个后台崩溃，又同时向军统、中统暗通款曲，企图不论日本不败，还是中国胜利，他们都能稳坐钓鱼台。周佛海、丁默邨这批变色龙立场多变，比汪精卫更甚。这就是这伙汉奸的阴险毒辣之处。

至此，我们把对大汉奸的审判基本介绍清楚了。

第五章 南京大屠杀与远东国际军事法庭的最终判决

1. 南京大屠杀

前文提到因南京保卫战失败，廖耀湘、钮长铭和郭岐分别在栖霞和家村、鸡鸣寺及城内"安全区"的意大利大使馆，在周边寺僧、农民、市民的掩护之下逃过南京大屠杀的灾难。他们亲眼看到日军到处屠杀国军未撤离人员和平民百姓及烧、杀、强奸、抢劫的暴行。这里"安全区"是指战时外国侨民与日本交涉划定的西方国家机构及侨民比较集中的闹市区域。

南京保卫战，是国民革命军于 1937 年 11 月底到 12 月 13 日在南京为抵抗日军而进行的一场战争。那场战争是失败的。中方由唐生智、罗卓英任卫戍司令长官，共有兵力十余万，其中不乏如第 87 师、第 88 师及教导总队第 103 师、第 112 师这样的精锐部队。

而日方则是由日本华中方面军司令官松井石根大将和上海派遣军司令官朝香宫鸠彦王中将指挥。其间，朝香宫鸠彦王一度接替松井石根出任临时总指挥。由于这支侵略军制造了罪恶的南京大屠杀，许多头目都是罪魁祸首，我们特地把师团以上日军头目的名单列出：

司令松井石根大将，参谋长冢田攻，副参谋长武藤章，下辖上海派遣军和第 10 军两部。

上海派遣军：司令朝香宫鸠彦王中将

231

第 3 师团：藤田进中将

第 9 师团：吉住良辅中将

第 11 师团：山室宗武中将

第 13 师团山田支队：山田栴二少将

第 16 师团：中岛今朝吾中将

第 10 军：司令柳川平助中将

第 6 师团：谷寿夫中将

第 18 师团：牛岛贞雄中将

第 114 师团：末松茂治中将

这些日本侵略军在中国战场本就为非作歹、劣迹斑斑，这次入侵南京则到了登峰造极的地步。其根源在于日本法西斯的大本营，尤其是裕仁。本书开头提到有个以冈村宁次为核心的"巴登巴登三羽鸟"联盟后来扩大为"十一鸟联盟"。这里的松井石根大将和中岛今朝吾中将就是"十一鸟联盟"的成员。他们是发动第二次世界大战的昭和军阀的核心人物。昭和军阀就是裕仁军阀，可见松井和中岛与天皇的密切关系。1937年8月5日，日本裕仁天皇公然命令日军对待中国俘虏不必遵守国际法。对裕仁的这个命令，松井石根的副参谋长武藤章是这样来解释的：

"由于日华战争是不宣而战的事变，所以决定对被捕的中国人不作俘虏处理（按：可屠杀）。"

由此，这批日军自然肆无忌惮。而且早在进攻南京前，屠杀已经发生。比如，1937年11月5日，日本第10军司令柳川平助指挥的谷寿夫第6师团和牛岛第18师团等在上海杭州湾登陆后，就到处杀人放火，血洗了上海的金山卫镇和松江。在金山卫，他们挨家挨户地把朱海、南门两村村民赶出来，然后这些村民或被推入河中淹死，或是被活活烧死。村民陈生堂祖孙四代，除一个9岁小孩外，全家9口全遭残杀。村民沈春泉一家10口人，全被杀光。谷寿夫的士兵放火烧倪家村村民李友义的房子，把身怀六甲的李友义妻子和儿子推入着火的房中活活地烧死。这些日本兵则在门外狞笑着取乐。在卫东村，日本兵开枪打死正在给婴儿喂奶的妇女李泉宝，7个月大的小女儿还伏在母亲的尸体上吃奶。据统计，仅金山卫一个地区，被凶残的日军所屠杀的无辜百姓就达1050人，被烧毁的房屋3059间，被劫掠的财物更是不计其数。血洗金山卫后，11 月 9 日，谷寿夫攻占了上海市郊的松江。松江又遭肆无忌惮的血腥杀戮。随后，英国记者在松江，向外界披露了他目睹的松江被日军洗劫后的景象。由于松江失陷，坚持三个月的上海"八一三"抗战失败。中国军队向南京退却。

11 月 15 日，侵华日军第 10 军柳川平助、谷寿夫、牛岛贞雄等决定，全军独断专行，全力向南京方向追击，要求参谋本部的多田骏批准他们向南京进军和占领南京。

1937 年 12 月 1 日，日本大本营下达《大陆命第八号命令》：

日本大本营下达《大陆命第八号命令》

> 华中方面军司令官须与海军协同，攻占敌国首都南京。

日军一路上追击中国军队并向南京进攻，几乎不要后勤支持，而是依靠抢劫来维持。日军军官称：

"粮草不足就现地解决，弹药不足就打白刃战。"

这话就是抢劫和屠杀的另一种说法。杀了当地居民，就可以抢得口粮作军饷，用刀砍杀中国人，可以为他们节省弹药。因此在西进途中，日军抢劫、杀害平民、强暴妇女的疯狂欲望已经恶性膨胀。曾根一夫在《南京大屠杀亲历记》中指出：

> 自从命令下达后，他们的罪恶感就消失了，日军变成了到处偷袭抢夺谷物、家畜来充饥的匪徒。这个就地征收的命令，使下级军官发狂，不但抢夺粮食，并且强暴中国妇女……对于反抗的中国人就以武力解决。

12 月 4 日，日军逼近南京外围。在杀人抢劫和强奸纵欲冲动的驱使下，这些日军成为一群饥渴难忍的恶狼，他们的三路进攻势如破竹，南京外围战略要地相继失陷。很快如狼似虎的日军就突破了南京外围一线防御阵地。

8 日，日军占领南京外围阵地，已从东北、东、南、西南各方包围南京，此时南京守军只剩西北面的长江一条退路。12 月 9 日，南面的日军进抵南京城下，并用飞机向城中投撒日军司令官松井石根的最后通牒：

> 日本军对负隅顽抗的人格杀勿论。贵军如继续抵抗，南京将焚于战火，千年文化将毁于一旦，十年苦心经营将化为乌有。

然而唐生智不为所动，做出"背水一战"的姿态。他一方面命令销毁长江上全部渡船，并令第 36 师看守城内通向下关的唯一通道挹江门，严禁部队从此处退出，南京城内守军和平民的退路被全部切断。另一方面下令集中力量固守城郭阵地。以教导总队一部配合第 2 军团、第 83 军坚守紫金山阵地和中山门附近城垣，抵御日军中岛今朝吾的第 16 师团和第 13 师团的山田支队。第 87 师、第 88 师、第 66 军、教导总队另一部等守雨花台、中华门和光华门等处，抵御日军第 10 军的谷寿夫第 6 师团、末松茂治第 114 师团和吉住良辅第 9 师团的进攻。

10 日，见中国军队拒绝投降，松井石根亲笔签署并发布进攻南京的命令，命令中声称：

> 占领南京必须作周详的研究，以便发扬日本的威武，而使中国畏服。

南京的城门激战

新任华中派遣军的参谋长冢田攻少将携带着松井石根的作战要点从苏州的司令部驱车赶到南京城郊，上午 11 点半抵达南京中山门外的日军前线。冢田攻与在此督战的第 16 师团长中岛今朝吾交代作战意图。交代完毕，冢田攻问中岛：

"信心如何？"

中岛今朝吾回答说：

"我已经为南京设想了一种悲惨的命运。"

冢田攻笑了，他知道中岛已明白"使中国畏服"的含义，于是代表松井发布攻城命令。

松井石根是抱病带兵侵略中国，指挥进攻上海和南京的。事实上，肺病是慢性病，此时松井因肺病在苏州继续发号施令，遥控指挥进攻南京。朝香宫在12月7日自告奋勇到南京前线，出任攻城临时总指挥官。12月10日，冢田攻少将传达松井石根的作战要点后，朝香宫集会传达，并签署了一道"机密，阅后销毁"的密令：

　　杀掉全部俘虏！

按松井的作战要点，日本第10军副参谋长桥本欣五郎指挥所属野战重炮兵第13联队，在南京城西的长江岸边，部署了长达数里的重炮交叉火网，封锁长江，轰击江面上的一切船舶，切断国军从江北取得增援或撤退江北的水上通道。成千上万乘船逃避战争的南京市民和来往调动的士兵被炸死炸伤。为支援攻城，桥本欣五郎组织野战重炮轰击雨花台、通济门、光华门、紫金山第三峰等我军阵地。这紫金山第三峰，是前文提到的廖耀湘参与作战的阵地。在12月12日，桥本欣炮团的炮兵大队长小畑年甚至恣意炮击英国行驶在江面的蟋蟀号（Ladybird）军舰。日本飞机还炸沉了美国炮舰巴纳号及三艘美孚石油公司的船只。日军借炮火的威力发起全面攻城行动。上海派遣军司令官朝香宫鸠彦王率吉住良辅的第9师团主攻南京光华门，作为第一突破点。为了鼓舞士气，朝香宫亲手向敢死队的士兵御赐皇刀。这光华门就是国军第87师、第156师和教导总队工兵正副团长谢承瑞和钮长铭坚守过的地方。但日军在光华门进攻受挫，突入城墙的敢死队被歼，城外600余日军死伤。直到12日凌晨，日军仍未能突破南京城防。朝香宫鸠彦为此恼羞成怒。

12日晚7时，唐生智突然下令中国军队突围撤退。在撤退命令还没有及时传达到各级部队前，不少事先知道的高、中级军官不顾如何落实撤退方案，就提前脱离战场，这包括唐生智自己在内。原本，撤退是采用突围方案：冲破当面之敌，向浙、皖边区转进。事实证明，这是正确的。攻城的日军注意进攻而疏于防卫后方，他们背后多数是空虚的。第66军全军及第83军部分就是按原方案突围成功的。

唐生智临走，却又反复无常下达了口头指示，更改了原计划。他口头规定第87师、第88师、第74军及教导总队"如不能全部突围，有轮渡时可过江，向滁州集结"。

这就弄出大事了。一是降低了命令的严肃性，也为不执行命令制造了借口，以致计划中规定的由正面突围的部队，多数未按命令执行。为什么？他们都以为唐总司令留有足够的轮渡或船舶供大部队过江。因唐生智口头指示而"沾了光"的部队，更是一起拥向敌人尚未到达的长江边下关，企图便捷、安全地渡江北撤。二是更多未接到撤退命令的部队，因友邻退走而陷入敌军重围，或"友军走我也走"形成盲流拥向下关。因为旅长、团长们也都认为上级既然要军队撤退，就只能向暂时没有敌军的下关方向撤，因而全部放弃阵地拥向下关。

这样一来，因唐生智的撤军命令和口头指示，造成南京守军彻底瓦解，形成大溃退。但他们还没有到达下关的长江边，就在挹江门与第36师发生激烈冲突。这又是为什么？因为第36师不知道唐生智已下令撤退，他们继续在执行严禁部队从此处退出的命令。最终，数万士兵因日本兵追进城，而失散城内。虽有许多人击破挹江门逃至下关，又由于多数渡船事前已被销毁，少数船舶拥挤不堪，大量难民与士兵只好拥挤在江岸，遭到追来的日本陆、海军炮击或机枪扫射，到处是尸山血海。一些士兵试图依靠木板渡江，最终遭炮轰或枪击而冻溺江中。其他人见渡江无望，又返回城内，许多士兵脱下军装躲入南京安全区。但随后几天之内，他们与无数平民纷纷被日军捕杀。我们在前文已提到教导总队工兵团长谢承瑞就是从挹江门去下关时，因伤身体虚弱而被拥挤人群踩倒身亡的。

12月13日，在桥本欣的重炮联队重炮的支援下，日军谷寿夫师团（第6师团）及第114师团夺取南京城的门户雨花台。随后重炮轰破中华门，日军谷寿夫师团首先从中华门、水西门入城。同时日军第9师团进入附近的光华门，日军第16师团与第13师团山田支队进入中山门及太平门，占领乌龟山。南京沦陷。

同日下午，2支日本海军小型舰队到达长江两岸。4时，日军第5师团（按：板垣师团）的国崎支队已经完全控制长江北岸的重镇浦口，日本海军第11战队已经于下午2时进至下关，封锁了长江江面。没有撤离的中国军队及难民的退路，完全被切断了。

13日，《朝日新闻》向日本国内发回了这样的报道：

> 我军终于攻陷南京，将我们的国旗升起，色彩鲜明的旗帜迎风飘扬，军人高声欢呼，眼中充满喜悦的泪水，在一片为日本帝国而欢呼的声浪之中，我军浩浩荡荡进入南京，欢迎为这场圣战而创下辉煌战绩的军人。当天，日本国内的民众狂喜的心情难以形容，他们陷入歇斯底里大发作的狂欢之中。日本人举国欢腾，举行了百万人的胜利大游行，祝贺南京陷落。

罗素说：任何组织所唤起的忠诚都不能与民族国家所唤起的忠诚比拟。而这种国家的主要活动是进行大屠杀准备。正是对这种杀人的组织的忠诚，使得人们容忍极权国家，并宁肯冒毁灭家庭和儿童乃至整个文明的危险……

罗素在这里就是指日本人！

从这天开始，在南京城区及郊区，日军对平民和战俘进行了长达六个星期的大规模屠杀、抢掠、强奸等暴行。按国际法庭认定，日军暴行造成南京军民死亡人数至少20万以上，中国法庭调查取证确定为34万人以上。由于八年以来，被害地点南京正控制在罪犯手中。在多数场合，被害人的全家亲戚邻居都一齐遭了毒手，线索断绝。但从收尸埋葬的记录及清点遗骨，计算出来的最低下限为30万人，是不可怀疑的数字。南京大屠杀是侵略南京的日本军队一手制造的，他们每一个人都有不可饶恕的罪责。但其中，公然宣布不顾国际法的裕仁天皇、指挥进攻南京并容忍暴行的松井石根和公开下令屠杀的朝香宫鸠彦王罪行最大。

攻进南京之后，华中方面军司令松井石根下达"纪律肃正战俘"的命令。这命令其实就是放手屠杀战俘。松井石根后来尽管百般为自己的罪行开脱，但事实是无法抵赖的。朝香宫鸠彦更是露骨地发布了一系列的杀人命令，最简单而直接的只有四个字"全部杀掉"，他的命令被层层传达并被彻底实施，直接导致了日军进城后令人发指的兽行。从中华门和水西门冲进南京的谷寿夫也指令他的部下大肆屠杀。在他的纵容下，第6师团的士兵们像野兽一般见人就杀、遇店就抢、搜到妇女就奸淫，还纵火烧民房……无恶不作。

日军制造的南京大屠杀

12月13日，因中方的撤退军令，部分中国军队撤离阵地，日军中岛今朝吾第16师团占领紫金山。退出阵地或被困的中国军队因无退路而放下武器成为日军的俘虏，俘虏人数一下子达到万余人。于是各级日军向师团部汇报，报告到达师团参谋长中泽三夫大佐手里。经确认后下令全杀俘虏。

怎么杀？为节省子弹，他们用刀来劈杀。领头要他人这样做的就有日军第16师团长中岛今朝吾中将。我们以中岛今朝吾个人日记为证：

12月13日天气晴朗

今日中午高山剑士来访，当时恰有七名俘虏，遂令其试斩。还令其用我的军刀试斩，他竟出色地砍下两颗头颅。

手下各级军官以他为榜样，层层鼓动下级任意屠杀我国无辜百姓和战俘的情形可见一斑。

一名日本随军记者后来回忆过当时日军斩杀中国人的场景。他写道：

一根绳子上反手绑着20个中国人，挥舞着军刀的日本军官把中国人的脑袋一个一个地砍下来。头被砍下后，血像喷泉一样涌出，身体便向前倒下去。

就在南京失陷的这天,《东京日日新闻》(即《每日新闻》)报道两名日本军官的"杀人竞赛",并登出在三天前的紫金山下他们俩面带微笑拄刀而立的照片,他们是日军第16师团片桐护郎联队的两个少尉军官向井敏明和野田毅。他们在其长官鼓励下,用军刀杀中国人。他们的指挥官是第16师团长中岛今朝吾和旅团长草场辰已。中岛资格老,与松井石根、冈村宁次和梅津美治郎等同是"巴登巴登十一鸟联盟"的成员。受到长官鼓励的向井敏明和野田毅,就相约在占领南京时开展"百人斩"杀人竞赛,约定谁先杀满100名中国人为胜者。他们从句容杀到汤山,向井敏明杀了89人,野田毅杀了78人,向井领先。但因都未满100人,"竞赛"继续进行。12月10日中午,两人在紫金山下相遇,野田杀了105人,向井杀了106人,又是向井领先,但又因确定不了是谁先达到杀100人之数,所以"比赛"继续进行。他们的目标地点选在南京城。不过,比赛指标提高了,定为看谁先杀到150人!向井在接受随军记者采访时,指着自己的战刀说:

> 比赛时,我将一个家伙连钢盔带身体劈成两半,因而刀刃受到损伤。不过没关系啦,还可以坚持比下去。等战争结束后,我一定会把这把日本刀赠送给贵报社!

当时进行杀人比赛的远不止野田和向井二人。更多的日军下级军官和士兵卷进了这种残酷的比赛中。攻进南京的前一天,紫金山阵地有中国士兵向日军缴械。当时拍下的一个历史镜头是这样的:

参与杀人比赛的另一个日本军官野田站在一个战壕的上面,对着战壕里已经举起手来的中国士兵说:

"你,过来。"

那个中国士兵就朝他走过来,随后被野田一刀劈成两半。比赛就这样继续进行着……

中岛师团草场旅团片桐护郎联队的野田和向

侵华日军在南京开展
"百人斩"竞赛

井二少尉的杀人比赛后来移到南京街头继续进行。他们拖刀而行，遇到中国军民，便是劈头一刀。这时候，他们得知谷寿夫第6师团的一名叫田中军吉的大尉中队长的杀人"活动"更胜一筹：他斩杀的中国人已经超过300人！不甘落后的二人兽性大发：约定杀到150人的那天，他们一起登上紫金山庆祝。

田中军吉，是第6师团第45联队第3大队长小原重孝手下的第12中队队长，当年32岁。自1937年11月跟随第10军自杭州湾登陆，所在联队越过广德，进逼牛首山，至南京郊外雨花台后从中华门和水西门攻城。一路上，田中手持一把名为"助广"的军刀，见人就杀，连续劈杀300多名中国人。由于他太突出，被记者拍了照片。照片上一个头戴军帽，身穿白衬衫的日本军官，正举刀向跪在地上的中国青年砍去。此人，就是田中军吉。这幅照片因后来成为南京军事法庭审判他的一个证据而成为著名的历史照片。他连同那把"助广"军刀被日本人山中峰太郎写上"光荣榜"。山中峰太郎所写的《皇兵》一书详细介绍了他杀人的经过。

历史照片为南京大屠杀作证

虽然用刀杀人省子弹，但为了大规模杀人，日本人并不吝惜子弹，他们更善于用机枪扫射，浇汽油烧人，逼中国人自己挖坑活埋自己等手段，无所不用其极。

进入南京城之前，中岛今朝吾属下的片桐支队已经在南京城外的紫金山活埋了近3000名中国战俘和平民。

紫金山中国军队阵地是在12月12日中午陷落的，攻击这里的日军是草场支队的片桐护郎联队。阵地陷落后，日军俘虏了数百名中国士兵。日军对整个紫金山进行了"扫荡"（搜捕），随后抓到平民2000多人。按照后来日军的回忆，以惨重伤亡攻占紫金山的日军群情激愤，片桐护郎遂决定采取活埋的方式处决这批总共近3000人的战俘和平民。

日军用机枪环围的方式把中国人分割成多片，然后逼迫中国人挖深坑。当中国人意识到自己在为自己挖掘坟墓时，凄惨的哭喊声连成一片。有的意欲逃跑，但当即被机枪扫射而死。随后，日军的工兵队也加入挖坑的行列中。至13日，好几个坑被挖好，残酷的活埋开始了。当时情景的凄惨，是难以想象的。很多中国人，身子被埋到一半的时候，就已经气绝身亡。这近3000人中的大部分被活埋，一部分被枪杀。把中国人活埋在地里后，残忍的日军士兵开始在活埋地点围着圈跑步，以把土踩实！日本的电影摄像机记录下了这一残酷场景。

12月13日，中岛师团的三个联队攻进中山门，他们在城内的暴行更是惨不忍睹。《东京日日新闻》的随军记者铃木二郎从中山门进入南京城，他回忆道：

> 我是跟随部队一起进入南京的。在13日南京陷落的时候，我从中山门路过，在中山门的城墙上看到了极其恐怖的情景。当时，中国俘虏们在25米宽的城墙上被排成一列。在他们面前，是端着上了刺刀的步枪的日本军士兵。下令后，士兵们齐声大吼，向中国战俘的胸口或者腹部猛地刺去。那些中国战俘一个个地被挑落城下，从身体中涌出的鲜血喷向空中……

进城后，中岛师团第20联队一次性捕捉到600多名中国士兵和平民，随后把他们列为5排，最外面的两排人用电线捆绑着大腿，然后将其驱至玄武湖屠杀。该部士兵增田六助在《南京城内扫荡》中写下了他参与屠杀的过程：

> 因为玄武门先前已被中国军民用土堵死，我们便把抓到的人集中在那里的土丘前，用2挺重机枪、6挺轻机枪在50米近处扫射。我当时担任警戒。扫射那会儿，血肉横飞、脑浆迸溅。这个场面想起来就让人战栗。

中岛师团第33联队的士兵大泽一男后来也回忆攻入南京的恐怖情形：

黎明时，从紫金山一路下来，往太平门突击。城门大开着，进门看到大量的败兵。也许败兵以为大势已去了，接二连三地聚成一堆举起双手投降了。大概是第二天吧，败兵被全部集中起来，用铁丝网围在城墙一角。城内的防空壕、要塞中也挤满了人。我们拿来汽油，从城墙上向败兵的头上浇去。中国人似乎都死心了，一动不动……

这次焚杀是诸多暴行中的一起，日军把汽油倒在中国战俘身上后，随即向战俘开枪，打在战俘身上后，立即起火，熊熊大火顿时烧起来，疼得中国战俘翻滚蹦跳，日军士兵则站在远处哈哈大笑，不断地鼓掌。1500 名平民和战俘就在这天被中岛师团第 33 联队屠杀焚尸。

中岛师团属下的联队长片桐护郎这样指示他的士兵：

"不管老人、小孩，全部杀掉。"

他还说：

"只要看到周围有人走动，就开枪杀死。"

他要军官拿着军刀砍，要士兵用刺刀刺杀。尽量不要使用步枪子弹。这是片桐部下士兵福田治夫在回忆中透露的。

日军第 16 师团第 30 旅团就是佐佐木旅团，也称为佐佐木支队。佐佐木到一在中岛今朝吾手下任旅团长，并非他的资历或功劳低于中岛，其实佐佐木资格更老、"功劳"更大，而只是他的经历曲折。这位佐佐木到一少将有一段时间因持拥护孙中山的立场而受到白川大将的指责，从而失去一些晋升机会。但他毕竟是采用法西斯手法训练士兵的高手。佐佐木到一曾当过孙中山和蒋介石的军事顾问，后来又是伪满洲国军事顾问。他还被称为伪"满军之父"，因为他组织训练了伪满军。此前，佐佐木的伪满军队屠杀东北抗日民众，犯有滔天的罪行。佐佐木一直想当吴三桂式的人物。他想辅佐伪满"康德皇帝溥仪"打回北平当日本人的儿皇帝。据记载：1937 年"七七"事变后，由伪满第一旅、李春山旅、于芷山旅三个整旅组成的靖安军和第五教导队等部共 7000 余人组成热河支队，烧杀劫掠一直到北平附近，对北平郊区也实行了屠杀。但有人因此以为日军第16师团全是由这些伪满军组成的，而南京大屠杀是伪满军肆意报复屠杀，应该是误判。第16师团应是日本法西斯分子和北方某日本殖民地的兵源组成。师团中有野田和向井这等屠杀的强兵，则必有中岛、佐佐木和草场这等杀人不眨眼的魔王。佐佐木旅团在南京下关进行的大屠杀，全是由日本法西斯军人一手指挥放纵的。12月13日这天，佐佐木支队一路从紫金山冲到下关，以"来不及接受缴枪投降"为由，把城里数以万计的难民和已解除武装的士兵驱赶到江边进行屠杀。所谓的"来不及接受缴枪投降"，就是日本人肆意践踏日本参与签署的《日内瓦国际公约》，是以裕仁天皇"日军对待中国俘虏不必遵守国际法"的命令为依据的。对此日军第16师团长中岛今朝吾在日记中表达为："由于方针是大体不要俘虏，故决定将其赶至一隅全部解决之。"日军谷寿夫第6师团的一部同样是把难民和解除武装的中国士兵驱赶到下关江岸进行屠杀。日军第10军的桥本欣五郎指挥所属野战重炮和日本海军第11战队也同时向江面和江岸开炮，数万难民和放下武装的中国军人乱成一团。于是，大屠杀发生了：日军的大炮、机枪、步枪对着过江和岸上的数万难民和士兵狂轰滥杀，疯狂屠杀。从拂晓前杀到下午2：00，南京下关江边，尸体成山，江面成了血海。据佐佐木到一后来写的《进攻南京纪实》一书记载，那一场大屠杀，光死在他第16师团第30旅团（即佐佐木支队）刀枪下的就有2万人以上。这数字并非全是国军，更多的是平民。

佐佐木旅团第33联队士兵泽田小次郎对为什么滥杀中国人，他有详细解释。在回忆中他记述了当时的情形：

我所在的中队发出了"男女老幼格杀勿论"的命令（按：这也就是斩草除根的大屠杀了）。下关逃命的中国人的情形很壮观，有好几万人，都跳到了江里，雪崩似的随着江水漂流。也不知道是几师团（按：第5师团国崎支队）就等在江对岸，一有中国人漂到对岸，就马上把他杀掉。江面很宽，到达对岸的人很少。但是漂流到下游的人多，这些人我们就动用军舰来处理。追赶的时候，士兵拿步枪射击，杀人杀红了眼。当时中国士兵手里已经没枪了，他们也没有反击，总之是只想尽量保命的样子，场面混乱至极。总之，我们心

里想着只要是中国人就是敌人，想着自己也可能被杀死，所以就见一个杀一个。

事后，从下关登船去上海的《纽约时报》记者都丁目击了江边积尸成山的惨状：

> 日本军占领了挹江门，对中国军民进行了大屠杀。中国士兵的尸体堆积在砂袋之间，有六英尺高。

美国的马吉牧师于 12 月 15 日与《芝加哥每日新闻》记者斯蒂尔和英国路透社记者史密斯一起来到下关为都丁等人送行：

> 他们俩乘坐一艘驱逐舰走了。此前，我们不得不驱车越过死人之山。那种情景是无法用言语来表达的，我绝不会忘记乘坐这辆车外出时所看到的情景。

后来，日军目黑辎重兵联队兵站汽车第 17 中队村濑守保拍摄了下关江边中国军民被屠杀的惨景，积尸之多，难以想象。

在第 16 师团冲进南京中山门的当天，中岛今朝吾在日记中详细记录了他的部下屠杀南京平民和战俘的情况：

> 以佐佐木支队监守作战地区内的城门；以草场支队的两个大队从南京旧市区向下关方向推进……败逃之敌大部进入第 16 师团作战地区的林中或村庄内。另外，还有从镇江要塞逃来的，到处都是俘虏，数量之大难以处理。基本上不实行俘虏政策，决定采取全部彻底消灭的方针。但由于以 1000 人、5000 人、10000 人计的群体，连武装都不能及时解除。只不过他们已全无斗志，只是络绎不绝地跟上来，虽然安全，但一旦发生骚乱，将难以处理。为此，增派部队乘卡车负责监视和引导。傍晚，需要大批出动卡车，但由于战斗刚刚结束，计划难以迅速执行。因为当初从未设想采取这一措施，

参谋部忙得不可开交。事后得知，仅佐佐木部队就处理掉约 15000 人，守备太平门的一名中队长处理了约 1300 人。在仙鹤门附近集结的有七八千人。此外，还有人不断地前来投降。处理上述七八千人，需要一个大壕，但很难找到。预定将其分成一两百人的小队，领到适当地方加以处理。

这就是战犯的自供状。他末了那句话，就是活埋七八千人的万人坑不容易挖，要规模小点，分成一两百人领到不同的地方"处理"掉。其阴毒冷血的心肠可想而知。由于这中岛今朝吾留着这可怖的日记直到他的末日，才使得我们有机会揭开他的真面目。

而佐佐木到一 12 月 13 日的日记同样直截了当：

今天，在我支队的作战区域内，遗弃的敌人尸体达一万几千具。此外，还有在江面上被装甲车击毙的士兵和各部队捉到的俘虏，合在一起计算，仅我支队就已解决了敌军两万以上。

下午 2 时，扫荡结束，我们背后也有了安全保障。于是，部队边集中，边向和平门方向前进。

其后接连不断地有俘虏前来投降，其数量高达数千人。情绪亢奋的士兵丝毫不理睬上级军官的劝阻，将俘虏一个个地杀死。回想到许多战友流的血和十天来的艰难困苦，别说士兵了，我自己也想说"全都干掉吧"。

目前，白米早就一粒不剩了。尽管城里能找到，可我军不可能还携带着给俘虏吃的粮食。

以上只讲到中岛今朝吾的第 16 师团从紫金山到中山门，然后一路向西到下关的长江边进行屠杀的部分情况。同样的大屠杀发生在日军进城的其他路线上。

前面提到朝香宫鸠彦在光华门外，指挥吉住良辅的第 9 师团企图破关入城，结果遭重挫。但 12 日中国军队撤退后，第 9 师团的主力终于从光华门蜂拥而入，第 9 师团另一部分则跟随第 16 师团由中山门入城。由于一度受阻于光华门，日军第9师团对南京的报复性暴行十分残酷。1938年编写的《金泽第9师团作战史》中，就有这样的记载：

> 师团以右翼联队为主力，在城内进行扫荡，歼灭了残兵败卒7000多名。

这里的"扫荡"就是滥杀无辜，这"残兵败卒"就是难民和放下武器的中国士兵，这"歼灭了"就是虐杀！也就是说，按日本人自己的记述，第9师团一进城，就屠杀了7000多人。第9师团在南京城内停留的时间不长。但该师团伊佐一男联队（按：即第7联队）在进南京的开头几天，就冲进"安全区"以搜查中国的"便衣兵"为名，又屠杀了几千中国平民和解除武装的士兵。

中岛今朝吾日记手迹

前面已经提到，南京中华门是最早被日军攻破的城门。13日清晨，谷寿夫第6师团前锋长谷川正宪联队首先窜进南京城，随后谷寿夫的冈本镇臣联队攻入水西门。

日本《读卖新闻》随军特派员浮岛当天向日本国内发回电讯称：

> 我军完全置南京于死地。
>
> 由于我左翼部队渡扬子江占领浦口，正面部队拿下了南京各城门，敌将唐生智以下约5万敌军完全落入我军包围之中。今天早晨以来，为完成南京攻击战的最后阶段，展开了壮烈的大街市战、大歼灭战。防守南京西北一线的是白崇禧麾下的桂军，粤军在城

东，直属蒋介石的88师在城南各地区继续做垂死挣扎，但我军转入城内总攻后，至上午11时已控制了城内大部分地区，占领了市区的各主要机关，只剩下城北一带尚未占领。市内各地火焰冲天，我军乱行射击，极为壮烈，正奏响了远东地区有史以来空前凄惨的大陷

城曲，南京城已被我军之手完全置于死地。

这篇为日军歌功颂德的报道，从"市内各地火焰冲天，我军乱行射击"以及"有史以来空前凄惨的大陷城曲，南京城已被我军之手完全置于死地"这些话中，也透露出长谷川和冈本这两支豺狼军队在城内到处杀人放火，制造的恐怖气氛。

事实上，从中华门杀进来的长谷川联队对难民进行大扫射，中山北路顿时血流成河。这批日军往难民身上浇汽油，再用枪扫射。让被弹击火烧的难民在万分痛苦中挣扎翻腾，他们则鼓掌狂笑引以为乐。他们还以"入水捕鱼"为词用刺刀逼难民脱光衣服破冰下水，眼看着被淹死、冻死，没死而挣扎的就被击毙。这是谷寿夫第 6 师团进入南京城后制造的第一场惨剧，并以之为他们进南京城进行大屠杀的开头。原国军教导总队的辎重营中校营长郭岐，因来不及撤退江北而在"安全区"新街口避难。他目睹了谷寿夫第 6 师团的暴行，并以所见所闻写成小说《陷都血泪录》。1946 年，他以新疆驻军某师少将师长的身份，作为证人到军事法庭证明谷寿夫第 6 师团制造南京大屠杀的罪行。

就在谷寿夫第 6 师团攻入南京后，原本与第 6 师团一道进攻雨花台的日军末松茂治的第 114 师团把 1300 多名中国战俘押解到雨花台，然后分批进行了刺杀，也同样采用野蛮的军刀劈杀或刺刀挑杀的行径。第 114 师团长末松茂治和第 9 师团长吉住良辅，罪恶深重！

谷寿夫的第 6 师团另有竹下义晴第 45 联队从水西门向下关包抄，与前述的第 16 师团佐佐木支队等联合在下关进行大规模的屠杀。这天上午，日军竹下联队将拦截捕获的 20000 多名中国军民押到三汊河附近。其中，有后来的幸存者、中国第 156 师士兵骆中洋。前一天，与上级失去联系的第 156 师并没有接到从正面突围的消息，该师大部分士兵往下关江边撤退。但江边无船可渡，脱掉军服的骆中洋只好随着人群往上新河方向奔跑，中途被日军捕获。这时候已经是 13 日清晨。日军把中国军民集中在三汊河边的空地上，那片空地很开阔，按照骆中洋的判断，当时至少有 2 万人被日军包围着。骆中洋回忆当时人群拥挤的情形：

人靠着人挤在那么一大块地方，比我们一个军一万多人集合时候占的地方都大，我们集合时队伍之间还有点距离呢。

日军让眼前的中国军民全部跪下。这时候，日军士兵已经全部上了刺刀，端着步枪做瞄准状，与四周高处的机枪对中国军民形成半包围圈。然后，日军军官拖刀登上高台，用日语问中国军民想怎么死，是刺杀、砍头，还是被枪决。翻译官将其翻译成中国话后，人群中的中国妇女和孩子一片哭号。日军最后决定用战刀对中国军民进行斩首。每10个人为一组，第一组先被带到河边，他们面前站着一排拖刀的日军。还没等这一排中国军民反应过来，就被日军挥刀砍下了头，脖腔里的鲜血喷向天空。后面的人群顿时骚动起来，有的人试图奔逃，但随即引来了制高点处日军的机枪扫射，横尸于地上。人群渐渐地又平静下来，很多人已经麻木，他们甚至渴望早点一死了之。日军先是对中国军民进行斩首，后又进行刺杀，因为这样的杀人速度很慢，到傍晚时才杀了一小部分。在这种情况下，日军开始直接用机枪进行扫射，大片大片的中国军民倒下了。在混乱中，骆中洋与两个同伴藏进了茅草房，潜伏至深夜，从而脱险。这就是谷寿夫批量残杀南京军民的罪证之一。

这天的屠杀，谷寿夫在《军状报告》中也承认："河岸边全被尸体覆盖满了。"

同一天，下关下游的燕子矶也发生了大屠杀。突进的日军第13师团的一部在燕子矶拦住5万以上逃难的南京市民和人群中的部分中国军警，他们蜂拥逃到长江边，想渡江北上。惨剧发生了：追击而至的日军将中国难民和没有武装的军人围在滩涂上，然后用轻重机枪一起扫射。有的尸体漂入长江。

在尸体堆中有一个幸存者叫陈万禄。八年后，他作为见证人写下了证词。

在南京城以北的尧化镇附近，日军第13师团的山田支队将在乌龙山被俘的中国军民6000人左右圈在一起予以枪决。

13日当天的大屠杀后，谷寿夫把第6师团司令部迁到南京中华门内贡院街的原中国南京宪兵司令部地址。他接到部下的报告，说南京市街头上、楼房里到处有丢弃的军衣、军毯和武器，认为有几万名来不及逃跑的中国士兵留在城里，他们已放下武器换上便服躲入民间。亢奋之中的谷寿夫立即将这一情况报告给第10军司令柳川平助和前线总指挥官朝香宫鸠彦。于是他们命令按分区进行"扫荡"，务必尽快将躲入民间的中国士兵搜索出来。以搜捕中国士兵为由，日军大肆抓人、杀人、放火、强奸、抢劫。被捕的中国人遭集中分批屠杀。

日军华中方面军副参谋长武藤章辅助松井攻占南京后，以城外的宿营地不足和用水困难为借口，更改要日军官兵在城外宿营的原命令，宣布城外的日军可随意在南京城内选择宿营地。此令一下，犹如打开了野兽的牢笼。日军部队犹如一群群饥肠辘辘的恶狼，在南京城内的大街小巷横冲直撞。同时，从中华门冲进南京的谷寿夫也悍然宣布"解除军纪三天"。这样一来，数万日军进城，看到男人就杀，看到女人就强奸，看到财物就抢夺，烧、杀、抢、奸淫，无恶不作，大屠杀及各种暴行进一步扩大。

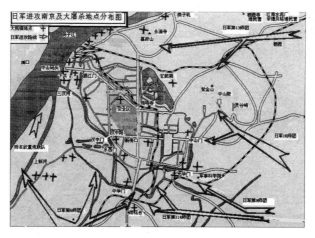

日军进攻南京及大屠杀地点分布图

12月15日，日军第6师团将中国军警人员2000余名，解赴汉中门外，用机枪扫射，焚尸灭迹。同日夜，又有市民和士兵9000余人，被日军押往海军鱼雷营，除9人逃出外，其余全部被杀害。殷有如是逃出的9

人之一。1946年10月19日，他向南京军事法庭的检察官丁承纲控诉了侵华日军在鱼雷营屠杀我军民9000余人的罪行。作为鱼雷营大屠杀的亲历者和见证人，他的证词自然有着不可置疑的真实性和权威性。就在15日这天，苏州郊区稻田里临时建起一个简易机场，日军最高指挥官松井石根与日海军头领一道从苏州乘小客机到达句容，然后秘密到达南京市郊的汤水镇休息。

16日傍晚，中国士兵和难民5000余人，被日军押往中山码头江边，先用机枪射死，抛尸江中，只有数人因遗漏幸免。

12月17日下午，松井石根在南京中山门外奖励他手下刽子手们的"战绩"，然后骑着一匹栗色军马主持侵华日军的"入城式"。他把马头转向东京天皇的皇宫方向，对着日本国家广播公司的录音设备，向裕仁天皇三呼：

"天堂之阶，最伟大的元帅万岁！万万岁！"

1937年12月17日，松井石根、朝香宫鸠彦、柳川平助、冢田攻和武藤章在南京搞"入城式"

然后，松井石根在上海派遣军司令官朝香宫鸠彦、第10军司令柳川平助、参谋长冢田攻和副参谋长武藤章等大小将校前呼后拥之下，骑着高头大马，耀武扬威地从中山门进入南京城，检阅大路两旁的日军部队。此前，因日军的恐怖屠杀，城里的公司、商店、民房，一律关闭大门。日军认为，那显然是仇日，与皇军"入城式"气氛不和谐。因此前一天，日军发起清街运动：一是要搬清松井石根路过街道上成堆的尸体，二是下令全城市民敞开门户，表示欢迎，以制造日华亲善的和谐气氛。于是，清街运动遍及南京一些要道。大街小巷的路口上，一律站着荷枪实弹的日军。摩托车队到处巡逻着，三五成群的日本兵拖着长刀，挨门逐户，大声呼叫，勒令开门。这天，南京市的全部房屋都门户洞开。长期伏在室内的人们，不免带着惊异的神色探头向外张望。可是，却因此灾祸临头。就在他们探身外望的瞬间，枪声一响，便有人应声倒地。仅在这一天，就有好几千人被枪杀、受伤。与此同时，日寇进行了大搜查。凡是青年店员、居民被认为有抗日嫌疑者，不由分辩，立即绑走。说是带去审问，但往往有去无回，事实上是被送到五台山上用汽油活活地烧死了。他们这样做，就只为制造入城式的"和谐气氛"，同时又是为了防止松井石根和朝香宫被抗日人士狙杀。也就是说，为了举行所谓的入城式，为了保护松井石根以及朝香宫的安全，日军实际上在南京城加速了屠杀。就在"入城式"当天，南京煤岸港至上元门江一带，日军继续进行集中式的大屠杀。他们将从各处搜捕来的军民和南京电厂工人 3000 余人，在煤岸港至上元门江边用机枪射毙，一部分用木柴烧死。因此，就在日军表演"入城式"之际，依然是大屠杀的高潮期。

松井终于穿过南京市中心大街到达城北的大都会饭店。当晚，在那里他举行了宴会。

在宴会期间，松井已察觉到南京出现了严重的问题。当天晚上他召开了参谋会议，并命令将所有不必要的部队都调到城外。第二天西方媒体报道说，日本军队预谋对松井保密，不让他知道南京暴行的全部真相。当松井开始了解到南京城发生的强奸、杀人和抢劫的规模时，他十分沮丧。

12 月 18 日，松井石根搞"慰灵祭"，实是为丧命的日本法西斯军人招魂。他对他的一名文职助手说：

> 现在我意识到，我们已在不经意间给这个城市造成了最深刻的创伤。当我想到我的那些已经逃离南京的中国朋友的感情以及中日两国的未来时，我只能感到沮丧。我觉得很孤独，而且永远也不会有为这次胜利而感到兴高采烈的心情。

尽管此时松井已经明知日军的种种暴行，却置若罔闻，听之任之，不采取任何有效措施加以制止或改变事态的发展。

就在 12 月 18 日这天，在松井石根眼皮底下，日军又制造了一起巨大的对平民屠杀事件。原来，在南京沦陷前夕，无力远逃的人们，成批逃散到城外四郊。随后从战场逃来的难民和遗留的一批伤、病兵，也挤入了城郊四乡，难民大量增加，而沿江一带更多。这些一时无法渡江的难民自动组织了难民村，自动维持秩序互助度日。日军在南京城厢及城边制造大屠杀后，就开始搜索乡村。在南京北郊，日军捆绑了大批难民并将他们关押到幕府山下的几个山村内，断绝饮食，造成很多伤病难民冻死、饿死。就在松井石根搞"慰灵祭"的 12 月 18 日，关押于幕府山下还有没被冻死、饿死的难民和被俘军人共 57418 人。日军用铁丝两人一组捆绑着，排成四路，把人群驱至下关草鞋峡。一到草鞋峡，日军先用机枪扫射，复用刺刀乱戳，最后浇以煤油，纵火焚烧，并把残余骸骨投入长江。原在教导总队当营长的警卫员唐鹤程是这次草鞋峡大屠杀的幸存者，他后来向军事法庭提供了日军制造南京大屠杀的这一起罪证。首都地方法院检察书记官陈光敬在 1945 年 12 月 7 日，找多名幸存者一致核实了这起屠杀的过程。

杀人放火是这批兽兵入城干的第一件事。当然，抢劫、强奸更是他们的本性。

在日军进入南京后的一个月中，全城发生 2 万起强奸、轮奸事件，无论少女或老妇，都难以幸免。许多妇女在被强奸之后又遭枪杀、毁尸，惨不忍睹。与此同时，日军遇屋即烧，从中华门到内桥，从太平路到新街口以及夫子庙一带繁华区域，大火连天，几天不熄。全市约有三分之一的建筑物和财产化为灰烬。无数住宅、商店、机关、仓库被抢劫一空。外国记者称："劫后的南京，满目荒凉。"

南京幸存居民欧阳都麟是日军暴行的见证人。他说：

> 日军谷寿夫部队攻陷南京，由中华门首先进城，先行屠杀，就此两天内（按：12、13 两日）中华门内外，遍地尸首，惨不忍睹，有的用刺刀刺孕妇腹部致死，致腹破胎坠而死，有的用刺刀从妇女阴户刺入，刀尖透出臀部致死，亦有 80 岁老妇，被强奸致死。
>
> 一群日军在中华门外，轮奸少女后，又迫使过路僧侣续与行奸，

僧拒不从，竟被处官刑而死。南京妇女无不人人自危，纷纷到市中心的外侨组织的国际委员会所划定的安全区避难。但日军肆无忌惮，竟为了发泄兽欲，乘夜摸黑，偷偷摸摸地越墙进入女人睡眠的房间，不择老幼，摸索强奸。

日军在南京奸杀中国妇女案件，令人发指。我们不想在这里多说。铁的证据表明，谷寿夫本人不仅是杀人犯和怂恿杀人犯，还是强奸犯，是色魔。而杀人魔王中岛今朝吾，不仅杀人如麻，而且还是一个见物就手痒的小偷。

在"入城式"后，朝香宫鸠彦于12月21日任命中岛今朝吾为侵华日军驻南京警备司令官，第16师团的佐佐木到一步兵第30旅团为南京警备部队。中岛今朝吾看上南京中央军校校长官邸，军校校长官邸实际上就是蒋介石原来的官邸。中岛乘机将中央饭店的家具运进这处官邸，然后一并占用。中岛今朝吾此人一生喜爱盗窃。就连他写日记也念念不忘掠夺中国人的财富。在日记中他指责同伙争抢中国人的财产，其实是他在眼红。他特别关注别人抢劫货币：

> 最恶劣的是抢劫货币。部队中有以中央银行纸币为目标，专门抢各地银行金库的行家。而且相对于美元来说，中央银行纸币要比日本钱值钱，因此要送到上海兑换成日本纸币。新闻记者和汽车驾驶员中有不少这类中介人，上海又有靠车取暴利为生的掮客。在第9师团和内山旅团中，流行着这样的恶习，罪魁祸首多是辎重特务兵。而且听说陆续出现了因有钱而出逃的人。内山旅团的士兵中，有人开四个户头，共汇款3000日元，其他还有四五十人分别汇出300日元、400日元、500日元。的确是不祥之兆。

不过，中岛看上了更值钱的东西，那就是蒋介石的用品。他对蒋介石的用具用品极感兴趣，于是大肆偷窃，并将偷盗的物品带往日本国内。正因为这种偷窃行为造成内部纠纷，中岛的南京警备司令没当满十天，就被部下佐佐木到一取代了。

2. 正义与人性的光芒

我们不想过多地叙述日军在南京令人发指的罪恶行径。但我们不能不说：人世间，光明与正义是存在的。越是有黑暗丑陋，越是有邪恶恐怖，光明与美好、正义与善良就更加显得伟大，更为耀眼夺目。

我们在前文说到廖耀湘脱险过程时，就提到栖霞寺的僧人、栖霞镇教师、和家村村民、辛德贝格与京特水泥厂里的难民营，讲他们不顾自身危险营救抗日军人和难民的故事。我们还讲了守卫南京光华门的钮长铭从船上跌落长江，然后又游上岸。后来他得到八卦洲平民施先生、幕府山永清寺邻居老农的收留营救，接着他在永清寺和鸡鸣寺落发为僧，在众和尚掩护下重归抗日队伍的过程。由于这些普通村民和寺庙和尚以及其他人的共同营救，保住了南京大屠杀的大批幸存者。就拿栖霞寺来说，如今留下一块纪念当时寺院方丈寂然法师的《寂然上人碑》，碑文描述了法师救助南京大屠杀难民的事：

> 民国二十六年七月，卢沟桥事起，烽火弥漫，旋及沪京。载道流亡，惨不忍睹。上人（按：指寂然法师）用大本、志开两法师之建议与相助，设佛教难民收容所于本寺。老弱妇孺，护救者二万三千余人。

栖霞寺方丈寂然法师在寺内设难民收容所，使数万难民避免遭到日军的屠杀

寂然法师曾把五名抗日军人藏在藏经阁或与寺院邻近的窑洞，把军人的枪支放进救生池（抗战胜利后挖出当年隐藏枪支）。为应对可能发生的粮荒，寂然法师减少了每个僧人的口粮，保证给难民供应

一天两餐的稀粥，他还采药给被日军打伤者疗伤。4个多月，耗尽寺院百万斤粮食。

因共同救援难民，栖霞寺破天荒地与教会及南京安全区的外国人取得联系，历尽艰辛，通过在江南水泥厂办难民营的丹麦人辛德贝格与德国人京特，偷偷将军人用小船送到了江北。江南水泥厂难民营和栖霞寺佛教难民收容所方面都说这批军人中有一位就是廖耀湘。

善良的平民百姓，他们不畏强暴而互助互救，他们可贵，他们伟大！平日处于世俗之外修身养性的僧侣，在国破人亡之际，以大慈大悲、普救众生的最高灵魂境界，毅然挺身而出，保护了无辜的大众。在这里，我们看到了正义的力量，看到了人性的光辉，看到了我们民族的最后希望！

既然提到南京安全区的国际友人及辛德贝格与卡尔·京特的难民营，我们不能不赞扬这些国际友人的勇敢和正直。凭他们的浩然正气和人道主义精神，从日本人的屠刀下，救下了数以万计的中国人的性命，并在后来勇敢地揭露了日本法西斯的罪行，这些值得每一个中国人永远怀念。因为，我们的民族是个感恩的民族！

1937年11月，日军从上海大举西进，直逼南京。当时金陵大学董事会董事长是杭立武。他出面邀约22名自愿留在南京的外侨成立南京安全区国际委员会。德国人拉贝被选为安全区国际委员会主席，杭立武被推为国际委员会总干事兼安全区主任。随后，杭立武奉政府命令护送南京朝天宫古物西迁，从而必须离开南京。所以国际委员会总干事一职由金陵大学美籍教授贝德士继任。乔治·费奇（汉名费吴生）为副总干事兼安全区副主任并主持安全区的实际工作。约翰·马吉牧师任总稽查。

留在南京的22名外侨是：德国西门子公司驻南京办事处负责人约翰·拉贝、金陵大学历史系美籍教授贝德士、美国基督教南京青年会牧师乔治·费奇（又名费吴生）、美国圣公会南京德胜教堂牧师约翰·马吉、金陵女子文理学院的魏特琳、金陵大学社会学教授史密斯、农艺学教授里格斯、美国长老会牧师米尔斯、金陵大学鼓楼医院美籍代院长特里默、医生威尔逊、德国礼和洋行工程师克勒格尔及江南水泥厂外方留守人员丹麦人辛德贝格和德国人卡尔·京特等。

国际委员会决定效法上海，把南京金陵大学周边一块 4 平方公里的狭长地区划为"安全区"，避免受日军战火的波及。安全区内有金陵大学、金陵女子文理学院、鼓楼医院和美、德、英、日大使馆及许多政府机构、高级公寓、私人洋楼等。名义上，委员会是保护文化机构、各国外交官员和侨民，但因为西方人总共才 22 名，安全区在客观上为中国难民提供了一处避难场所。当日本军队攻进南京到处杀人放火时，安全区内的暴行相对少些，大批难民涌了进来。于是安全区设立一些标有红十字的难民所收容难民。到 12 月 16 日，难民所已发展为 25 个，进入安全区内大约 25 万难民基本得到保护。日军为了对中国人来个斩草除根，就全部没收南京的粮食库存，百般刁难米煤供应，企图以断粮断柴火手段，迫使安全区崩溃。为养活这几十万人，国际委员会成员一方面与日军谈判争取，另一方面偷偷出城到农村购买。贝德士自己也改变饮食习惯，不再吃面包，而是和难民一样喝稀

安全区国际委员会部分成员。

左三为德国人约翰·拉贝

饭，以节约粮食。

国军第 72 军军长兼第 88 师师长孙元良因守卫中华门失败而来不及撤退，进入安全区，金陵女子文理学院的魏特琳把孙军长隐藏在女难民中以掩护。国军教导总队参谋长邱清泉被桂永清以清理文件为由撤下，他也来不及撤退。国际委员会代总干事贝德士将他密藏在金陵大学管理大楼顶层密室里。而国际委员会主席拉贝把南京卫戍司令部参谋龙应钦与周上校藏在自己住宅的二楼。这些军队高层人物都因此安全地躲过日军第一波的大屠杀。随后，这些西方侨民将他们安全送出南京，保存了抗日力量。我们前面曾提到，教导总队辎重营中校营长郭岐则在安全区内的意大利大使馆避难。

这些南京外侨因长期在中国生活，与当地市民建立了友谊。对日本人屠杀中国军民，他们表现出可贵的侠肝义胆，坚定地站在中国人一边。

其中，费奇与中国的缘分也许是最深厚的。他起的中国名字是费吴生，表示他生于吴郡苏州。他父母是传教士，早年从美国来到中国。1913 年"二次革命"失败时，数十万难民涌入上海，费吴生参与基督教南京青年会进行救济。1937 年 12 月 13 日这天，拉贝和乔治·费奇立刻来到安全区最南边的汉中路同日军交涉，阻挡日军侵入安全区。费奇在地图上用铅笔画出标记，告诉日军安全区的位置。日本军官欺骗说：

"请放心！"

拉贝和费奇信以为真。没想到他们还未离开，就亲眼看到日军开枪打死 20 名惊慌逃跑的难民。接着日军又闯进安全区，强行抓走大批已解除武装的中国士兵。为此，费奇痛心疾首地给友人写信道：

> 我们忙着解除他们（按：中国士兵）的武装，表示他们缴械后可以保全生命。抱歉得很，我们是失信了。不久他们有的被日军枪杀了，有的被戳死了。他们与其束手待毙，不如拼命到底啊！

这件事一周后，也就是 12 月 19 日，费吴生与贝德士、史密斯博士一起到金陵中学，看到一个姑娘正被三个日本兵和一个骑马的日本军官追赶。费吴生向前一把将姑娘推进自己的汽车，关上车门就向校门外开去。日本军官悍然横马挡在车前，但是他的马听到汽车发动机的轰隆声就害怕，连忙闪开。费吴生等人把车开足马力飞驶而去。姑娘终于脱险。但更多的时候，他们只能眼睁睁地看着日本人野蛮地烧杀淫掠。费吴生悲愤地将所见暴行如实记录。他把日本人大屠杀的第一个月的日记，托德国人克勒格尔秘密带往上海。这本日记立即广为流传，引起中外舆论界震动，后来在美国广为发行。在 1946 年东京审判中，他的这本日记也成为指控日本法西

南京国际安全区保护了进入区内的
25 万南京难民免遭日军屠杀

斯的铁证。

约翰·马吉是个满怀正义感的牧师。1912 年他作为牧师被美国圣公会派往中国。南京大屠杀期间，他担任国际安全区总稽查。马吉目睹日军暴行，内心感到一种难以形容的痛苦，他拿起了贝尔牌 16mm 家用摄像机，冒着被日军发现的危险，在鼓楼医院一带拍摄纪录片。马吉牧师后来在影片的引言中写道：

　　行动必须小心谨慎，摄影时千万不可让日本人看见！

1937 年南京大屠杀时，夏淑琴才 8 岁。她被日军连刺数刀昏死过去，待她醒来时全家 9 口有 7 人惨遭杀害，只有她和年仅 4 岁的妹妹侥幸生还。这是"第二次世界大战"时审判日本战犯的重要罪证之一。21 世纪，日本右翼势力掀起狂潮，企图要推翻"第二次世界大战"国际军事法庭的神圣审判，日本右翼作家居然诽谤南京大屠杀幸存者夏淑琴。2007 年 11 月初，夏淑琴反诉日本右翼作家名誉侵权案。

审判中有一件重要证据即是马吉拍摄的纪录片，当年，被害的夏淑琴和妹妹到难民区进行难民申报。她的悲惨遭遇引起了马吉的注意。马吉去了中华门内新路口 5 号夏淑琴一家惨遭杀害的现场，用摄影机摄下了惨状。

70 年前马吉拍下的纪录电影为夏淑琴讨回了公道。一审宣判，日方败诉。

马吉牧师当年拍摄的胶片拷贝和使用的那台 16mm 摄影机，如今保存在南京大屠杀遇难同胞纪念馆。

约翰·马吉摄制的这一份电影胶片长达 400 英尺，分为 8 卷，放映时间达 105 分钟。那是反映南京大屠杀事件最有力的证据。在当时，保证它能安全带出南京，不落入日本人的手中，是至关重要的事。费吴生完成了这一项任务。

1938 年 1 月 23 日，费吴生获准离开南京。他把约翰·马吉牧师拍摄有关南京大屠杀的电影胶片缝在驼毛大衣的衬里，带往上海。在上海，费吴生和英国《曼彻斯特卫报》记者田伯烈，对影片进行了剪辑，并给影片的各部分加了英文标题，然后送交上海柯达公司制作了多份拷贝带到英国、德国、美国。这部电影后来成为控告日本法西斯暴行的重要证据。1953年，马吉牧师在匹兹堡去世。马吉牧师曾经传教的南京道胜堂教堂，后来是南京市第十二中学图书馆，如今命名为约翰·马吉图书馆。

在马吉拍摄的录像中，有15个江南水泥厂难民营的镜头，那是辛德贝格协助他完成的。辛德贝格是丹麦人。1937年11月，因日军侵华战争全面爆发，南京城外新落成的江南水泥厂被迫延期投产，德方人员卡尔·京特和辛德贝格成为工厂留守人员。

日军对南京发动进攻，战争造成了大批难民蜂拥而来要求避难。辛德贝格和京特决定利用厂房收容这些难民。很快，难民人数破万。在整个南京大屠杀期间，辛德贝格与京特的难民营挽救了大量的难民。具体人数从一万五到三万不等，这可能与该厂和附近栖霞寺难民营相邻，难民互相来往，难以准确确定有关。来自地方政府的官方数字表明，被救人数是2万。为禁止日军进入，辛德贝格让人在工厂周围，插满了丹麦和德国国旗。为防止日军飞机从空中扫射或扔炸弹，厂房顶部也画了丹麦国旗。辛德贝格说：

"我让人在厂房屋顶上用油漆绘出一面约1350平方米的丹麦国旗，从空中就能清楚地看到。我想这一定是有史以来最大的一面丹麦国旗。"

丹麦一家报纸在1938年3月，以《最大的丹麦国旗飘扬在中国南京》为题发表文章，加以称赞。

栖霞寺难民营深受日军的骚扰和威胁之苦，20多名和尚代表难民写了5封对日本人的抗议信。辛德贝格将信翻译成德文和英文，再进城分别转交给了拉贝和德国使馆。

南京大屠杀历史见证人王利民在1937年才12岁。他们一家人原就住在栖霞镇江南水泥厂附近的梅墓村。鬼子进村便追杀他一家，于是全家只好躲进辛德贝格和京特主持的水泥厂，受到难民营的保护。

1937年12月20日，辛德贝格想将几名受伤的难民带到南京城医治，遭到日本兵阻拦。不久，难民区一个五六岁的小孩被手榴弹炸伤，辛德贝格为救人，决定豁出去了，带孩子骑摩托车闯关进城，终于成功，他把孩子送到鼓楼医院的美国医生威尔逊手中。威尔逊不仅及时救治了孩子，还给了辛德贝格药品、绷带和两名护士。

辛德贝格持丹麦国旗，驾车闯关营救中国难童

卡尔·京特出生在中国，他知道中国人信任中医，于是想办法请了几个中医进厂。就这样，辛德贝格和京特在江南水泥厂的单身宿舍办起了一个专门替难民治病的简易医院，救助了不少患病的难民和伤兵。

栖霞寺佛教难民营说收留了廖耀湘，而辛德贝格与京特难民营也说配合栖霞寺佛教难民营送抗日名将廖耀湘过江。这可能都是真实的，因为当时要完成一起救援，不是单枪匹马能做到的，需要大家的共同配合。

辛德贝格全名是伯恩哈尔·阿尔普·辛德贝格。研究他的人称他是个富有冒险精神和强烈人道责任感的人。

辛德贝格在水泥厂设立难民营，虽然那只有短短的100多天，却救了数以万计中国人的性命，改变了几万人的命运。这100天也成了他生命的光辉顶峰。

在辛德贝格先生100周年诞辰的时候，南京市通过一系列活动，来纪念这位丹麦友人。辛德贝格先生当年所在的江南水泥厂，将建成南京难民营遗址纪念馆。南京民间抗战博物馆还特别为辛德贝格先生制作了专门的资料展示区，让广大市民了解辛德贝格的传奇经历。博物馆馆长吴先斌称辛德贝格是一位富有传奇色彩的人物：

如果没有在江南水泥厂的一百天，辛德贝格只是一个爱惹麻烦的水手，一个开小差的雇佣兵。最可炫耀的也不过是，作为和平饭店的侍者，接待过喜剧大师卓别林及其朋友而已。

但如今，辛德贝格是一个值得中国人民永久怀念的朋友。在中国人民的心中，他是勇敢、善良的化身。

3. 南京大屠杀的战犯们

日本人虽拼命封锁日军在南京滥施暴行的消息，他们禁止西方记者拍发电报，禁止将照片携带出境，竭力阻止日军暴行消息的外泄，但各国媒体还是突破阻碍进行了广泛的揭露。日军暴行震惊了世界。各国舆论对日军在南京这样空前规模的屠杀和灭绝人性的暴行进行强烈的谴责。

金陵大学历史系美籍教授贝德士写下第一篇对南京大屠杀的现场目击记录，他写道：

> ……这一天正是日军进城的日子。任何人由于恐惧或受惊而逃跑，任何人天黑以后在街道或小巷被流动巡逻兵抓住，几乎都会被就地处决！而文雅的（日本）官员演说却宣称：唯一的宗旨是为中国人民的利益而向暴虐的中国政府宣战。简直令人作呕！

留在南京的美联社麦克丹尼尔、《纽约时报》的都亭、《芝加哥每日新闻》的斯蒂尔和路透社的史密斯四位记者和派拉蒙影片公司的摄影师孟根于12月15日首批离开南京。他们离开南京到上海时带走了贝德士的这篇现场目击记录，并立即向世界作了报道。12月17日都亭在上海向《纽约时报》发出一条有关南京的简单标题新闻：

> **俘虏全遭杀害，日军在南京的暴行扩大，一般市民亦遭屠戮；美国大使馆遭袭击。**

另一名记者把基督教南京青年会牧师费吴生的信函以《美国传教士叙述的南京恐怖统治》为题，发表在1937年12月22日的《纽约时报》上，成为最早向世界揭露南京大屠杀的报道之一。

1938年1月9日的《纽约时报》又刊登了驻上海特派员阿本德关于

日军杀害俘虏、老百姓和妇女儿童的消息。《纽约时报》驻华记者都亭在报道中形容说：

> 好像是遥远的过去野蛮时代所发生的事情那样。

《芝加哥每日新闻》还登载了斯蒂尔从中国发出的《日军在南京的屠杀、掠夺》消息。这几位记者没有看到日军暴行的全过程，但是，记者报道的最初几天的情况，就已经是十分骇人听闻的了。

1938年4月，拉贝回到德国柏林放映了约翰·马吉拍摄的揭露日军制造南京大屠杀暴行的纪录片，震惊了德国和欧洲。

日本盟国德国驻南京的代表曾向其本国政府报告批评日军：

> 这不是个人的而是整个陆军即日军本身的残暴和犯罪行为。

他们还说日军是"为自己竖立了耻辱的纪念碑"。

1938年6月，在南京水泥厂设立难民营的辛德贝格在回国途中特地绕道国联所在地日内瓦，向国际社会放映了他协助约翰·马吉拍摄的纪录片，又一次引起国际社会的巨大关注。当时在日内瓦参加会议的中国劳工代表团团长朱学范对他表示了衷心的感谢，并在辛德贝格的护照上写下了"辛德贝格先生，中国之友"几个字以示留念。

由于南京大屠杀使日本受到世界舆论的巨大压力，同时日军因此臭名远扬，1937年12月28日，日军大本营命令谷寿夫尽快退出南京回日本，改任日本中部防卫司令官。谷寿夫走后，原来他所在的日军第6师团继续沿长江侵略中国内地，后来转战南洋，其中一支被日本大本营驱赶到所罗门群岛 Bougainville 岛的热带丛林中与美军作战。后来被美军逼到热带雨林去当野人，以四脚蛇为主餐，最后被美澳联军收拾，结局很惨。这是刽子手们必然的下场。

1938年1月30日，松井石根、朝香宫鸠彦和柳川平助也奉电召回东京。2月18日，日本大本营撤销上海派遣军建制，松井及其部下将佐约80人被召回日本，畑俊六接替松井石根为侵华日军华中派遣军司令长官。

2月26日，裕仁天皇在叶山行宫接见松井石根、朝香宫鸠彦和柳川平助，赞扬朝香宫、松井石根和柳川平助为"攻占南京三元勋"，并设宴洗尘。宴毕他赐每人一对雕有皇室神圣徽记的银质花瓶，并亲手为他们挂上多枚勋章。这叶山行宫是1926年裕仁天

松井（左）、朝香宫鸠彦（中）和柳川平助（右）

皇举行登基仪式的场所，可见裕仁天皇对他们的重视程度。皇亲朝香宫鸠彦王因功留在最高指挥部，任军事参议官，1939年又晋升大将，任职于日军最高指挥部兼任伤病军人会总裁。他还是贵族院议员。由于战后维护日本天皇家族，南京大屠杀的一号罪魁祸首朝香宫鸠彦不但免除国际军事法庭的审判，而且还充当日本高尔夫球俱乐部的名誉会长，最终以93岁的高龄逍遥告终。但日本大本营调他们回日本，主要还是企图平息国际舆论对南京大屠杀的愤怒。

柳川平助回日本后转入预备役，当过内阁司法大臣和国务大臣。1945年5月他死于心脏病，逃过东京国际军事法庭审判。但因南京大屠杀案，他还是被国际军事法庭追加为乙级战犯。

但对松井石根来说，裕仁的嘉奖只是表面的热闹，他实际上被架空了。松井挂了个内阁参议的虚衔，赋闲在家。松井石根在1946年5月3日作为28名甲级战犯之一，接受东京国际军事法庭的审判。

回日本本土出任日本中部防卫司令官的谷寿夫在1939年9月转入预备役。

1938年3月1日，日军的南京警备司令佐佐木到一晋升为中将。而中岛今朝吾于1938年7月去了东北，升任关东军第四军司令官，因贼性难改，他的偷盗事件被发觉，于是在1939年9月被转入预备役。1945年10月28日中岛今朝吾因尿毒症及肝硬化死亡。说中岛是刽子手，是千真万确的，说他贼性难改，也是千真万确的。但他死的日期蹊跷，不知真

假。正因此，中岛逃脱了正义的审判。

日军的南京警备司令较长一段时间是由佐佐木到一担任的。佐佐木到一喜欢写作，1938年，他在南京时，回顾10年前任蒋介石顾问时的情况，感慨道：

> 实际上，我自1911年以来就以解决满洲问题为目标，悄悄对国民党持有好意的梦。但由于他们的容共政策特别是蒋介石依靠英美的政策，断绝和日本的依赖关系，从而梦就破灭了。（我）在排日每日的高潮中充分感到不快，因忧虑皇军的前途而愤然离去。1929年夏天的回忆历历在目。

南京大屠杀中杀人最多的刽子手
之一佐佐木到一，他曾长期是
孙中山和蒋介石的军事顾问

这时候，他供认自己无论是1922年到广州混在孙中山跟前，还是1927年开始混在蒋介石跟前，都只有一个目的：掠夺东三省！侵略全中国！但他不承认，离开北伐军的原因是因为自己间谍身份彻底暴露。他担心蒋介石可能随时同意方振武将军把他抓去枪毙！与其说是"愤然离去"，还不如说是被驱逐。

后来，佐佐木到一中将参加了徐州会战等战役，当了侵华日军宪兵司令。1941年4月他被退为预备役转到东北，1945年成了苏军俘虏。苏联从东北利益出发，没同意中国引渡战犯佐佐木到一，从而佐佐木到一逃脱了南京军事法庭对他可能的死刑审判。但1952年，佐佐木还是病死在东北的抚顺战犯管理所。

据统计，在整个南京大屠杀过程中，中岛今朝吾和佐佐木到一的日军第16师团这支部队杀害的中国人总数在16万人以上。日军第16师团后来流落在菲律宾莱特岛与麦克阿瑟将军率领的盟军作战，遭美军致命打击而伤亡惨重。最后陷入美军海空力量的封锁之中，日本大本营无力向他们提供后勤供应，而要他们"自给自足，永久抗战"。双手沾满中国人民鲜血的第 16 师团就这样在热带雨林中饱受饥饿、疟疾、脱水的折磨。这批兽兵最后沦落到自残以及以同类尸体为食的悲惨境地，大部分日本兵痛苦地在恐惧与无助的挣扎中死去。但有两个人没死，那就是在南京搞"百人斩"竞赛的向井敏明和野田毅！

除松井石根、朝香宫鸠彦、柳川平助及谷寿夫在 1938 年 1 月 30 日前被召回东京外，第 10 军副参谋长桥本欣五郎也被调回，从而他们不再参与日本的海外战争。原侵华日军上海派遣军的正副参谋长冢田攻、武藤章和第 10 军参谋长田边盛武都继续留在侵略中国的战场上。他们也都是南京大屠杀的罪魁祸首。

南京大屠杀的主犯之一，
甲级战犯桥本欣
五郎陆军大佐

前面说过，在进攻南京的时候，第 10 军副参谋长桥本欣五郎的大炮轰击了英国蟋蟀号（Lady-bird）军舰，引起国际纠纷。此时日本、英国结盟，松井石根以道歉、赔偿和处理当事人来与英国妥协。桥本欣五郎便因此被迫打道回府，被调回日本本土，转为预备役。桥本欣五郎只有炮兵大佐军衔，但在 1946 年 5 月 3 日他也被定为甲级战犯，与东条英机、畑俊六、松井石根等首相、元帅、大将一道受审，看似有点高抬了他。他的主要罪证当然是南京大屠杀，不过他作为右翼政治团体"大政翼赞会"的组织人也挺令人讨厌。但更可能因他历史上与英国、苏联结下"梁子"，因而各国代表都赞成把桥本欣列为甲级战犯，对此，中国方面当然是百分之百地赞成。只是战犯被告席上缺了罪行比他更严重的朝香宫鸠彦、吉住良辅、末松茂治和佐佐木到一等人，不免使人感到十分遗憾。

原日军上海派遣军参谋长冢田攻曾代替松井石根在前线指挥进攻南京，是南京大屠杀的要犯。他后来出任日军第 11 军司令官，1942 年 12 月 18 日由南京乘飞机去汉口途中被驻守太湖西面的国军桂系第 48 军第 138 师 412 团 3 营 9 连的防空机枪直接命中，坠机阵亡。日军追封他为大将。因飞机被击落而死亡的日本大将中，继山本五十六之后就是他。他的确是山本五十六第二。

前文提到，原日军上海派遣军副参谋长武藤章也是南京大屠杀的制造者，他命令城外日军可随意在南京城内选择宿营地。因而日军蜂拥入城，烧、杀、奸、掠，无恶不作，给南京市民带来了灭顶之灾。1942年4月，武藤章出任驻扎在苏门答腊的近卫师团师团长，该师团屠杀了大批荷军俘虏和当地的印尼平民，造成惨案。1944年，他调任驻菲律宾的第14方面军参谋长，与司令官山下奉文勾结一起，在对抗麦克阿瑟登陆期间放纵日军进行马尼拉大屠杀，造成美菲军民十几万人遇难。1946年5月3日，他与松井石根同为甲级战犯，接受东京国际法庭的审判。

原日军第10军参谋长田边盛武曾参加金山卫登陆、淞沪会战和南京会战；攻陷南京后多次参加侵华战争，他以参谋长的身份指使和放纵第10军官兵对南京的中国战俘和平民百姓进行了残酷屠杀。1941年3月1日任华北方面军参谋长，辅佐两任司令官多田骏和冈村宁次策划了中条山会战等。1943年4月8日出任驻荷属东印度的第25军司令官。1946年10月被荷兰军方逮捕，被荷兰国际军事法庭判处死刑。

吉住良辅所属日军第9师团及末松茂治的日军第114师团，在南京光华门和雨花台都有违反国际法大量屠杀我国和平居民和战俘的重大罪行。参考美军在上海审判镝木正隆的案子：镝木正隆五人因虐杀三名美军飞行员，而全判绞刑。镝木等人是罪有应得，但吉住良辅及末松茂治这二人罪行远比镝木严重。不知为何，此二人没有被列入战犯名单而逃脱审判。

日军南京大屠杀是在日本政府全面发动侵华战争的大背景下发生的，日本政府发动的侵略战争，破坏了中国及全世界的和平，日本政府是灾难和祸害的源头，它是战争的责任主体。南京大屠杀是军队干的，最终责任也要由日本政府来负。是它调兵遣将到中国，是它将杀人的飞机大炮提供给杀人强盗，是日本政府签署了《日内瓦国际公约》，却又是它指使军队践踏国际法！特别是公然下令军队在中国靠抢劫杀人来维持补给，日本政府就是屠杀与抢劫的鼓励者与教唆犯。日本政府明知它的军队制造了南京大屠杀，却不但不制止，反而继续给罪犯奖励犒赏。不论从哪个方面来说，日本政府都是最大的犯罪主体！这当中，最大的罪魁祸首是日本天皇和执行天皇旨意的日本战时内阁。而日本发动全面侵华战争时（包括南京大屠杀期间）执政的是近卫文麿内阁。日本天皇和内阁首相近卫文麿、日本外务大臣广田弘毅以及其他阁僚犯下了挑起侵略战争、破坏和平的战争罪！由于盟军总司令部对日本皇族实行赦免，日本天皇和首相近卫文麿免受国际法庭审判。近卫文麿虽然是皇亲国戚没上被告席，但罪大恶极，驻东京盟军总司令麦克阿瑟给了他很大的压力。他必须以死代替日本裕仁天皇向世界谢罪。1945 年 12 月 15 日，近卫文麿接到了盟军总司令部的传讯。次日凌晨，他服毒自杀。日本某报发表评论，指责他懦弱胆小，竟怕剖腹太痛苦，而选择服毒这种窝窝囊囊的死法，破坏了日本武士的形象。近卫文麿可耻地死了。于是在 1946 年，外务大臣广田弘毅就成为战时近卫内阁的代表，以甲级战犯的身份站在东京国际法庭的被告席接受审判。同时，南京外国友人自发组织的国际委员会在大屠杀持续 6 个星期内送交日本大使馆 70 份报告，具体记载了数千起暴行案件。在最初三周，国际委员会负责人拉贝几乎每天带一份报告前往日本使馆，而这些报告的内容迅速经使馆送往东京。外相广田弘毅不可能不知道日军南京大屠杀的罪行。

美国一份档案记录了 1938 年 1 月 17 日日本外务大臣广田弘毅给日本驻美国大使馆的密电。电文如下：

> 特别消息：据可靠的目击者直接计算及可信度极高的一些人的来函，提供充分的证明，日军的所作所为及其继续暴行的手段，使我们联想到阿提拉及其匈奴人。不少于 30 万的中国平民遭到杀戮，很多是用了极其残暴血腥的手段。强抢、强奸幼童，及其他对平民的残酷暴行，在战事早已于数星期前停止的区域继续发生。

电文中所说的阿提拉就是我们熟知的匈奴首领，公元 5 世纪他率军将法国奥尔良夷为平地，杀死全城 5 万平民。

也就是说，广田弘毅早在 1938 年 1 月 17 日就已经知道日军犯下的滔天罪行。可是，作为承担罪责主体的日本政府，不但不制止，反而嘉奖包庇主要罪犯，继续颠倒黑白欺骗世界舆论！广田弘毅难逃南京大屠杀的罪责。

这样，自师团长和副参谋长以上，在南京大屠杀中犯有重大罪行而逃脱军事法庭审判的人员是朝香宫鸠彦、吉住良辅、末松茂治和佐佐木到一。

谷寿夫改任日本本土中部防卫司令官约一年，后来转入预备役。1945年8月12日，因日本本土危急，63岁的谷寿夫应召重服兵役，被任命为日本本土第59军司令官兼中国军管区司令官。他还未来得及赴任，就传来了日本投降的消息。

谷寿夫因南京大屠杀被列为乙级战犯。因中国点名要求引渡，他于1946年2月2日在东京被盟军拘捕关押于东京巢鸭监狱，他必须接受中国南京军事法庭的审判。同时必须到中国来接受审判的还有杀人刽子手田中军吉、向井敏明和野田毅。

1946年8月1日，谷寿夫作为乙级战犯被引渡到中国，他知道自己罪大恶极，此行定是有去无回，于是泪流满面地跪在地上，朝着东方叩拜了三下，伸出舌头三吻地面，把泥土吞下咽喉，然后才被押上飞机。前文提到的远东国际军事法庭派往中国的监审官赫伯特少校、阿尔达克法官和霍西助理法官同机来中国。8年前，谷寿夫刚踏上上海地面时，他是西方媒体的笔下象征着征服与掠夺的"亚述魔王"，而今日却是等待最后审判的阶下囚。谷寿夫被关押在上海江湾的国防部战犯拘留所。8月3日，中国检察官到上海审判战犯军事法庭侦察室对谷寿夫第一次侦讯。老奸巨猾的谷寿夫拒不承认自己是南京大屠杀主犯。

随后，上海的第一绥靖区司令部军事法庭接到命令，派本庭副官刘珊率特务营班长和6名士兵，将谷寿夫从上海押解到南京。押解中的谷寿夫自己提着热水瓶进入国防部南京小营战犯拘留所。他到拘留所的门口时，向拘留所长文瑞华忐忑不安地微笑着。

而此时，田中军吉、向井敏明和野田毅三罪犯还没有逮捕归案。我们将在他们落网的时候，插进对他们进行捕捉和审判的故事。

4. 审判谷寿夫

结束了对日军战犯酒井隆、矶谷廉介和高桥坦等的审判之后，以石美瑜为庭长的国防部南京军事法庭着手准备对谷寿夫进行审判。

由于这场审判是事关日军制造南京大屠杀的重大案件，公诉方能否掌握充足的罪证是关键。因此，1946 年 10 月 19 日开始了对谷寿夫的侦讯。

1946 年 10 月 28 日军事法庭发布即将审判日军战犯谷寿夫的通告：

> 查本庭审理日本战犯谷寿夫一名，据供：前任柳川军第 6 师团长，由杭州进攻南京，于二十六年（按：指民国二十六年，即 1937 年）12 月 13 日进城，所辖部队分驻中华门内外附近一带地方，至同月 21 日调往芜湖等地。查日军进城一周之内，为南京大屠杀最惨烈时期，该犯既身任中华门一带驻军之将领，关于该区域之犯罪事实与证据，自不能不切实调查，以明其责任。凡我军民人等在上述地带及时期内，曾遭日军烧杀奸掠及其他加害行为者，抑各被害人或遗族，或在场目睹之人，迅即详叙情形报告本庭，以资侦查，是为至要。
>
> 切切，此布。

布告一发，马上吸引了 1000 多名南京大屠杀的幸存者和遇难者的亲人，还吸引了当时留在南京的国际友人，他们提供了许多物证，或愿意作为证人上法庭指控犯罪嫌疑人。

原首都地方法院的检察长陈光虞，也是这次审判的公诉人和检察官。此前他已经就日军制造南京大屠杀做过多方调查取证工作，掌握了大量材料，对审判谷寿夫有了大体轮廓。

日军制造南京大屠杀，已经过去了八年，随着日转月移，岁月流逝，加上日军故意销毁罪证，的确有许多证据消失了。有数以万计的死难者的尸体甚至被长江水冲走了，许多死难者被日本强盗毁尸灭迹用汽油烧毁了。但日军制造的南京大屠杀的暴行规模太大了，杀的人太多，不可能不因疏忽而留下幸免于难的直接证人。杀的人太多，以致依然留下几十万具尸体堆积在南京城里城外。当时，城内所有池塘、水井、小河都被尸骨填满，山冈和荒地上更是尸骨成山。南京二条巷口的大北山，就改名为尸山。大钟亭、大方巷和江苏路各水塘都被尸骨填平了。特别是花神庙、斩龙桥、汉中门、中山码头、五台山、草鞋峡、燕子矶、观音门、汉西门、紫金山、东岳庙等集体大屠杀的集中点，处处堆尸如山，又经风雪冰冻，日晒雨淋，最后腐败而发臭，成了人间地狱，是一幕人间惨剧。最后，实在忍无可忍，由佛教等各宗教团体和南京红十字会出面，就地掩埋遇难者尸体。因而在各处出现集中埋葬的"万人冢"。据初步发掘清点，被发现的"万人冢"有几十处！查阅当时参与收尸埋葬的各团体的记录，这些记录，都有每次收尸的日期、收尸地点、掩埋地区和尸体数字，男的几具，女的几具，小孩尸体几具，是日军屠杀无辜平民和俘虏的铁证。根据统计，他们收尸数量达到 316713 具！（由于一些人不相信日本人会参与收埋尸体，所以不计 9 万，而统计成 22 万）。各主要单位收尸数量为：

红卍字会	埋葬	43123 具
红十字会	埋葬	22683 具
崇善堂	埋葬	112267 具
同善堂	埋葬	7000 具
回民掩埋队	埋葬	400 具
盛世昌等	埋葬	28000 具
芮芳缘等	埋葬	7000 具
高冠吾等	埋葬	3000 具
刘建详等	埋葬	3240 具
日本人	埋葬	90000 具
合计		316713 具

死人无言，但尸骨的无声抗议，是任何刽子手均无法抵赖的。"万人冢"的挖掘引起中外震惊，并成为"南京大屠杀"的铁证。特别是中华门外花神庙"万人冢"的挖掘，更是有足够的证据把谷寿夫钉上极刑的

十字架，谷寿夫就是从中华门开始屠杀入城的。

同时，还发现在屠杀中幸免于死的证人有 1250 余人。这些人提供了日军暴行的现场见证。留在南京的国际友人提供了现场新闻纪录电影胶片、亲历日记，并愿意作为见证人到法庭作证。

1946 年 12 月 31 日，公诉人陈光虞检察官向南京军事法庭正式起诉谷寿夫犯下"破坏和平罪和违反人道罪"，请求法院判处被告极刑，以维护世界正义。

南京军事法庭受理后，于 1947 年 1 月 19 日在中华门外雨花路第 11 区公所开设临时法庭，张贴布告，要传讯 1000 多名证人，以收集到更多的证据。

1947 年 1 月 28 日，军事法庭庭长石美瑜、检察官陈光虞、法官叶在增及法医等人，请南京红十字会负责人和掩埋尸体的人陪同，到中华门外花神庙挖掘"万人冢"。花神庙原本是鲜花似锦、游人如织的名胜古迹。从明代开始，这里就是花农供奉百花神像的地方。那里，一年四季鲜花盛

中国军事法庭庭长石美瑜、检察官陈光虞
等在检验南京大屠杀遇难者尸骨

开，庙周围五六里，一片花的世界。而南京大屠杀八年来，这里尸骨成山，已是一片凄凉荒野。日本鬼子究竟在这里杀害了多少中国人，实在难以统计。挖掘开花神庙"万人冢"，叶在增及法医等一行站在同胞的尸骨上，用铁锹、十字镐刨开一块块尸骨，在一个个尸骨上进行验证被日本刀枪砍杀的伤痕。当场不知谁忍不住发出了哭声，顿时哭声连片。那阴森森、凄惨惨的场面，就是苍天也会落泪。

他们又从南京中山码头、草鞋峡、燕子矶、东岳庙、斩龙桥等地调查取证，带回一些头颅遭刀砍或重击的受害者尸骨遗骸作为法庭证据。

在紧张的 3 个月法庭预审时期，中国法官们开庭几十次，传讯了数以千计的中外证人，拿到了侵华日军为炫耀武功自己拍摄的电影、写的日记、报刊和中外有关书籍。他们将大批资料和证据，分门别类，建立

了一千多份案卷，统计出整个南京大屠杀中，南京遭残杀而死亡的人数在 34 万以上。

证据确凿，对南京大屠杀的罪魁祸首之一谷寿夫的审判就要开始了。

但南京军事法庭在正式举行庭审之前却发生了一段小插曲：如何对谷寿夫量刑？

1947 年 1 月 12 日，东京美军最高总司令部派来中国的监审官赫伯特少校、阿尔达克法官和霍西助理法官，与中方的庭长石美瑜及国防部二厅副厅长曹士澂少将，在战犯处理委员会会议上发生争辩。阿尔达克在会上建议说：

"没理由判处谷寿夫死刑。原因是，国际法庭定松井石根为甲级战犯，是以他为南京大屠杀首要罪犯起诉的，既然松井是首犯，谷寿夫的犯罪就摆在次要位置上，历来在法律上都有这样的一条，首恶必办，胁从不问。"

而霍西助理法官附和：

"日军攻陷南京时，松井石根是指挥九个师团的最高总司令官，谷寿夫只不过是师团长，南京大屠杀的主犯应该是日军总司令官松井石根，绝不可能是谷寿夫。因此，你们只能判谷寿夫有期徒刑或者是判个三年至五年的监禁！"

对此，曹士澂少将不苟同，他说：

"南京大屠杀，松井石根和谷寿夫各有各负的罪行。这次屠杀，谷寿夫是暴行指挥者，作为最高总司令官的松井石根，丝毫不加制止，犯有纵容杀人罪。松井石根是首犯，毫无疑问谷寿夫便是主犯！"

美国人是想以此来左右南京审判，达到向总司令部表明自己到中国来不是中国法官的附庸，而是具有非凡的操纵能力。但由于曹士澂和中国法官的据理力争，三个美国人无可奈何。

1947 年 2 月 6 日，中国国防部审判战犯军事法庭对战犯谷寿夫开庭公审。审判庭设在南京黄浦路口的励志社大礼堂，也就是如今的中山东路 307 号。

首席法官是庭长石美瑜，陪审法官有叶在增、葛召荣、李元庆和宋书同四人。书记官是张体坤。陈光虞检察官是公诉人。

法庭上，中日翻译、案件证人和被告辩护律师均到庭。礼堂楼上楼下的观审席挤满听众。国际监审官赫伯特、阿尔达克和霍西三人因心中不快而缺席。当然，没有规定监审官必须参加战犯的庭审。

公审开始，谷寿夫被两名法警押上被告席。谷寿夫身材矮胖，穿着黄色短呢军服，蓄着东洋小胡子，典型的日本武士道军人。此时他神情漠然麻木，脸色灰白。

公诉人陈光虞首先宣读对谷寿夫的起诉书：控告谷寿夫在1928年任第3师团长（按：应是参谋长）期间参与济南惨案，1937年率第6师团入侵华北，沿途纵部任意抢劫居民陈嗣哲家中衣服、古玩28箱及红木家具，强迫中国妇女做肉体的慰劳，旋即直扑南京参加大屠杀，被害者几十万人……起诉书所控告的谷寿夫及他率领的日军在南京城的犯罪事实，前文已有大概的介绍，在此不作重复叙述。

南京军事法庭审判南京大屠杀的主犯谷寿夫

谷寿夫似木桩一般站在被告席上若无其事地听完起诉书。当法庭宣布指定梅祖芳、张仁德两位律师为他辩护时，他傲慢无理地拒绝说：

"我比律师先生更了解事实。"

法官叶在增提示被告可以对公诉人的起诉书发表观点：

"被告谷寿夫，你对检察官指控你在南京大肆屠杀无辜百姓的犯罪事实，还有什么话说？"

谷寿夫按他预先想好的辩护词，滔滔不绝地吹嘘自己的侵华经历。

庭审法官要谷寿夫对指控他在南京大屠杀中的罪行辩护。谷寿夫于是自我辩解：

"军人以服从命令为天职，我奉天皇之命向中国作战，交战双方都要死人，我深表遗憾。"

谷寿夫在为自己作无罪辩护。

负责庭审的叶在增法官让控方证人出庭：

"请受害人提供证据！"

证人席前立刻排起了受害者的长队，按序上台作证。

证人白增荣、梁廷芳两人首先出庭揭露：

1937 年 12 月 16 日下午 6：00，集中在南京华侨招待所的 5000 余难民，被谷寿夫的部队押往中山码头，疯狂地用机枪扫射，然后把尸体抛向江中。白增荣、梁廷芳两人中弹受伤，也被日本兵投往长江。由于与尸体一同飘流到浅滩，得以幸免。

证人姚加隆是南京市民，他作证说，12 月 14 日他带领全家在中华门斩龙桥避难，被谷寿夫的部队发现，他的妻子被轮奸杀害，8 岁的幼儿、3 岁的幼女因在一旁哀求，被丧尽天良的谷寿夫部属用枪尖挑入火中，活活烧死。

中华门正是谷寿夫师团首先入城之处。

痛苦之极，证人们难以抑制心头的怒火，但法警竭力劝说阻拦，以保住谷寿夫最后的自尊心。

谷寿夫知道如果此时坦白认罪，就必死无疑。想活命，只有抵赖一条路。于是他矢口否认他的部下的暴行，并把罪行推给别的日军：

"我部是有文化有教养的军人。两军对垒造成的伤亡不可避免。至于百姓伤亡，可能是别的部队的士兵干的。"

法官叶在增见状宣布请《陷都血泪录》的作者郭岐将军出庭作证！

前文已经对郭岐少将在南京大屠杀中的传奇经历作过粗略的介绍。此时的郭岐少将是在新疆与"东突"分裂势力作斗争的驻新疆国军第 44 师师长。他以亲身经历，写有《陷都血泪录》和中国军民为维护祖国统一而流血牺牲的《黄沙碧血战新疆》等书籍。原是国军教导总队中校营长的他，在南京沦陷时没能突围出城而在"保护区"内一幢"鬼屋"潜伏了 3 个月。他亲眼目睹了日军的暴行，写了这本《陷都血泪录》，成了审判谷寿夫的有力证词。

检察官宣读《陷都血泪录》，历时一小时才读完了重要章节。励志社楼上楼下旁听的市民难抑怒火，在家收听实况广播的人们个个拍案而起：

"用不着再审判了，快把谷寿夫拖下去五马分尸，为死难军民报仇！"

审判长石美瑜介绍证人郭岐的生平，然后请郭将军出庭宣誓作证。

郭岐屹立在麦克风前作证说：

"谷寿夫率军侵占我国首都南京，他们的暴行史无前例，罄竹难书，本人提供的证词，不仅是亲眼目睹，而且事实可考。"

然后，郭岐向谷寿夫发问：

"请问，攻陷南京时，谷寿夫君的部队驻在何处？"

谷寿夫在突如其来的质问下，未加思索应声而答，说了一句实话：

"我部驻在中华门。"

郭岐见谷寿夫如实回答，就立即追问：

"对了，我的《陷都血泪录》列举的惨案事实，都发生在中华门一带，正是你部残酷屠杀中国百姓的铁证！"

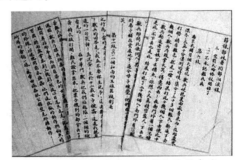

《陷都血泪录》作者、南京大屠杀幸存者郭岐的证词

原先谷寿夫声称自己部下是"高素质"的军队，坏事只能是别人做的。郭岐把所见的罪恶行径一下子同他的军队联系在一起了。谷寿夫的阵脚一下子被打乱了。但谷寿夫毕竟是老奸巨猾之辈，慌乱间的他马上换出一副悲天悯人的口吻说道：

"恭聆郭先生所述供词，确实太残忍了……"

但谷寿夫话锋一转又狡辩说：

"不过，我部进驻中华门时，该地居民已迁徙一空，早已没有屠杀对象。我曾一再教育部队严守纪律，不乱杀一人……"

谷寿夫"不乱杀一人"的狡辩又激怒了法庭。

石美瑜下令：

"把中华门外'万人坑'内被害者的颅骨搬上来！"

霎时间，一颗颗颅骨被搬到审判席上。在花神庙参加万人坑挖掘被害人尸骨的法医潘英才出庭说明：这些挖掘出土的尸骨是由红十字会出面收理掩埋的，遇难者就是在中华门外被谷寿夫部队屠杀的无数平民。

大部分遗骨留有死前被铁器打死的伤痕。通过法医鉴定，颅骨底部的切痕完全是用刀砍下来的！

接着，当时出面收尸埋葬的红十字会副会长许传音出庭作证。他亲眼见到日军到处烧杀抢劫，奸淫妇女。他证明当时红十字会曾掩埋被害人尸体4万余具。

谷寿夫面对此情此景，一时呆若木鸡。中国法官问谷寿夫是否认罪，但谷寿夫仍以"不知道这些情况"来回答。

国际友人、美籍金陵大学教授史密斯走上证人席。我们前面提到的南京安全区国际委员会中有他的名字。这位白发苍苍的学者作证说：

"南京安全区成立时，本人即为该区委员会之秘书。日本军队进城后，安全区之人民曾受非常之虐待，本人不得不向日本大使馆抗议。日本人曾要求以事实证明，乃开始作报告，并将每件事实附诸抗议书中。"

原南京安全区国际委员会总干事贝德士是金陵大学教授，他出庭作证说：

"自1937年12月13日日本军队进入南京后，在广大范围内放火、抢劫、杀人、强奸平民，枪杀被认为是中国军人的非武装人民，情势万分严重，达三星期至七星期之久。前三星期内，尤其是前七天至十天内，对损害生命所犯之罪恶无可胜数。本人曾亲见日军枪毙中国平民，满城各街尽是死尸。"

谷寿夫听到此，对四周深深鞠躬，装出十分沉痛的样子说：

"恭聆诸位先生的证词，那些事实的确是太残忍了。不过，凡此种种我并不知情，我也没有下达过残害中国人的命令。"

中国审判官又传英国《曼彻斯特卫报》记者田伯烈出庭作证。田伯烈著有《现代史上破天荒的残暴记录》，该书揭露谷寿夫部队犯下的滔天罪行。接着，美国《纽约时报》驻南京特派记者出庭宣读《南京大屠杀的目睹记》。对此，谷寿夫仍推脱说全然不知。

为进一步揭露谷寿夫，石庭长命令拉开银幕，先放映日军拍摄的新街口屠杀现场的纪录片，再放映美国驻华使馆新闻处提供的谷寿夫部队在中华门附近的暴行影片。一段日本随军记者伊藤敏松拍摄的纪录影片上，出现了这样的镜头：日军部队押着50多个年轻漂亮的中国女人送往

第6师团部，谷寿夫马上挑选其中一个，拉着她走进自己的卧室，然后砰地把门闩上的镜头。而记录谷寿夫部队在中华门附近的暴行影片，可看到趾高气扬的谷寿夫，由一批军官簇拥着来到雨花台。这时，一批日军士兵正强迫180多个中国难民跪在地上。紧接着，士兵们挥动日本武士刀将180多颗头颅砍了下来。谷寿夫摸着胡子，点头赞赏，又向随来的军官伸出大拇指表示称赞，然后扬长而去。这场面使谷寿夫一时瞠目结舌，如五雷轰顶，但他旋即又镇定下来，向庭长要求传日本军官小笠原清出庭为他作证。石美瑜同意他的要求。

小笠原清登上证人席，声称自己原是日本陆军大学学生，未参加进攻南京作战，但一直在研究南京战役，据他研究的结果，认为当时雨花台是中日双方激战的地方，中华门一带早就没有了居民，故无屠杀对象。因而断言谷寿夫部队没有暴力行动。

公诉人陈光虞驳斥小笠原清的辩护词。他指出：谷寿夫部队会攻南京之时，证人小笠原清尚在日本求学，徒以臆测谓被告部队在南京并无暴行，这种脱离史实的唯心主义研究，必然得出违反事实的结论，自属无可采信。

小笠原清作证完走下证人席。谷寿夫并不死心，又提出要求，传柳川军参谋长田边盛武、第6师参谋团长下野一霍和坂井德太郎三人出庭为他作证。由于这些人不在中国，所以当日庭审宣布休庭。在前文我们已经提到，田边盛武作为战犯，此时正在南洋雅加达接受荷兰的军事法庭审判，田边盛武因是南京大屠杀和苏门答腊屠杀荷兰战俘的主犯，被判处死刑。

1947年2月25日再次开庭时，庭长石美瑜当庭通知谷寿夫：

"被告谷寿夫申请传会攻南京之将领柳川军参谋长田边盛武、第6师团参谋长下野一霍、坂井德太郎出庭作证。本庭查田边盛武三人既参与会攻南京之战，他们对于南京大屠杀案均有共犯嫌疑。本庭正拟引渡办法，并无作证价值。应依《刑事诉讼法》第279条将被告之申请驳回。"

谷寿夫想让柳川军参谋长田边盛武出庭作证，将中华门雨花台屠杀的事，推罪给日军第114师团。但这毫无意义，因为，谷寿夫部队在城内和下关以西的大屠杀比中华门花神庙附近的罪行更严重，他更是无法抵赖的。

2月28日，谷寿夫再次向法庭提出要求传讯田边盛武等人，以"明确事件的真相"。南京法庭再次予以拒绝：

"田边盛武等人均系参与会攻南京之高级军官及参谋长官，对于实施有计划之南京大屠杀事件，本有共犯嫌疑，纵使该嫌疑犯等到庭为被告所预期之陈述，亦不外瞻徇袒庇，自难据为被告有利之判决。兹被告犹斤斤请传该嫌疑犯等到庭作证，无非借端希图延宕。"

3月10日，南京法庭对谷寿夫进行最后一次公审，谷寿夫黔驴技穷，硬说南京法庭对他提出的证据都是假的。中国公诉人指出，对南京法庭提出的铁证，谷寿夫竟以空言抹煞，妄指为伪造，可谓毫无理由。综上各点抗辩，均属狡展图卸，殊无可采。

谷寿夫不服，反复喧闹：

"我并没有下达过肆虐于华人的命令。"

证人郭岐登上证人席质问：

"谷寿夫，我问你，在日军攻陷南京以后，你是否曾经下达过'解除军纪三天'的命令？"

谷寿夫遭此致命一击，被击中要害，瞠目结舌，无言以对，重重地低下了头。

整个法庭鸦雀无声。

最后，法庭到了最后一道程序：宣布判决。

南京军事法庭庭长石美瑜站起，宣读《战犯谷寿夫判决正本》。宣布根据《海牙陆战规例》、《战争罪犯审判条例》，作出庄严判决：

"谷寿夫在作战期间，纵兵屠杀俘虏及非战斗人员，并强奸、抢劫、破坏财产，处死刑。"

谷寿夫低下了头聆听判决。俄顷，他强作镇静，向审判席上鞠躬致意。

他不服，递交"申请书"，要求复审。由于南京军事法庭隶属于国防部，"申请书"毋须通过当时属于司法部的法院系统。于是，在1947年3月18日，南京军事法庭将对谷寿夫的判决书和他的"申请书"一并备文呈送国民政府主席及参谋总长审批。

4月25日，南京军事法庭接到国民党政府防字第1053号卯有代电批复：

> 查谷寿夫在作战期间，共同纵兵屠杀俘虏及非战斗人员，并强奸、抢劫、破坏财产，既据讯明确，原判依法从重处以死刑，尚无不当，应予照准。至被告申请复审之理由，核与陆海空军审判法第四十五之规定不合，应予驳回，希即遵照执行。

4月26日上午9点半，谷寿夫最后一次受审。这次庭审在狱中审判间举行。谷寿夫脱去黑呢大衣，换上草青呢子军服，扣好了颈部风纪扣。检察官交给他三封家书，给予纸笔，让他给家里复信。谷寿夫回完信后，写下了给妻子近藤清子的最后遗言：

> 身葬异域，魂返清乡。

这时，拘留所副所长递给谷寿夫一支香烟，他点头道谢，双手颤抖地接了过去。尽管故作从容，但内心空虚惊慌，面色死灰。葛召荣法官高声点名，验明正身，检察官宣读行刑执行令。

检察官递给谷寿夫一管毛笔，让他在法庭笔录上签字。

谷寿夫知道大势已去，必死无疑，就用颤抖的手握着那管给他送终的毛笔，无可奈何地在法庭笔录上签了字。

他走到了自己生命的终点。

面临即将到来的死亡，谷寿夫感慨不已。或许，他在最后一刻醒悟了。可惜太迟了。他留下了绝命诗，并要求南京战犯看守所所长文瑞华把绝命诗和装有他头发和指甲的小口袋转寄东京都中野区富士町53号他的妻子近藤清子。文瑞华答应了。

> 樱花开时我丧命，痛留妻室哭夫君。
> 愿献此身化淤泥，中国不再恨日本。

军事法庭判处南京大屠杀主犯
谷寿夫死刑并执行

这就是谷寿夫的绝命诗。

1947 年 4 月 26 日中午 11：00，谷寿夫被从南京国防部军法看守所提出来，押往雨花台刑场，沿途 10 多万民众看到了这位刽子手的末日。

法警押谷寿夫到雨花台刑场。9 年多前，谷寿夫带领他的日军第 6 师团与 114 师团在此包围国军孙元良第 88 师的一个旅，经过激战，国军全旅官兵全部殉国。谷寿夫从雨花台和中华门开始了罪恶的南京大屠杀。

十年不到，一个轮回过来，谷寿夫重上雨花台，等待他能听到的最后一声枪响。

步谷寿夫之后，田中军吉、向井敏明和野田毅也被南京军事法庭判处死刑，于 1948 年 1 月 28 日，向井敏明和野田毅、田中军吉被押赴南京雨花台刑场执行枪决。

这三个杀人魔鬼的罪行，我们在前面已经较详细地交代过了。尽管他们罪恶昭著，但即使是战犯谷寿夫案件审结，南京国际军事法庭也没有掌握这三个罪犯以及他们的罪行。

1947 年 5 月初，在东京，向哲浚的秘书高文彬在审查日军战犯罪证时，在一份 1937 年 12 月的《东京日日新闻》上，发现了一篇《百人斩超记录》的报道，并有杀人凶手向井敏明和野田毅的合照。该报道标明由"记者浅海、铃木发于紫金山麓"。于是高文彬发现了向井敏明和野田毅在南京大屠杀时大肆杀人的罪行。向哲浚和倪征燠迅速把材料传回国内并与盟军总部联系，要求侦察逮捕这两名凶犯。

1947 年 5 月 8 日，由秦德纯负责的"中国战争罪犯处理委员会"作出决议，将向井敏明和野田毅立为战犯，要求先行引渡审理。5 月 20 日，中国外交部要求中国驻日代表团向驻日盟军总部接洽，请求引渡战犯向井敏明和野田毅。

驻日盟军对此非常重视，很快发出了通缉令。调查和抓捕由盟军总部调查科直接负责。但此时，"百人斩"竞赛已经过去了 10 年，一直在侵略战场上玩命的向井敏明和野田毅是死是活，很难确定。

很快，盟军总部调查科给中国代表团反馈了一个重要线索：

向井敏明和野田毅还活着，而且肯定在日本。

我们前面已经讲到，莱特湾一战，向井敏明和野田毅所在的日军第 16 师团在菲律宾莱特岛被麦克阿瑟的美军围歼，被歼灭 13158 人，俘虏 620 人。向井敏明和野田毅的名字，赫然出现在了战俘名单之中，二人后被美军遣返回了日本，复员原籍。但是国际宪兵到向井敏明的老家——日本山口县玖珂郡神代村抓捕时，却没有找到向井敏明的下落。到野田毅的老家鹿儿岛一查，也没查到。就在搜捕向井敏明和野田毅的过程中，美国宪兵有了一个意外收获：发现侵华日军第 6 师团大尉中队长田中军吉，就是用一柄名为"助广"的军刀砍杀了 300 多名南京市民和战俘的那个杀人恶魔。田中军吉被美国宪兵缉捕归案，移交给中国驻日军事代表团。1947 年 5 月 18 日，驻日军事代表团团长商震上将立即用"建国号"飞机把田中军吉押解到上海战犯管理所，随后马上转押南京小营战犯拘留所。

但此时向井敏明和野田毅却似乎是从人间蒸发了似的，杳无音信。可能是这两人知道自己罪行严重，怕遭清算，于是过起隐姓埋名的生活。战后的日本一片萧条，被美国飞机轰炸得到处是残垣断壁，日本百姓生活苦不堪言。很多日本妇女只能沦为妓女，做皮肉生意。向井敏明和野田毅不敢留下务农种地，但为了糊口，只有当流动摊贩，在路边摆地摊混日子。1947 年 8 月 20 日，国际宪兵在日本埼玉县的一个不起眼的集市上，发现了头上裹着白布的野田毅正守着他的地摊。此时的他完全是一副日本小生意人模样。

被国际宪兵扣住时，野田毅并不就范，他装出一副听不懂国际宪兵说什么的样子，不答不应，直到国际宪兵把翻拍的《东京日日新闻》举到他眼前，野田毅这才垂下了头。

通过对野田毅的审讯，果然查到向井敏明，向井敏明随后落网。在侵华战场上狼狈为奸的一对，回到日本后依然是狐朋狗党的一伙。9月2日，向井敏明也被国际宪兵逮捕归案，移交给中国驻日本军事代表团。10月25日，中国驻日代表团宪兵骆炳钟上尉押解这两名战犯乘和顺轮抵达上海，将其关入上海战犯拘留所。

11月6日，向井敏明和野田毅关押到南京小营战犯拘留所。于是，田中军吉、向井敏明和野田毅全部落网。一场迟到的正义审判正等待着他们。

南京军事法庭决定将战犯田中军吉与向井敏明、野田毅合并审判。

12月18日，南京军事法庭在原来审判谷寿夫的南京励志社对战犯田中军吉、野田毅、向井敏明进行公审，主审法官是石美瑜庭长和龙钟煜法官。

面对死亡，田中军吉唯一能做的就是在法庭上百般抵赖。他知道，只讲战场上杀人是无法将他定罪的，于是他只承认在战场上杀过人。检察官出示他挥舞军刀杀人的照片，他见照片上确实是自己，无法抵赖，心头一阵慌乱，暗想这次必死无疑，绝望之中，忽然看到在照片上的他只穿着衬衣，就抓住这点狡辩：

"法官先生，请看照片，我穿的是衬衫，显然是在夏天，而攻占南京却是在冬天，可见该照片仅能证明本人在另一地方斩杀一人，不能以此证明我在南京杀了300人。"

法官龙钟煜当即驳斥：

"被告所言纯属狡辩之词，要知道你在挥刀杀人之际，为便利动作，纵在冬令脱卸外衣，本属常事，而且连续斩杀300余人，怎能不热？"

田中军吉被驳得哑口无言。

南京军事法庭以战争罪及违反人道罪判处田中军吉死刑。

接着，法庭审理向井敏明和野田岩屠杀案。注意，野田岩就是野田毅。

被告向井敏明和野田毅竭力否认有杀人比赛的事。法官龙钟煜出示日本随军记者浅海光本等人在《东京日日新闻》上的报道和照片。龙钟煜又出示1937年12月英文《日本公告报》的文章。石美瑜庭长还指示龙钟煜法官出示 1937 年 12 月《大美晚报》的文章。

龙钟煜谴责日本军部大力宣传两名战犯杀人比赛的事情，指出受日本军部宣传的影响，日本各地吹捧杀人精神的信件雪片般飞到中岛部队，许多日本青年军人受到蛊惑，挥舞起日本武士刀到中国进行丧心病狂的大屠杀。

田中军吉、向井敏明和野田毅三犯被引渡到南京军事法庭受审

公诉人又出示英国记者田伯烈所著《日军暴行事实》。其中也记载着向井敏明、野田毅的相关罪证。

被告向井敏明眼看无法抵赖，就硬着头皮信口狡辩：

"《东京日日新闻》系虚伪登载，记者浅海专为我颂扬武力，以博日本女界之羡慕，希望能早日获得佳偶，因此毫不足信。"

矮个子野田毅忙着附和：

"对，我那时是个单身汉，为了回国后好找老婆，所以找记者浅海虚构了这条消息。没想到这虚构的消息竟然传遍日本，传遍世界，今天反倒成了要我们命的证据，真是天大的冤枉，真后悔死了！"

这经不起公诉人的驳斥。

野田毅被驳无言，又要求调查事实证据。

庭长石美瑜当即宣布：

"本案被告等申请调查证据，延期审理一节，经法庭评议后，认为无再进行调查证据之必要，当庭裁定驳回。"

1947 年 12 月 18 日下午，南京军事审判法庭庭长石美瑜以两被告"违反海牙公约连续屠杀俘虏及平民"，判处向井敏明、野田毅死刑，立即执行。

"二战"军事法庭判决向井敏明、野田毅死刑，本该是一桩铁案。不料 57 年后的日本，却刮起一阵"翻案风"。起风浪的地点在日本东京地

方法院，企图以日本人告日本人的办法来制造翻案舆论。被告是日本《朝日新闻》及记者本多胜一，《朝日新闻》在1937年时称为《东京日日新闻》，当年刊登了向井敏明、野田毅搞"百人斩"竞赛的报刊。原告是三人，以一位名叫向井千惠子的日本女人为首，中国人原本不知道她是谁。向井千惠子的诉状在2003年4月28日递交到东京地方法院。她们声称是罪犯向井敏明、野田毅的后人，她们状告《每日新闻》及原记者本多胜一、"柏书房"、朝日新闻社、每日新闻社的相关报道、著作违背事实，侵犯了当事人及其家属、遗属的名誉权，要求谢罪、停止侵权行为并支付赔偿费用。有趣的是，东京地方法院选在2003年7月7日开庭，这日子正是"七七"事变66周年纪念日。从而有人怀疑：日本人制造的这场恶讼想要翻的案不仅仅是向井敏明、野田毅的案，而是试探颠覆"二战"历史的案。2005年8月23日，日本东京地方法院第103庭以"无法认定报道内容系捏造"为由，一审判决"百人斩"诉讼原告向井千惠子等三人败诉，驳回原告的所有诉讼请求，所有诉讼费用均由原告方承担。一审判决后，原告向井等人对判决结果不服，遂向东京高等法院提出上诉。次年，东京高等法院驳回上诉，维持原判。看来，这些日本人翻案的时机还未到。

5. 远东国际军事法庭的庭审辩论及最终判决

前面我们已经讲了远东军事法庭开头的部分。它从开头到结束，延续了漫长的两年时间。审判期间开庭818次，审判记录共48412页，有419人出庭作证，有779人书面作证，受理证据4300余件，判决书长达1213页。这是一个数据的海洋，我们无法就每一项都去了解，然后都叙述一番，但我们可以选择我们感兴趣的内容简单叙述。

按远东国际军事法庭的审判程序，从开庭到1947年2月24日之前，是检察官综合陈述和提证阶段。而从1947年2月24日开始到1948年1月12日，这中间有187天是被告律师综合辩护及提证、各被告为个人辩护及提证的阶段。这中间被告和他们的辩护人进行了充分的辩护论证，其中，45%的时间为被告个人进行辩护。

部分日本右翼分子后来攻击东京审判只是"胜利者的单方面审判"。他们无视真实的历史。事实上，远东国际军事法庭基本上是按美国法庭的形式组织的，每名被告均有日本籍、美国籍辩护律师各1人，控辩双方须各自提出自己的证人、证据，并对对方证人、证据进行质证，控辩双方在法庭上的权利义务完全平等。替日本战犯辩护的美国律师，事实上远比日本律师更称职，更到位。

日本战犯在中国的罪行由中国检察官为主进行指控。辩论分为北方片和南方片进行。北方片以日本策划侵略东北和华北地区的罪行为主。涉及的日本战犯是甲级战犯东条英机、土肥原贤二、板垣征四郎和梅津美治郎。南方片则是以日本战犯制造南京大屠杀的罪行为主，涉及的日本甲级战犯首先是松井石根，还有广田弘毅、武藤章、桥本欣五郎等甲级战犯。

由于在本阶段，中国的南京军事法庭已经就南京大屠杀案进行了法庭调查审理，并将主犯谷寿夫等一干人犯判处死刑，南京大屠杀已成铁案。中国的南京军事法庭也根据酒井隆、矶谷廉介、高桥坦等的罪行，将他们判处死刑或无期徒刑。这也把日本侵略中国东北、华北地区的罪证以判决书形式确定下来。这样，中国的南京军事法庭的审判书所列的证据，也直接成为远东国际军事法庭审判提证的根据。所以，尽管1947年2月之前，远东国际军事法庭为中国检察官综合陈述提证过程有些曲折，但基本不影响到证据链的可靠性。特别是，南京大屠杀已成铁案，将日本甲级战犯松井石根送上绞刑架，已有相当的把握。至于日本制造侵略东北、华北地区的罪行也无可置疑，只要证明是土肥原和板垣等负主要罪责，那就能保证他们逃脱不了历史的惩罚。

关于这些战犯罪责的历史事实，我们前面基本都已介绍。而且，法庭就长达187天的辩论中大多数的场合，不是辩论罪证是否存在，而是被告辩护人企图诱导证人陈述语言出现漏洞或在无关问题出现逻辑错误，而企图以枝节出错来推翻基本证言。或是被告方企图为罪犯嫌疑人建立屏蔽网，减轻被告与罪证之间的关联程度。所以，我们以下侧重介绍法庭的辩论，不是罪证本身而是辩论过程。辩论，是远东国际军事法庭的特色。

在最后对日本战犯定罪前，中国检察官先对土肥原贤二进行个人辩护及提证。

土肥原长期在中国从事秘密的特务活动，策划侵略中国和分裂破坏中国，数他的罪责最大。所以对他的反诘，让他承担不可抵赖的罪责，是中国代表团工作的重要部分。中国检察官顾问倪征燠领衔负责对土肥原贤二与板垣征四郎的辩论。

土肥原个人辩护从 1947 年 9 月 16 日开始进行。土肥原坐在被告席上不说话。除了东京审判开始时检察长宣读起诉书后他当庭声明不认罪外，就不曾开过口。他大部分时间闭着眼睛。他的左脸大概有毛病，一紧张脸便抽搐。他坐的时间长了，偶尔也睁开眼，低头在纸上写些乱七八糟的东西。此次他又决定放弃陈述。依法庭所采用的程序，不能强迫其当庭发言。于是，由他的证人来出面为他开脱罪责。第一个证人是爱泽诚，此人是土肥原的原沈阳特务机关的部下。证词大意是，土肥原掌握的沈阳特务机关只是收集情报，并无其他秘密活动。爱泽诚还赞扬土肥原为人忠厚坦白等。倪征燠拿出 1935 年的《奉天特务机关报》进行反驳，这张报纸的首页盖有土肥原的印章，里面记载了大量该机关在中国许多城市的阴谋活动。倪征燠还念了该报中吹捧土肥原贤二和板垣征四郎的一句话：

华南人士一闻土肥原、板垣之名，有谈虎色变之慨。

爱泽诚面对物证，说不出话来。

为土肥原辩护的美国律师却从中找茬，说那是在谈"老虎"，与本案被告无关。

倪征燠平静地解释说：

"'谈虎色变'是说土肥原、板垣两人凶狠如虎，人们听到他们的名字，就像提到老虎一般，害怕得脸色都变了。"

倪征燠分明是用日本报纸赞扬土肥原、板垣的话，回击爱泽诚吹捧土肥原为人忠厚坦白。

在座的法官们哄堂大笑。

倪征燠拿出吴佩孚遗孀张佩兰写的证词，指出土肥原企图拉吴佩孚出山，制造"南唐北吴"（南面唐绍仪，北面吴佩孚）的政治局面与蒋介石对立，企图分裂中国的阴谋。由于吴佩孚不肯当日本人的"儿皇帝"，结果被日本"牙医"害死。土肥原无言以对。

土肥原本人不上证人台，检察官就无法当庭对他严予盘诘，从而失去提出有针对性的证据予以反驳的机会。

但土肥原的劣迹昭彰，不胜枚举，倪征燠顾问等中方各检察官仍继续伺机予以揭露，让法院书记官记下有关发言。

1947年10月9日，轮到板垣征四郎自我辩护。他的辩护律师和证人多达15人，他们准备了大量的材料。审判前，板垣征四郎一直声言要和中国检察官大战三百回合。他的辩护人为他提出了长达48页的书面证词，想说明"九一八"是偶然事件而不是有计划侵略，"满洲国"根据"民意"成立，"七七"事变后他始终主张从中国撤军等。

板垣的第一个证人，是"九一八"当晚柳条沟事件发生后，日军的指挥官联队长岛本。岛本抵赖参与制造"九一八"事件。他说，他那天晚上在朋友家喝酒喝得醉醺醺的，回家后就得到了"九一八"事变发生的报告。倪征燠当即打断他的发言：

"岛本既然声称自己当晚喝醉了，那么，一个糊涂的酒鬼能证明什么？又怎能出庭做证人呢？"

岛本当即便被法庭轰了下去。

这个下马威使板垣的辩护班子一下子失去底气，而后出庭的律师、证人未上场先气馁三分。

板垣在1938～1939年任陆相时的次官山胁出庭为板垣作证。他称：

"板垣在任陆相时一贯整饬军纪，故而他手下的日本军人无不良之举。"

倪征燠拿出一份山胁于1939年2月以陆军省次官名义签发的《限制由支（那）返日军人言论》通令。该通令列举了返国军人向亲友谈话若干种，并明令禁止传播，其中就有这样的内容：

作战军人如经个别侦查，无一不犯杀人、强盗或强奸罪。……

强奸后如欲无事，或则给以金钱遣去，或则于事后杀之以灭口。

还有：

我等有时将中国战俘排列成行，然后以机枪扫射，以测验军火的效力。

陆军省次官山胁自己签发的通令，狠狠地打了自己的嘴巴——山胁在作假证！

板垣征四郎自己出马辩护，一再狡辩说他曾主张撤退在华日军。

倪征燠反问：

"日军侵占广州、汉口，是不是在你任陆相以后？这是撤军还是进军？"

板垣难以解释，只好点头说是进军。

对于德、意、日三国订公约勾结成轴心国及张鼓峰事件，板垣竭力说自己不主张扩大战事。倪征燠问他是否因为这两件事受到日本天皇的谴责？

板垣不愿承认受到天皇谴责，却反过来问：

"你们从哪里知道的？"

倪征燠按照庭规催他做正面回答，他只好有气无力地答称"并无此事"。

在最后陈词的时候，倪征燠努力把板垣和土肥原的罪恶活动联系起来，他指着被告席上的土肥原问板垣：

"你在陆相任内后期派往中国去拉拢吴唐合作的土肥原，是不是就是当年僭充沈阳市长、扶植傀儡溥仪称帝、勾结关东日军、阴谋华北自治、煽动内蒙古独立、到处唆使汉奸成立伪政权和维持会、煊赫一时、无恶不作，而今危坐在被告席右端的土肥原？"

倪征燠一边把矛头指向土肥原，一边双眼盯着板垣。当时全场肃然静听。

板垣知道这一连串罪状，虽然直指土肥原，但没有一样不和他有直接关系，当时如坐针毡，于是悻然地走下证人席。他明白，倪征燠的发问是最后促使全场注意，并非真正要他作答。倪征燠与土肥原和板垣的交锋延续了 10 天之久。

经远东国际军事法庭的工作，原日本陆军退役中将田中隆吉出庭作证：

"九一八"事变是当时担任日本关东军参谋的板垣征四郎和作战参谋石原莞尔、奉天特务机关长土肥原贤二共同合谋策划的，并当庭指认了主谋。

倪征燠摄于远东国际军事法庭

当然，公诉人揭露的证据还多得很，证人在这里作证的只是其中的小部分而已。板垣征四郎、土肥原贤二接下去的日子不好过了！

而有关南京大屠杀案的松井石根、广田弘毅、武藤章、桥本欣五郎的辩护过程则更是复杂多样。在审理中，被告及其辩护律师们使出了浑身解数，要么力图颠覆南京大屠杀的证据链，从而否定南京大屠杀，达到被告无罪的结果；要么避开南京大屠杀本身，而只表明被告与南京大屠杀无关联，从而开脱被告。他们的确这样做了，而且也并非无所收获。但是，辩护方不但动摇不了南京大屠杀案的证据基础，也无法解脱松井石根等与南京大屠杀案的关联，最终是松井石根摆脱不了南京大屠杀案首犯的罪责。辩方无罪辩护的目的未能得逞。

我们把焦点放在松井石根身上。法庭辩论分为三步进行：一、辩护方对起诉方出庭证人和证词的质证。二、控方对松井的证人和证词进行质证。三、控方对松井辩护词质证。

一、辩护方对起诉方出庭证人和证词的质证。

控方出庭的是中国陪席检察官向哲浚、加拿大陪席检察官诺兰、基南的助手美国检察官莫罗（Morrow）上校和控方律师萨顿（Sutton）。

被告方的辩护律师有洛根、克莱曼、布鲁克斯、冈本正一、伊藤清、三文字正平等。

东京国际军事法庭提审
松井石根（中）

向哲浚在法庭起诉时，就南京大屠杀控告的要点是：

1. 日军入侵并占领南京是事先预谋的。

2. 在日军占领后六个星期内，南京及其附近被屠杀的平民和俘虏，总数在 30 万人以上。这个数字还没有将被日军烧弃了的尸体投入长江，或以其他方法处死的人们计算在内。

3. 日军在占领南京期间对南京进行了强奸、抢劫、毁房等非战争行为。

中国陪席检察官向哲浚和基南的助手美国检察官莫罗上校还先后出庭，指控以松井石根为首的日军使中国南京居民陷入极大的痛苦和暴力之中。也就是说，松井石根是主犯。

控方的证据包含美、德、英、日等国的政府文件，国际安全区档案，大屠杀期间或稍后的出版物，大屠杀期间西方在宁人士的日记、书信和美国传教士约翰·马吉拍摄的现场电影胶片，还有中国方面的文件，特别是南京军事法庭审判的文件，相关中外证人的书面证词，审讯松井石根、武藤章等被告的记录及一千多南京大屠杀幸存者的书面证词等。

控方的出庭证人有：美籍证人南京鼓楼医院医生罗伯特·威尔逊（Robert O. Wilson）、金陵大学历史学教授贝德士（Miner Searle Bates）、传教士约翰·马吉（John G. Magee），中国证人许传音、尚德义、伍长德、陈福宝、梁庭芳，日本证人多田骏、桥本欣五郎（被告）、伊藤信文、田中隆吉等。

辩护方的重点是要对那些出庭的起诉方证人及其证词进行质证，达到否定的目的。

武藤章的辩护律师冈本正一首先向罗伯特·威尔逊的证词发难，他提出了南京沦陷时的人口问题。威尔逊说，战前南京人口有 100 多万，日军占领时，人口锐减到"不到 50 万"。冈本追问：

"何时减少到这个数字?"

威尔逊回答:

"在 11 月和 12 月的前两个星期。"

辩方竭力想在人口数字问题上有所突破,比如,得出南京大屠杀后,南京人口不是少了,而是多了,那就可以推翻南京大屠杀造成中国平民死亡 30 万以上的命题。可是威尔逊的回答并无漏洞。松井石根的辩护律师伊藤清眼见不行,随即转换话题。他抓住威尔逊的证词里提到一个中国妇女被日军强奸,两个月后出现了二期梅毒的症状。伊藤清说:

"据我的观察——我当然是外行,可能所说不对——梅毒二期症状要在感染后 3 个多月才会出现。"

显然,这问题似是而非,伊藤清是信口杜撰。作为普林斯顿和哈佛医学院毕业生的威尔逊医生立即声明专业观点:

"据我观察,感染后 6 个星期到 3 个月都是发病期。"

伊藤清仍不依不饶:

"无论如何,根据我看的书,我只能得出结论——既然要花 3 个月的时间才能出现症状,那么,这位妇女就不可能是由两个月前日本士兵的强奸所传染的。"

伊藤开始说据他自己"观察",后又改口说是看书。伊藤清凭什么身份去观察女性从被强奸到性病发生的?反正,他以一个"外行",却对一个医生的专业表示否认,其用意在于"攻其一点,不及其余",企图通过否认起诉方证人的某一个证词,来达到否定整个起诉方证据的目的。这种手法,贯穿整个辩护、质证过程。威尔逊不为伊藤清的纠缠而生气,更不改口,始终坚持了自己的看法。伊藤清钻不到空子。

由于中国法律和法庭与英美法系大相径庭,控方的中国证人,到远东国际军事法庭出庭作证前准备得不够充分,熟悉美国法庭的程序和辩护技巧的辩护方律师,经常给控方证人布设陷阱,这给中国证人造成不少困扰。

南京大屠杀案到东京作证的许传音,面对辩护方,没有做好足够的思想准备,差点陷入被动。南京沦陷后,也就是 1938 年 1 月 1 日,南京市中心鼓楼附近的苏联大使馆被焚毁。甲级战犯畑俊六的辩护律师神崎正义注意到许传音证词中把苏联大使馆说成俄国公使馆，于是他认为那是一个可以借题发挥的"BUG"。因为，另有一处叫作俄国公使馆的建筑物在南京郊区的天王寺。于是，他不厌其烦地要求许传音复述他目睹俄国公使馆着火的情形。不知日本人用意的许传音讲述日军士兵如何浇煤油、房子如何烧毁等细节后，神崎突然发难：

"证人先生，这个公使馆没有被烧毁，你是不是在做梦呢？还是在撒谎呢？"

许传音这才意识到自己把两者弄混了，他更正说：

"我想知道我们谈的是不是同一件事。我指的是1938年1月1日的纵火，那个俄国公使馆就在湖的后面，紧靠着湖，但是在南京城里。"

这位美国伊利诺伊大学毕业的博士虽说清了着火的位置和时间，但还是没把俄国公使馆老建筑和苏联大使馆分清楚。

庭长韦勃（Webb）看出许传音上当了，于是裁定：不要在这个问题上浪费时间。

看到许传音如此轻易地被诱入圈套，松井的辩护律师伊藤开始布设另一个陷阱，他问许传音：

"你知道当中国军队占领一个城市或撤离一个地方时他们经常烧杀抢掠吗？"

许传音回答说，日军占领南京前，南京由中国军队驻守，我们都过着安宁的生活，而没有大规模的暴行发生。并声明当城市在日军的控制之下，暴行才发生。伊藤立即拿1927年"南京事件"说事，当年的中国北伐军第二、第六军士兵袭击了英美等外国人，并实施强奸和抢劫。许传音听懂了伊藤的意图，从而激动起来，说了许多话。庭长韦勃见他激动，当庭提出了告诫。但这没有妨碍他冷静地绕过伊藤的陷阱。伊藤提出，中国士兵经常在逃亡时假装成老百姓，有机会便乔装成便衣士兵。庭长韦勃抢先表示，他认为这是"小问题"。而

许传音在远东国际军事
法庭上作证

许传音回答说：

"在他们积聚力量进行公开抵抗前，我们会把他们当成普通老百姓。"

还说，

"他们只要放下武器，就不再是士兵了。"

伊藤只好悻悻地提出：

"就我的能力而言，我无法从此证人身上获得事实。"

许传音说的才是事实，他的最后答案无疑是正确的。日军为何要屠杀放下武器的人？

不过，伊藤还想说的话没说出来：日军之所以大量屠杀中国平民，是有的中国士兵放下武器，解除武装，穿上平民衣服，成了平民。这话，也正是如今日本企图否定南京大屠杀的那些人的依据。

伊藤还企图把一些中国败兵抢老百姓衣服保命的事，用来掩盖日军出于贪婪在南京大肆烧杀抢掠的罪行。其用心没有逃过法庭中任何一个人的眼睛。

英美人士没有被伊藤蒙蔽。1937 年 12 月《纽约时报》记者提尔曼·都丁的报道中说：

> 日军的抢劫已经达到洗劫全城的程度。几乎每一座房子都被日本兵闯进去过，并且经常在军官的眼皮底下随心所欲地抢东西，日本兵还逼迫中国人挑运他们抢来的物品。

连日本的盟友也据实指责日本人抢劫掠夺的罪行，德国人拉贝在日记中说：

> "抢劫的中国人"我们从来没有看见过。也许在 12 月 12 日到 13 日的那个夜里有几个。但是，与 12 月 13 日起抢掠的日本士兵相比，他们简直是天使。

至于许传音把苏联大使馆说成俄国公使馆而被神崎正义抓住"BUG"肆意发挥，神崎正义并没有得到任何分数。起诉方提供了证据：1938 年 1

月1日，苏联大使馆被烧了。

那是一份德国大使陶德曼致德国外交部的密电。电文称：

> 1938年1月1日，临时自治政府成立，并在古老的鼓楼上升起了五色旗。在同一时刻，俄国大使馆却燃起熊熊大火。

德国大使陶德曼也用俄国大使馆来称苏联大使馆。日本律师企图靠玩弄小聪明去推翻罪证，是很难达到目的的。

金陵大学教授贝德士
（Bei Deshi，Miner Searle Bates；1897~1978）

金陵大学教授贝德士是美国人。他是受过牛津大学和耶鲁大学专业培养的历史学家。起诉方律师萨顿（Sutton）向贝德士提问，引导出来的证词既精确又全面，成为对南京大屠杀最好的概括。由于证词非常重要，辩护律师想否定贝德士，但他们发现自己从贝德士身上得分的难度很大，却又不得不进行。战犯的美籍辩护律师洛根和克莱曼对阵贝德士败下阵来。于是日本律师三文字正平提枪上马，他就贝德士所控诉的日军杀人、纵火、强奸、抢劫的罪行进行质证，企图让贝德士说到中国人被引诱吸食鸦片、海洛因等毒品为突破口，证明贝德士证词的虚妄。三文字恭维贝德士一阵后便把话题转到世界范围内的鸦片问题。三文字想诱使贝德士沿他的思路走：中国本来就是世界上最大毒品消费国，于是南京沦陷后，鸦片等毒品泛滥是中国的痼疾，并非日军使然。但贝德士不上当，他明智而谦逊地表示：

"我绝不是一个关于世界范围内鸦片问题的历史学家。"

法庭庭长韦勃裁定，不必谈世界范围，贝德士只就南京城内和关于南京的事情作证。

无法得逞的三文字随即问：

"证人先生，你早些时候说过，在日本军队 1937 年进入南京后，日本人公开地销售鸦片，这种公开的鸦片销售难道不是管制非法的鸦片交易并治疗吸食鸦片成瘾者的一种办法吗？"

自作聪明的三文字原是想让贝德士承认日本的这种销售有它的好处。使人意想不到的是，一旁听他们对话的法庭监督立即出面纠正三文字，这位法庭监督说：

"贝德士并没有直接说'日本人公开销售鸦片'，而是'鸦片在公开市场上出售'。"

法庭监督这话，重重地抽打了这位可怜的日本人一记大耳光：

三文字不打自招，承认日本公开销售鸦片！

三文字出了令自己为之沮丧的大错误！

贝德士没注意三文字的尴尬，而继续回答说：

"在日本人进入南京后，就南京的公共体系而言，医院里没有任何的补救措施，我也没有看到过针对吸食鸦片成瘾者的任何治疗措施。"

贝德士证言表明：日本占领之前，南京没有公开的鸦片交易；而之后，一个庞大的公开供应和销售鸦片的系统就建立起来了。

贝德士严谨的逻辑使得三文字陷入了语无伦次的状态，他质问道：

"你难道不知道在所有中国中产阶级以上的家庭中，他们都有针对吸食鸦片的治疗诊所吗？你难道不知道在所有中国中产阶级以上的家庭中，他们都有一间适合吸食鸦片的房子？"

贝德士表示：

"我在南京 25 年的经历与你所了解的情况相反。"

三文字还想纠缠，韦勃裁定：

"这种质证毫无意义。"

日本大律师三文字狼狈地自讨一场没趣。

美国牧师马吉也是证人，也是南京安全区的总稽查，他在安全区档案中记录了许多中国人受害案例。他在大屠杀期间还拍摄了电影纪录片，影片记录了南京受害者的悲惨状况。

由美籍辩护律师布鲁克斯（Brooks）对马吉牧师的证据进行质证。其结果，除了让马吉牧师补充更多的日本暴行之外，没有其他收获。法庭庭长韦勃对布鲁克斯质证的评价是：

质证进行得越长，越是对被告方不利！

被告方就南京大屠杀案的证人证词不断地进行质证，想推翻南京大屠杀的证据基础，但都落空了。虽然辩护律师在个别证人的个别证词上，技巧性得逞，但辩护方没有丝毫动摇起诉方证人证词的证据体系。

二、控方对松井石根证人和证词的质证。

本阶段到法庭作证的辩护方证人有中山宁人、日高信六郎、塚本浩次、胁坂次郎、中泽三夫、饭沼守、榊原主计、大杉浩、下中弥三郎、中谷武世、冈田尚、石射猪太郎、青木武、单下训司、三并贞三、小畑年和大内义秀、西岛刚、小川关次郎、国分信八郎等。而控方除了中国检察官向哲浚和基南的助手美国检察官莫罗之外，还有加拿大检察官 H. G. 诺兰准将和控方律师萨顿等人。向哲浚和莫罗不时补充和提交证据，而推理能力极强且口齿伶俐的诺兰和萨顿向对方证人进行质疑。

这些证人有两种类型：1. 否定发生南京大屠杀，这就是所谓的"破"，破了南京大屠杀的全部证据基础，战犯们自然没罪了。2. 不公开否定南京大屠杀，但致力于证明被告是好人，从而与南京大屠杀无关。这就是"立"。立一道"防火墙"，确保当事人与南京大屠杀"无涉"！

第 1 种是挥矛直接向控方挑战，第 2 种是举盾防御控方。当然，也有例外，日本外务省东亚事务局局长石射猪太郎并不否认南京暴行的发生，他的证词要点是日本政府和军方得知后，采取了得力措施。他想以此为外务相广田弘毅开脱，但却使辩方律师十分难堪：抵赖南京大屠杀的谎言不攻自破。因此，虽辩护方证人众多，却彼此矛盾，无法建立对被告的防护网。加上辩护方证人本身处于矛盾的地位上：要替被告辩护就必须说谎话去掩饰罪证，而为了表示自己的证词是客观的，又必须说些真话。于是同一篇证词就出现真假混杂前后矛盾的情形。同一段证词假话与真话的延伸，就必定出现自我对立。这就是出现了所谓的"二律背反"现象。目光犀利而且语言表达能力极强的诺兰和萨顿则利用辩方证人的这一特点，使得被告证人和证词往往不堪一击。诺兰和萨顿成为日本战犯方面证人证据的"杀手"。

原侵华日军华中方面军参谋中山宁人是为减轻松井石根罪行而出庭作证的。他不是出面否认日军暴行的，而是要证明松井对日军在南京国际安全区的暴行并不知情。他说：

"后来，我们听说国际委员会对日军士兵在安全区内犯下的罪行提出过抗议。不过，他们的抗议并没有送到华中方面军司令部。"

中山宁人证明松井不断严令部下遵守军纪、不要侵犯安全区。在他看来，松井本身是"好人"，严抓军队纪律。中山宁人的证言与松井的自我辩护是合拍的。不论南京是否发生大屠杀，松井石根都是局外人。

中山宁人的狡辩，如今犹颇受日本右翼重视。但在当时立即遭到起诉方的迎头痛击，陷入前言不搭后语的极度窘境。

控方律师萨顿马上意识到，要给松井定罪，必须击破中山宁人的证言。他通过质证问答，让中山宁人讲清楚：12月13日上午中国军队已经停止了抵抗，松井12月17日进入南京，停留一星期。松井的司令部离最近的难民营只有1.5公里。

萨顿通过问答导出的这些背景资料间接表明：松井不可能不知道日军官兵的暴行。

然后，中山宁人向萨顿承认：松井入城不久就收到了第一份报告（指：日军暴行）。

萨顿马上追问材料来源，中山宁人回答：

"报告来源除宪兵外，还有手下的日军司令官、师团长和外交机构。"

中山宁人忽然感到不对头，马上补充更正说：

"在宁西方人士递交给日本外交机构的日军暴行报告没有转给华中方面军。"

萨顿立即驳斥：

"松井石根本人已经承认他得到了相关报告，而且就是南京的日本外交人员告知的。"

中山宁人只好解释说他不总是在松井身边。

萨顿就这样驳斥了中山宁人为松井石根作假证。同时萨顿由此得到的证据表明，松井已经从多方面得到日军暴行的材料。

事情并未就此收场。萨顿把问题转向华中方面军副参谋长武藤章，他问中山宁人：

"是否从武藤那里听到外国权益被侵害之事？"

中山先说没有听武藤讲过，但萨顿再次提醒，武藤已经供认，华中方面军参谋长冢田攻跟他讲了日军暴行的事。这次中山宁人只得当面抵赖，说是听过抢劫和强奸的事，但未听说杀人。萨顿立即提醒中山本人的证词里有这样的一句话：

"我们听说国际委员会对日军士兵在安全区内犯下的罪行提出过抗议。"

因此，萨顿断言中山所说严格保护安全区纯属谎言。

中山只好承认他记得本间少将"向参谋长抱怨过为什么部队军纪不只是有一点废弛"，但他认为这和大屠杀或抢劫没有关系。中山的这种态度和解释，也正是萨顿希望法官们看到和听到的。萨顿追问有关安排掩埋长江边 30000 多具中国军人的尸体问题，而中山宁人回答有 5000 多俘房被释放到长江对岸。萨顿再次追问中山宁人：

"有多少中国军人在被枪决前受到了军法审判？"

此话的潜台词就是中国军人停止抵抗之后，大多数未经任何审判就被日军杀害。

中山回答说记不清人数，萨顿辛辣地讽刺道：

"到达对岸的不仅是这些战俘，还有被日军枪杀在江南岸而后漂浮到对岸的中国士兵的尸体吧？"

中山宁人含糊其辞地辩解说，他确信，释放所有战俘到长江对岸符合日军政策，并宣称：

"只有历史才会对日本军队的纪律究竟废弛到什么程度给予一个公正的评判。"

萨顿的确是个称职的律师。

法庭庭长韦勃爵士乘机出马，他询问中山宁人：

"所说一些中国士兵躲进安全区后被军法审判处决，到底是何罪名？松井石根被畑俊六取代是否是因南京暴行而进行的惩罚？"

不想继续引用萨顿律师和诺兰检察官在法庭精彩的论战过程，就南京大屠杀这个案子，公诉方的质证十分成功。

三、控方对松井石根辩护词的质证。

1947 年 9 月 10 日，远东军事法庭对松井石根的审理进入辩护阶段。松井出庭时的自我辩护词及对起诉方质证的回答，构成松井自我辩护的主要部分。松井知道，南京大屠杀的事实和证据对他非常不利，但他又想活命。因此，为了救自己一命，他必须通过撒谎寻机开脱罪责，从而他的辩护建立在谎言和狡辩的基础上，用谎言掩盖事实。前文提过，建立在谎言基础上的辩护词必定蕴含"二律背反"的致命错误。对于起诉方来说，南京大屠杀已成铁案，关键的问题是不让松井石根推卸罪责。因此，要恰如其分地给他定罪，必须把他的谎言从事实上剥开。于是控方的质证思路集中于三点：一、松井石根当时通过不同的途径得知了日军在南京的暴行；二、松井有能力，也有责任采取断然措施加以制止，但他没有；三、戳穿松井所谓热爱和平的谎言。

干瘦矮小的松井石根站在了审判席上。为被告辩护的日本律师伊藤清和美国律师马特斯知道靠防御性的辩护，已经无法推翻指控松井的所有证据，而必须以攻为守。他们通过精心策划，抛出一份《对检察官基南之意见书》，意见书声称："基南检察官所云对俘虏、一般人、妇女施以有组织且残忍之屠杀奸淫等，则纯系诬蔑……"其目的并非要调查事实，而是企图以此制造混乱，激怒控方，改变审判程序，把对松井石根辩护词的质证，转移到基南检察官身上。

中国检察官向哲浚为此展示了一叠证据后说：

"在中国军队停止了一切抵抗，南京市完全由被告松井石根指挥下的军队控制后，日军的暴行和犯罪，却一直无人控制地延续了 40 多天。"

主审法官及时控制住场面，基南的助手莫罗检察官出庭讯问松井石根，他指控以松井石根为首的日军使中国南京居民深陷极大的痛苦和暴力之中，妇女遭到野兽般的奸淫，一群群日军暴徒用枪弹、刺刀不停地制造举世罕见的死亡和恐怖。

松井石根的辩护律师再次打断了莫罗的指控，他提出要求把莫罗发言中结论性的言词从庭审笔录中删去。基南起身反对：

"这事件就是被称为现代战争史上独一无二、惨绝人寰的南京大屠杀！为什么要删去！"

主审法官指示松井石根自我辩护。

松井石根称：

"我始终坚信，日中之间的斗争是亚洲大家庭中兄弟间的争吵，这同哥哥经过长期忍耐赶走不听话的弟弟没有什么两样……至于南京有过大屠杀，我是在日本投降后才第一次听到。此时对此负有责任的人不是已去世就是在关押中，而且有关文件也在一次火灾中被烧掉了。"

加拿大检察官诺兰准将对松井石根进行紧逼式质证。

诺兰开头的质证似是漫不经心地与松井聊家常，他先询问松井有关上海派遣军联合柳川军建立华中方面军的情况，然后突然抓住松井说的"希望尽快地解决冲突，并防止武装冲突的扩大"这话，提醒说：

"你在1937年离开东京之时，就曾宣布你想在占领上海之后继续攻占南京！"

"当时我确有此意。"

松井只好在法庭上承认。从而，松井所谓的"希望尽快地解决冲突，并防止武装冲突"是在法庭上说谎！他自扮的爱好和平的假面具立即被戳穿。

松井说道，攻打南京时，他正在距该城140公里的苏州卧床养病，"并不知道他们违抗我的命令，竟出现了令人不愉快的罪行。"

诺兰就松井所说的"令人不愉快的罪行"问：

"罪行指什么呢？"

松井有些心慌，就声明不是亲眼所见，而是从记者那儿听说的，这罪行是指强奸、抢劫、暴力掠夺物资。

诺兰重复问松井从哪儿得到报告的？松井这次强调是从"宪兵"那里。

松井称是在12月17日之后，"我从宪兵司令部那里第一次听到这种意外事件"。

这显然是谎话。于是诺兰追问，到南京后，除了宪兵外，还从其他人那里听到什么消息？松井承认，从日本驻南京领事馆那里，他也听到了性质相仿的报告。诺兰立即质问松井：为何不把这些也写进自我辩护？松井只得抵赖说，这些只是作为传说来接受，没有作为正式报告来看。

诺兰当然看出松井此时已是心虚，于是举替松井作证的中山宁人的证词提醒松井，除了外交途径外，松井还从日军司令官和师团长那里得到了日军暴行报告。

此时，被戳穿的松井的窘迫状态可想而知。他狡辩说，是从军司令官那里得到了消息，但没有从师团长那里得到消息，而且都是一般战事的，不涉及暴行。

针对松井的狡辩，诺兰提出了华中方面军参谋长冢田攻，质问松井是否从他那里得知日军暴行？松井无奈地承认：

"他确实告诉我了，说他是从宪兵那里获得的报告。"

诺兰问松井，日军参谋本部是否"就你的部队在南京的所作所为与你交流过呢？"

松井回答：

"我只记得，在1938年1月底，东京参谋本部派本间少将来到我的总部，他说东京当局对有关日军在中国犯下暴行的报告深感忧虑。"

远东国际军事法庭

在这里，松井不仅承认日军高层得知了暴行，而且供认了他的另一个消息来源。宪兵的报告、日本外交机构的报告、记者的报告、日军高级军官的报告，乃至东京当局和日军参谋本部的行动，说明松井再三狡辩只有他自己不知道暴行，严重不合常理。略经交锋，起诉方便揭破了松井关于对南京暴行几无所知的谎言，松井的防线土崩瓦解。其后的质证，势如破竹。再注意此问题时，诺兰提问的用词是"所作所为"，而松井自觉地，用"在中国犯下暴行"来回答。可见，松井自己对这一问题的定性。

诺兰并不就此止步：

"1937年12月和1938年1月，你没有听到对南京事件的抱怨吗？"

松井再次表示没有从任何渠道得知，诺兰来个回马枪：

"那'入城式'后你把所有军官集合起来干什么？"

"因为在12月17日我的参谋长告诉我来自宪兵关于南京事件的报告，我把这些官员召集起来就为了直接下达命令。"

这里，松井又前后矛盾，再次承认自己说谎了，并说明12月18日集合是因为南京事件。诺兰乘胜追问：

"你知道暴行在南京持续了多长时间吗？"

"不知道。但我知道自我们进入南京城后，大多数暴行就开始了。"

诺兰决心向法庭证明：松井知道暴行持续了很长时间。于是他问松井是否知道马吉和贝德士关于暴行持续6周的证词，松井表示知道但不相信。

诺兰持证据指出：日本驻上海领事日高信六郎1938年1月去南京调查驻宁"外国公民的抱怨"，正是出自松井的派遣！

松井抵赖说日高没有向他报告，但他无可奈何地承认，起诉方已经掌握了这份报告！

诺兰成功地以彼之矛，攻彼之盾。

于是检察官提到南京国际安全区工作的西方人士将自己看到的日军暴行写成"备忘录"，并通过日本大使馆向日军当局提出抗议的事。

检察官问松井：

"看到过这些备忘录吗？"

松井答道：

"看到过。"

检察官问：

"采取了什么行动？"

松井说：

"我出过一张整饬军纪的布告，贴在寺庙门口。"

检察官再问：

"你认为在浩大的南京城内，到处杀人如麻，每天成千上万的中国男女被屠杀、被强奸，你这样的一张布告会有什么效力吗？"

松井石根无言以对。过了一会儿，他说：

"我还派了宪兵维持秩序。"

检察官追问道：

"有多少名宪兵？"

松井答：

"记不太清了，大约几十名吧。"

检察官讯问：

"你认为在好几万日军到处疯狂杀人、放火、强奸、抢劫的情况下，这么少的宪兵能起到制止作用吗？"

松井想了半天，低声说：

"我想，能够。"

于是，法庭传讯证人。证人指出，当时南京全城总共有日本宪兵17名，而且这17名宪兵也加入了暴行的行列。

松井石根的"不知道"和"第一次听到"是其后所有狡辩的基础命题。戳穿松井石根的这个谎言，松井石根的谎言链自然崩溃。

诺兰乘此机会，在法庭上宣布一年前莫罗提审松井石根时的问讯对话。问讯记录是：

莫罗问松井石根：

"你说你在17日进入南京城。你看到了死去的市民，包括妇女和儿童的尸体吗？或其他诸如此类的事情？"

松井问答说：

"那时，尸体已经都被清理走了。我只在水西门看到了一些中国士兵的尸体。"

就此，诺兰质问松井石根：

"我可不可以这样理解，当你到南京时，死难平民，包括妇女和儿童尸体已经被搬走了？"

松井石根意识到问题严重而想抵赖：

"我不知道自己是否这样说了，当时，我自然而然地想到他们的尸体被拖走了。"

松井石根即使是抵赖，仍然想到妇女和儿童尸体是真实存在的。

到此地步，他的辩护律师布鲁克斯仍坚持说：

"认定被告松井石根为最高直接责任者的证据仍然不足。"

向哲浚早就料到这点，他从卷宗里取出了《攻克南京城纲要》原件，当庭展示道：

"这份资料是 1937 年 12 月 10 日，被告松井石根在进攻南京前夕给谷寿夫、牛岛、中岛和末松四个师团长下达的命令，上面有他的亲笔签名。他在《攻克南京城纲要》这一作战命令中声称：'南京是中国的首都，占领南京是一个国际上的事件，所以必须作周详的研究，以便发扬日本的威武，而使中国畏服！'请特别注意'畏服'的含意。"

这证明，声称自己生病在苏州的松井石根发挥着最高指挥官的作用。同时，12 月 17 日松井石根主持的日军南京"入城式"，是国际万众瞩目的事件。

被东京军事法庭执行绞刑的土肥原贤二

在如山的证据和证人面前，松井石根无言以对。

通过法庭辩论，起诉方对松井石根的指控绝大多数成立，但其中有 8 项被否决。因此认定，松井石根因在南京大屠杀中"渎职"而必须为这可怕的事件负责。甲级战犯中，与松井石根一起分担南京大屠杀罪责的还有广田弘毅和桥本欣五郎。法庭因武藤章在南京大屠杀中处于从属地位而免责，但武藤章牵涉其他严重罪责。能将武藤章免罪及将对松井石根的 8 项指控否决，可见，东京国际军事法庭中被告人的辩护起了很大的作用。这证明东京国际军事法庭进行的是一场公正的审判，而非日本法西斯分子声称的那样：只是战胜国单方面对战败国的审判。

经过近 2 年的审理，首席法官韦勃在 1948 年 4 月 16 日宣布庭审工作结束，进入秘密量刑阶段。此时，28 名战犯，除松冈洋右和永野修身病死，大川周明发疯外，还剩 25 人。就在这时，法官们产生了分歧。部分国家已经废除了死刑，因此这些国家的法官们反对死刑。由于印度除偏远的英帕尔受到日军短时间攻击外，全国基本远离战场而没有经历日本的战祸，印度法官帕尔则声称要以佛法精神，无罪开释全部战犯。经过磋商表决，最后众法官终于认可了死刑。11 月 4 日起直到 12 日下午，首席法官韦勃宣读了长达 1200 页的《判决书》。《判决书》中设有独立的"攻击南京"和"南京大屠杀"两章，这是中国法官和检察官们努力的结果。《判决书》对甲级战犯的最终判决如下：

判处东条英机、板垣征四郎、土肥原贤二、松井石根、广田弘毅、木村兵太郎及武藤章七名战犯绞刑。判处荒木贞夫等 16 人无期徒刑。判处东乡茂德 20 年有期徒刑、重光葵 7 年有期徒刑。判处无期徒刑的 16 人中畑俊六、梅津美治郎、桥本欣五郎都在侵华战争中犯有重大罪行，桥本欣五郎的主要罪行也是因南京大屠杀。

另外，首席法官韦勃宣布，因不能立案而准备释放原驻中国派遣军第一任总司令西尾寿造、驻华北派遣军总司令多田骏、驻汪精卫伪政权大使本多熊太郎和谷正之、通商相岸信介、儿玉特务机关长儿玉誉士夫和黑龙会会长葛生能久等 18 位甲级战犯嫌疑人。

这为后来中国军事法庭释放侵华日军总司令冈村宁次提供了案例。

6. 释放冈村宁次

1945 年 9 月 9 日，中国战区的日军总司令冈村宁次在南京正式签字投降后，他们全部作为战俘转入战俘营，等待中国政府处置。

中国政府曾把冈村宁次列为甲级战犯，但后来东京国际军事法庭没有把他列入受审的28人名单中。所以，冈村宁次得以以协助遣返日本战俘为名，长期留在中国，只作为战俘处理而没有被送上军事法庭。

　　由于中国政府本着宽大为怀，决定将370万侵华日军战俘连同移民中国进行殖民活动的日本人，只要不是战争罪犯，就全部遣送回日本。370万？这数字是怎么算出来的？

　　日本在中国长城以南的总兵力有120万人左右，他们分别驻屯于华北、华中、京沪、广东等地区，加上以便衣身份在中国从事间谍活动，从事经济掠夺活动、制造侵略舆论和强占土地亦兵亦农进行殖民活动的日本人共70万余人，还有附从日本人来中国殖民的韩国移民6万多人。查合计表，总共是2138353人。另外，苏联出兵东三省后，东北地区除被苏联俘虏的70万军人外，其余160多万日本移民也要由中国政府遣返。所以，中国政府要遣返的日本人总数接近370万。

　　在人类历史上，国家与国家之间的战争是经常发生的，战争结束后战胜国对战败国施以割地、赔款、占领等苛刻的惩罚也不胜枚举。日本在"二战"中给中国造成巨大损失，由于日本发动了侵华战争，中国军民伤亡达3500多万人。中国蒙受的直接经济损失按1937年的美元币值换算就达1000多亿美元，间接经济损失达5000多亿美元。日本侵略的战火，遍及中国22个省区，大小战役38913场，严重地阻碍了中国社会的发展进程。

　　1907年《海牙国际公约》规定，交战国可以利用战俘劳动力，根据其能力进行生产恢复。作为战胜国，中国羁留日本战俘修复被其破坏了的道路、桥梁、工厂并不为过。

　　然而，作为第二次世界大战的战胜国且在战争中蒙受重大损失的中国，却提供车船运输，花费大量的人力、物力把敌国的战俘与殖民者平安地遣送回国。对于兼具战争的发动国与战败国两重身份的日本来说，得到如此宽大是史无前例的；作为战败国的俘虏与侨民，甚至可以携带衣服、被褥、粮食、现金回国，途中受到医疗、饮食供应上的照顾，受到如此的优待，这在世界史上也是空前绝后的。中国政府的做法使包括日本在内的几乎所有国家感到意外。

不过，战俘究竟是战俘，而不再继续是侵略者或占领军，只要他们没有离开中国，那就是没有自由权的战俘！然而此时，冈村宁次的助手今井武夫却十分逍遥。

由于今井武夫主动出面洽降并充当投降过程的日方联络员，这使中方对他的看法发生了改变。自汉唐以来，不论是来自匈奴、楼兰、突厥、吐蕃，只要是求降使者，都得到中央之国的高度礼遇。从而今井武夫就受到另眼相看，似乎成了放下屠刀立地成佛的代表。他被允许留在南京善后联络总部。他作为联络员沟通中方与被遣送日本战俘之间的关系，从而获得许多额外的待遇。他比其他任何别的日本人拥有更多的自由。但出于本能的反应，他也知道自己兼有求降使者和战俘两种身份，因而他的心态非常矛盾。

作为战俘，今井武夫知道此时的自己已经没有真正的行动自由。他与所有日本战俘一样，必须无条件地服从中国的命令。在投降当年的11月，国军总司令部发布命令，将"中国战区日本官兵善后联络总部"逐出原司令部住址，因为那儿是原来中国外交部大楼，日本人是用不义的战争手段非法掠夺占用的。国军总司令部限令他们于11月21日前全部搬出，转移到鼓楼对面原日本大使馆的房子里。

为此事，今井武夫十分失落，十分不甘又无奈。他后来回忆道：

> 派遣军（按：该叫侵华日军。今井武夫至死也不愿意承认"侵华日军"的称呼）自创建以来，从华中派遣军司令部接收这幢沿中山路的战前国民政府外交部四层楼房已有六年了，平时飘扬着日本国旗的屋顶上，只剩下光秃秃的旗杆，百万在华日本军人所曾敬仰的象征已消失一空。

对此耿耿于怀的这位原日军副总参谋长在20年后继续回忆道：

> 总司令部迁移的那天，天像要下雨，云朵飞得很快，我想起了"鸟虽飞去，其迹不乱"的谚语，伫立在打扫得干干净净的门前不忍离去。

在那时的原副总参谋长看来，这命令就像割他的肉一样难过！真不知他是怎么想的。大概今井武夫先生认为，那是他们用枪炮刺刀抢来的，是通过屠杀30万南京的中国人之后才得到的！他不认为主人应该收回属于自己的财产，蟊贼不应该遭到驱逐。他此时会责问：

"为什么中国要把这些收回去？为什么不能把那一切全归日本人？因为那是百万在华日本军人'敬仰的象征'！"

盗窃来的天堂令副总参谋长无比留恋！真说不准，那究竟是日本帝国的荣耀，还是耻辱！

"鸟虽飞去，其迹不乱"的话，本出现在战争首犯东条英机制订的《战阵训》中。原侵华日军副总参谋长今井武夫20多年后仍然把东条的《战阵训》牢记心中。

"二战"结束，作为裕仁军阀核心的冈村宁次"巴登巴登三羽鸟"及第四鸟东条英机的法西斯羽毛已经遭修理而被剪去。他们称霸世界的梦想一度是"湘江水逝楚云飞"了。军国主义的希望之"鸟"一度远离日本而去。今井武夫为鸟兽散而惆怅，但却坚信法西斯之鸟的印迹不会乱。这就要令人毛骨悚然了：

军国主义之迹依然留在今井和许多日本人心中，留在日本的社会中，这的确很可怕！

当然，以上这些都是今井武夫20年后的回忆，那时他已经没有被当作战犯惩处的恐惧了。不过当时，今井武夫的失落感不是占第一位的，他的恐惧感比失落感更强烈：

《波茨坦公告》中惩罚战犯的条文使人摸不到底，碰不到边。他已经知道中国政府把本庄繁、板垣征四郎、荒木贞夫、小矶国昭、松井石根、谷寿夫、石井四郎，侵华日军第一、第二、第三任总司令西尾寿造、畑俊六和冈村宁次，侵华第六方面军总司令冈部直三郎及原驻华北日军总司令多田骏等列为战犯。战犯将会面临怎样的下场？战犯是否会轮到自己头上？

1945年12月6日，侵华日军总司令冈村宁次也被收容到总联络组里来，他和上海地区的第13军司令官松井太久郎中将以及山东的第43军司令官细川忠兴中将都被作为嫌疑战犯，集中监管在一起。

这期间，今井武夫得过且过地赖在中国混日子。谁都知道，1945年日本投降之后，其国内的生计是何等的凄惨悲哀。

冈村宁次和今井武夫继续受到中国政府的优待。

1946年夏天，原定遣返日军基本被遣返完毕。但因为最后这批2100多日本宪兵需要留下作一次深入甄别清查，于是又有了待遣送的2100名的日本宪兵。冈村又幸运地当了"联络班长"。今井武夫也被同意以"联络员"的名义，继续留在中国。

1946年12月，中国国防部命令日军战俘联络组全部撤销。虽经今井武夫等人再三哀求，仍不准延长。今井武夫等人不得已决定通知各地联络组成员到上海、塘沽集中后归国。今井武夫率领总联络组大部分成员于12月16日离开南京，并指挥华中、华南联络组全体成员和大部分留下来的日侨于次年1月从上海归国。

最后，今井武夫及他的联络组成了中国额外遣返的最后一批战俘。一道遣返的还有前述的2100多名日本宪兵。由于当时中国人没有丝毫报复心，怀着多一事不如少一事的观点，最后还是以宽大为怀，不查了，把这批罪恶累累的宪兵警谍分子，与联络组一起遣送回国了事。其实国人并不知道，豺狼只敬畏那些比他们更残忍、能够把他们咬得鲜血淋漓的猛兽，你的仁慈却被它们当作是自己的好运气，他们丝毫不会因此反思，他们绝不会感恩。

令人惊奇的是：中国国防部的官员们不仅在这些人离开南京时给予协助，还特意派两名少将和其他必要人员来上海，协助战俘们办理回国事务，甚至给了这些人相当的行动自由。而且他们还以高官、友人的名义再三举行告别宴会。启航前夕，王丕承少将奉国防部上级命令举行了最后一次盛大宴会。被遣战俘今井武夫居然成了酒席上的贵宾。王少将甚至专程到海关，保驾秦德纯副部长送给今井武夫的一根缅甸楠木手杖出关。

利用各种场合大吃大喝、糟蹋公款，连遣返战俘这种场合也不忘记大吃大喝一通。这礼仪之邦的礼数，简直到了被滥用的地步！这就叫作在世界各国面前开门揖盗了。但他们没想到那就是在制造另一种国耻。

最后这批战俘乘坐美国的 Q49 号坦克登陆舰离开上海返日。在中国享受如此礼遇的日本战俘们，当他们回到日本国时又是何种经历？

今井武夫感慨地写道：

> 年三十那天清晨，我们望到了海上的岛影。下午一时，船驶入佐世保港，日夜思念的祖国已展现在眼前。但在美军占领下，祖国的空气意外的严厉无情，根本不是马上就可登岸踏上祖国大地的，反而把船重又开到港外抛锚停泊。
>
> 一九四七年一月二日，我们未接到上岸的指示。按照惯例船只抵港即应尽速上岸，因此船上人员流露出焦急不安的心情。
>
> 恰巧同船中有来自阿根廷的遣返人员，从大陆遣返的人员中纷纷谣传由于受这些人的牵连而不能上岸。到了第二天，却只准来自阿根廷的遣返人员上岸，这就更增加了不安。
>
> 到了四日，好不容易才接到上岸的命令，上午九时先用舢板卸行李，人员于下午三时半上岸，到了南风崎的原海军兵营。
>
> 事后得知：我们军人这一天起正式从陆军退役。

今井武夫等一干战俘灰溜溜地回到各自的乡里。路上的行人偶尔冷冷地瞟他们一眼：丢人现眼的败兵！

或许，他们还隐隐约约地听到：

"剖腹吧！残兵败将们，你们有何面目回来？"

或许这正是东洋人对他们天经地义的问话。不过，此时刚当了一年半亡国奴的族群，还没有那种开口大声说话的勇气。

最后一批战俘和侨民遣返之后，没有被遣返的就是战犯嫌疑人或涉及其他犯罪嫌疑人。冈村宁次等战犯仍住在南京金银街，等待接受设在上海的战犯法庭的最后审判。日本人内山先生也莫名其妙地被国民政府当局留下，不过没有受到审判，但也没有允许入中国籍。他是最后一个被驱逐出境的日本人。

国防部上海审判战犯军事法庭是 1947 年 7 月在上海设立的，前身是 1946 年 3 月 10 日成立的第一绥靖区（上海）军事法庭。上海军事法庭由石美瑜任庭长。自南京大屠杀一案结案后，石美瑜就转道上海继续进行战犯审判，直到 1949 年 3 月才告结束。在上海对战犯审判，开场最早，收尾最迟，总共历时 3 年之久，是中国历时最久的一次战犯审判。尽管老百姓称赞上海军事法庭对日本战俘的许多审判，但最后一场对冈村宁次的审判却是批评声不绝。

上海军事法庭对冈村宁次的审判，在百姓心中是一起"问题审判"。因为，正义没有得到彰显！

起初，中国方面曾向远东国际军事法庭提名冈村宁次为甲级战犯，但最终出来的 28 人名单中没有他，冈村宁次没到东京受审。既然远东国际军事法庭不受理，中国便可以把他按乙级或丙级战犯，放在本国军事法庭进行审判，但不知为何迟迟没有措施。事实上，甲、乙、丙三级战争罪犯的分级，不是量刑轻重的分级，而只是犯罪性质的分级。恰恰是丙级战犯判死刑的更多，比例也更高。因为列为丙级的往往是罪无可赦的杀人凶手。

1946 年底，也就是今井武夫即将被遣返之际，冈村宁次才被作为战争嫌疑犯拘留审查。何应钦特派两名高级军官把冈村宁次关在上海江湾的战犯拘留所候审。但实际上冈村宁次没进战犯拘留所，而是软禁在上海黄渡路一处十分秘密的去处：王文成的宅邸，由国防部长白崇禧训令淞沪警备司令汤恩伯监护。汤恩伯除加强警卫之外，还专门聘请日本医生中山高志为冈村宁次治疗肺结核。

此时，各国对冈村宁次的结局传说纷纭。冈村宁次为此坐卧不宁，便托原来他手下的参谋小笠原向国防部二厅曹士澂少将打探消息。据说曹士澂给冈村宁次传达了宽慰。

拖到 1948 年 6 月底，国民党政府鉴于南京军事法庭对日本战犯的审理已接近尾声，南京、上海军事法庭庭长石美瑜一再催促尽快审判冈村宁次。重新走马上任国防部长的何应钦于 7 月 1 日向石美瑜发出训令称：

冈村宁次病已痊愈，对该俘的战犯嫌疑部分，应立即开始审理；根据规定进行，随时报告情况……

1947 年 7 月 7 日，卢沟桥事变十周年那天，上海军事法庭检察官向冈村宁次送去法庭传票，令他 7 月 12 日上午 10 时到法庭受审。

上海军事法庭起诉冈村宁次

冈村宁次十分紧张。国防部二厅联络官吴华文悄悄向冈村透露口风：

"训令中所谓病已痊愈，乃是为了病中可拖延审理，法庭将根据病情斟酌行事，为此速向法庭提出诊断书为好。蒋总统也同意开始审判，并已指示要从轻处理。你作为被告理应拘禁于战犯监狱，但因病中疗养或以移住于京沪医院为宜，此事尚在研究中。关于保释问题，届时法庭当有指示。"

后来，冈村宁次在回忆录中谈及他此时此刻的心情：

停战以来，我一直以为，作为战犯而受审的日子势必来临，现在终于来到了。然而两三年来对于中国政府及军方的领导层所给予我的关照和好意，更使我万分感激。

1948年7月12日，中国上海军事法庭对冈村宁次正式进行侦讯审理。审判长就是庭长石美瑜，审判官是：叶在增、陆起、林健鹏、张体坤。

10：30，侦讯开始。检察官施泳对冈村宁次在中国的侵略作战经历及部下不法行为等有无责任问题录取口供。

冈村宁次回答有关问题后说：

"我想，部下犯罪纵属事实，也是下层发生的零星的不法行为，与军司令官、方面军司令官、总司令官无关，不属于共同责任犯罪问题。虽然如此，我仍应承担道义上的责任。"

审讯仅延续一小时。

冈村宁次退庭后，石美瑜与检察官施泳及翻译刘季坪发生激烈的争论。石美瑜认为，冈村宁次既为被告，而且健康状况良好，就应立即住进战犯监狱监禁。翻译刘季坪反对石美瑜的主张，他说，冈村现在的住所既为国防部指定，除非有国防部指示，否则不能擅自移动。双方争执不下，最后由国防部官员出面和石美瑜协商，申请为冈村宁次保释。

7月18日，国防部二厅联络官吴文华替冈村宁次起草了一份申请书，说因健康问题要求军事法院批准保释。申请书由冈村宁次的参谋松冈重新抄写清楚后呈报法庭。法庭为核实情况，特派京沪医院的朱院长，在日本医生中山高志的陪同下，替冈村宁次进行诊断。院长如实签发病情报告，并拒绝为冈村宁次作担保。最后由战犯辩护律师钱龙生出面为冈村宁次作担保，法庭最后同意保释。

8月2日，上海军事法庭送来起诉书，指控冈村宁次在任侵华日军总司令任内，应对其属下的第23军、第27师团、第164师团、第89旅团等部官兵的犯罪行为负连带责任。

8月9日，上海军事法庭石美瑜庭长下令：冈村宁次应关进战犯拘留所，监管就医。

次日，石美瑜在吴文华的陪同下看望冈村宁次：

"今天我未受任何人指示，完全以个人资格来访。带病入监，当很痛苦，然迫于形势，经与政府当局协商，只好如此，希能谅解，监内住处我已看过，可独居另室，医师来治疗及送进营养品均可自由。万一病情恶化，仍可申请保释。在此期间尚望安心保养。入监时间定于14日退庭之后，由法庭直接前往，希有所准备。"

8月14日，上海军事法庭对冈村宁次进行初审，审讯经历半个小时后收庭。

冈村宁次离开法庭，被100多名中外记者团团围住采访。冈村宁次急忙离开法庭后，仍有几名记者登上卡车，一路提问到上海高镜庙战犯监狱门口。

8月23日，拖延很久的对战犯冈村宁次的公开审判终于开庭。

法庭设在上海塘沽路的上海特别市参议会大礼堂，礼堂里座无虚席。虽然这天下着大雨，但上海的各处大街要道，众多市民伫足收听审判实况广播。上午8：10，冈村宁次在8名宪兵监押下，自江湾高镜庙战犯监狱抵达法庭。

9：30，对冈村宁次的公审正式开始。

审判长：石美瑜，陪审法官：叶在增、陆起、林建鹏、张体坤。

检察官：施泳、王家楣。

被告：冈村宁次、第 27 师团长落合甚九郎、第 116 师团长菱田元四郎、第 64 师团长船引正之、第 89 旅团长梨冈寿男。菱田元四郎和他的第 116 师团正是芷江战役中侥幸逃脱的日军主力部队。

被告辩护律师：钱龙生、江一平、杨鹏。

冈村宁次在上海军事法庭受审

首先由公诉人施泳检察官控告冈村宁次作为侵华日军总司令参与和发动侵略战争，纵容部下残杀无辜平民。其中有第 27 师团长落合甚九郎，于 1945 年 1 月进犯江西时，残杀中国平民周浩平、土占明等 89 人。冈村宁次还纵容菱田元四郎、梨冈寿男、船引正之等残杀平民及掠夺财产，违反国际法。

法庭的审判取决于公诉人的指控。如今这公诉人只集中控告冈村宁次任侵华日军总司令八个月的问题，而且已经定调为"纵容"部下罪，可见已经在全面开脱冈村宁次了。而且，主任检察官王家楣还提醒法庭说被告有协助中国政府之处。如此一来，检察官对冈村的庇护远超被告律师。

接着进行法庭调查质证，旨在厘清被告担任日军总司令时的战争责任及所犯罪行。冈村宁次辩护中为自己和其他同犯开脱罪责。他辩解说自己从未参与策划侵华政策，也不赞同。在回答检察官的质证中，他声称日本发动侵华战争的主谋既非裕仁天皇，也非东条英机、近卫文麿等战犯，而猜测是桥本欣五郎等少壮派军人。他还强调自己不是杀人放火的直接指挥者，不能负屠杀中国平民之责。

冈村宁次此时仍在为裕仁天皇、东条英机开脱罪责。这是因为，冈村宁次自己是拥立裕仁王子登位的"巴登巴登三羽鸟盟约"的创始人之一，正是冈村宁次的"巴登巴登三羽鸟盟约"，后来发展成"巴登巴登十一羽鸟"，成为日本昭和军阀的班底。昭和军阀是发动侵华战争和策动第二次世界大战的核心。"巴登巴登十一羽鸟"中的东条英机、梅津美治郎、山下奉文、中岛今朝吾、松井石根、矶谷廉介都是罪恶累累的大战犯。冈村宁次对日本法西斯军阀体制的形成有着巨大的作用。这次上海军事法庭显然是在开脱他。法庭上的其余四名从犯都为冈村宁次说好话，同时更竭力开脱自己。

石美瑜宣布上午审判结束，下午 3：00 继续开庭审理。

下午是法庭辩论，主任检察官王家楣，指称冈村宁次应负战争共犯之责，要求参照国际公法予以惩罚。辩护律师江一平、钱龙生、杨鹏三人公开为冈村宁次辩护。中国听众听到中国律师公然站在日本战犯一边讲话，个个瞠目结舌。显然，听众们没听出中国检察官的弦外之音。

冈村宁次后来在回忆录中提起此事：

> 当日的公审，是考虑到对民众和国际的影响，是一次大型公开展览。在此情况下，辩护人敢于大胆为我辩护，令人感激。尤其江一平律师不顾其父反对，毅然出庭，并列举我在任华北方面军司令官时期供给农民棉布、打击奸商等事例，为我辩护，使我永铭肺腑。1961 年 6 月，我去台北曾经拜访江一平及石美瑜表示谢意……

法庭辩论极其激烈，直至下午 6：30，石美瑜庭长宣布庭审结束，改日再审。

退庭后冈村宁次向上海军事法庭递交申请状：因病请求保外就医。

自此，冈村宁次的案子一搁几个月，无人过问。或许，上海军事法庭在等待远东国际军事法庭对 25 名在审甲级战犯的审判结果，也在等待国际法庭对原侵华日军第一任总司令西尾寿造、华北派遣军总司令多田骏和内阁大臣岸信介等 18 名被拘留在巢鸭监狱而未作审判的战犯嫌疑人处理结论。

11 月 13 日，冈村宁次又以心脏病及腹泻等症并发为由申请监外就医。批准后，对他的审判推迟 30 天进行。

这期间，据说国防部长何应钦召集会议讨论如何审判冈村宁次问题。会上何应钦、曹士澂主张无罪释放。但从司法行政部传来部长的意见则是另一回事：考虑到舆论反应及与东京军事法庭量刑一致起见，以判冈村宁次无期徒刑为宜。石美瑜折衷双方意见，主张判处7年徒刑。但军队方面汤恩伯与何应钦坚持对冈村无罪判决。汤恩伯为何如此卖力？事后据冈村宁次说，汤恩伯在日本士官学校上学时差点不能毕业，多亏自己的帮忙，所以汤恩伯要报答他。

1949年1月26日，这天是蒋介石下野后第5天，上海军事法庭对冈村宁次进行最后一次公审，请20多名新闻记者旁听。

上午，由庭长石美瑜对冈村宁次进行例行公事式问讯，冈村宁次由律师代为申辩。最后主审法官问他有何陈述时，冈村宁次说：

"本人对法庭审判无任何意见，但对由于日本官兵的罪行给多数中国国民造成物质、精神上的灾难表示歉意，同时因病推迟审判造成的工作困难而致歉。"

疑问重重的判决书

下午4：00，法庭再次开庭。石美瑜宣布判处独立混成第82旅团少将旅团长樱庭子郎、独立混成第40旅团中将旅团长伊藤忠夫无期徒刑。而宣布冈村宁次无罪，当庭开释。

这一判决结果不仅使旁听席上听众大跌眼镜，连冈村宁次似乎也不敢相信自己的耳朵。短暂的惊讶之后，便从旁听席上听到抗议声，有人诘问法官和辩护律师，法庭出现乱相，法官退庭。冈村宁次本想向石美瑜法官鞠躬致谢，突临此景，不知所措，竟呆呆地在被告席上站着不动弹。后来是法庭翻译趁混乱之机，把冈村宁次等带出后门，指示他们快走。

原本应该是一场正义的审判，却演成一幕难以言状的闹剧！

不堪还在继续。

刚在五天前由副总统转正的李宗仁总统下令重新逮捕冈村宁次。然而，拥兵自重的京沪杭警备总司令汤恩伯却指示淞沪警备司令部将李宗仁的命令扣压不予执行，而秘密向蒋介石请旨，采取紧急措施，迅即将冈村宁次放回国。

1月28日傍晚，军事法庭副官奉命匆匆赶赴冈村宁次临时住处，通知他做好准备，于次日凌晨6点半前去江湾战犯拘留所前集合，与狱中其他日本战犯一起乘美国轮船回国。

次日拂晓，冈村宁次提前半小时赶到江湾战犯拘留所，8时半，与259名日本战犯，分乘汤恩伯所提供的军用汽车离开拘留所至吴淞码头，上了何应钦联系来的美国轮船维克斯号，于2月4日晨抵达日本横滨。

李宗仁得悉冈村宁次已回到日本，便电令中国驻日本代表团团长商震与麦克阿瑟协商，将冈村宁次逮捕押送中国归案。然而，麦克阿瑟断然拒绝中国李宗仁政府的要求。冈村宁次得意地说：

"我再次幸免于难，不止一次幸免于难，可谓幸运矣！"

后话：我们没有遗憾

至此，我们介绍完了中国最难忘的一段史实。其中，我们虽有过胜利的喜悦，但整个过程的心情是沉重的。胜利的喜悦总是短暂的，而医治战争的创伤却需要一个超越世纪的漫长过程。这还包括思想创伤的康复：作为战胜国的我们，如今胜利了吗？作为战败方的日本军国主义势力，他们真的失败了吗？这需要我们去作长期的反思。

本书，我们从驻华日军总司令冈村宁次和副总参谋长今井武夫侵略中国的恣意妄为讲起，一直讲到他们毫发无损地离开中国回日本而结束，这是真实情况而非刻意安排。读完它，无论你是愤愤不平，还是因麻木而无奈，那都得直面对待。

人类是从草原和丛林中发展出来的，凶残的豺狼虎豹曾经是人类的大敌，人类就是在与豺狼虎豹生存竞争中保存和发展起来的。要是没有凶残的猫科动物或犬科动物，或许就没有充满智慧的人类。以致如今，文明国家要立法保护野生动物了。

同样，如果人类社会也能形成这样的观念就好了：别指望国与国之间没有坏政权，也别指望社会中没有奸诈邪恶之徒，而是学会与邪恶在竞争中保持自己的存在和发展，建立起合理的"生态平衡"。所以，我们不可能指望日本国因第二次世界大战失败，就不会再有冈村宁次和今井武夫。即使他们当初被第二次世界大战法庭当甲级战犯处绞刑了，如今的日本国照样是日本国，只是他们的靖国神社甲级战犯的牌位多了两个而已。日本社会依然是如今这般模样。

如果从这个角度出发，我们就容易体会第二次世界大战后对战犯和汉奸进行审判的正面意义。

第二次世界大战之后远东地区的中国南京、上海和日本东京对日本战犯和本国汉奸进行了审判，本书对这些审判虽不能概括全部，但反映了审判的基本面貌。

我们或许还感到美中不足，感到遗憾：第二次世界大战中，日本给世界各国带来的灾难太深重了，他们的许多罪恶，没有被彻底清算。还因为许多原因，相当数量的日本战犯，他们本应受到正义的审判，结果却漏网了。有些该从重处罚，结果却被轻判了。

但，这不是远东地区对第二次世界大战战犯审判的过错。应该说，远东地区对第二次世界大战战犯和汉奸的审判是正义的，是公正的。审判中受刑处的罪犯个个都是罪有应得的。

我们不能指望通过一场战争消灭所有的战犯，也不能指望通过一次法庭审判就能消灭一切罪恶。第二次世界大战审判，结束了一个旧时代，开创了一个新世纪。远东国际军事法庭把侵略战争定性为国际法上的罪恶，把策划、准备、发动和进行侵略战争的人列为甲级战犯，这些是对国际法战犯概念的重大发展。

第二次世界大战的国际大审判为国际社会明确了这样一个观念：

侵略是人类最大的罪行，是一切战争罪行的总和与根源。

这是具有世界历史意义的。

对此，我们没有遗憾！